本书为国家社科基金项目"城市贫困阶层的再生产机制及其治理政策研究"（结项证书号：20160934）成果。研究获"河南省高等学校青年骨干教师资助计划"和"郑州大学优秀青年教师发展基金"资助,特此感谢。

城市贫困阶层的再生产机制及其治理政策研究

孙远太 著

中国社会科学出版社

图书在版编目(CIP)数据

城市贫困阶层的再生产机制及其治理政策研究／孙远太著．—北京：中国社会科学出版社，2016.10

ISBN 978 – 7 – 5161 – 9278 – 8

Ⅰ.①城⋯ Ⅱ.①孙⋯ Ⅲ.①城市—贫困问题—研究—中国
Ⅳ.①F124.7

中国版本图书馆 CIP 数据核字(2016)第 270795 号

出 版 人	赵剑英
责任编辑	姜阿平
特约编辑	苑 杰
责任校对	邓晓春
责任印制	张雪娇

出　　版	中国社会科学出版社
社　　址	北京鼓楼西大街甲 158 号
邮　　编	100720
网　　址	http://www.csspw.cn
发 行 部	010 – 84083685
门 市 部	010 – 84029450
经　　销	新华书店及其他书店

印　　刷	北京君升印刷有限公司
装　　订	廊坊市广阳区广增装订厂
版　　次	2016 年 10 月第 1 版
印　　次	2016 年 10 月第 1 次印刷

开　　本	710×1000 1/16
印　　张	18.25
插　　页	2
字　　数	261 千字
定　　价	68.00 元

凡购买中国社会科学出版社图书，如有质量问题请与本社营销中心联系调换
电话:010 – 84083683

目　录

图表目录

序　言

　　贫困与贫困治理是一个世界性议题。在 2000 年确立的千年发展目标初步实现后，2015 年 9 月的联合国发展峰会上，各国通过了以减贫为首要目标的 2015 年后发展议程，再次展示了国际社会携手消除贫困的决心和信心。改革开放以来，我国在大规模减少农村绝对贫困人口的同时，城市贫困现象也日益突出。贫困现象本质上是社会分层不平等的问题。近年来在社会生活中"官二代""富二代""穷二代"等词汇的频频出现，折射出我国社会阶层的固化趋势，以及贫困的代际传递问题。遏制和消除贫困代际传递现象，就要探寻贫困代际传递得以产生的社会根源，以及贫困代际传递的内在机制。

　　马克思在《关于费尔巴哈的提纲》中指出："哲学家们只是用不同的方式解释世界，而问题在于改变世界。"① 对于这句至理名言，实践者一般以此为依据强调改造世界的意义，而研究者则关注如何解释世界。作为一名社会科学研究者，笔者从中读出的是改造世界要以解释世界为基础，而解释世界的目的是更好地改造世界。具体到贫困研究领域，贫困与贫困治理问题是不可分割的，解释贫困的成因与探寻贫困的治理之策同样重要。

　　自 2004 年进入硕士阶段学习后，笔者就开始关注贫困与贫困治理问题。2007 年完成的硕士学位论文，探讨了社会资本对于政府贫困治理绩效的影响。2010 年完成的博士学位论文，以家庭文

---

① 《马克思恩格斯选集》第 1 卷，人民出版社 1995 年版，第 61 页。

化资本为中介机制，探讨了家庭地位造成的教育不平等问题。2010年进入高校工作后，笔者延续以往的研究，在贫困治理领域内继续探索。多年以来笔者一直秉持的问题意识是"社会不平等的生成机制及其治理问题"。以此问题意识为牵引，我具体关注贫困的生成机制、贫困的代际传递以及贫困的社会干预等三个相关问题。

一是贫困的生成机制问题。关于什么是贫困、贫困如何产生之类的问题，学界的研究成果非常丰富，并且已经形成了富有价值的解释贫困的多种视角。笔者把贫困研究置于社会分层研究的脉络，从社会分层的视角来解释贫困问题。"谁得到了什么，为什么会得到"是社会分层研究的永恒主题。① 在社会阶层分化过程中，贫困者则是那些"没能得到"或"失去"的群体。不同于农村地区的绝对贫困，我国城市贫困问题产生于社会转型过程中，与社会转型过程中的阶层分化相伴随，因此以相对性贫困为主。我国城市贫困问题凸显了马克思所谓的"制度贫困"现象，经济转型过程中社会领域的相关制度转型、制度缺失、制度排斥是这些贫困产生的深刻根源。此外，随着大量的农村人口向城市流动，农村的贫困人口也有向城市重新集聚的趋势，"流动中的贫困"问题也日益突出。

二是贫困的代际传递问题。2006年网上流行的一个帖子《我奋斗了18年才和你坐在一起喝咖啡》，道出了底层青年向上流动的艰难。后来这个帖子的续篇《我奋斗了18年还是不能和你一起喝咖啡》出现，更体现了社会阶层日益固化的背景下，底层青年难以向上流动的无奈。贫困代际传递的本质是阶层再生产过程。阶层再生产不仅仅是身份的传递，其微观机制也是资源的传递。② 资源作为家庭地位的衡量指标，包括家庭占有的所有物质和非物质资源，资本则是家庭投入阶层再生产过程中的那部分资源，因而笔者更愿意使用"资本"这个概念来解释阶层再生产现象。能够作为阶层再

① ［美］格尔哈特·伦斯基：《权力与特权》，关信平等译，浙江人民出版社1988年版，第8页。

② 参见边燕杰、芦强《阶层再生产与代际资源传递》，《人民论坛》2014年1月（中）。

生产机制的资本包括经济资本、社会资本和文化资本。对于我国社会而言，政治资本或权力资本也是阶层再生产的重要中介机制。贫困再生产在任何社会都是不可避免的现象，所不同的是直接再生产还是间接再生产问题。在一个封闭社会里，贫困再生产往往体现为直接再生产，即产生于赤裸裸的资源转化或权力干预；在一个开放社会里，这种再生产趋于隐蔽化，呈现出间接再生产的特征。

　　三是贫困的社会干预问题。贫困的社会干预即贫困治理问题。贫困治理离不开对于贫困生成机制的认识，依赖于贫困生成机制研究所提供的知识基础。基于贫困再生产现象，贫困治理不仅要解决当前的贫困问题，还要考虑如何防止贫困代际传递，即治理贫困再生产的问题。通过对现有贫困治理政策阻断贫困再生产效果的反思，笔者发现现有贫困治理政策对贫困代际传递关注不够，存在着贫困治理制度分割、边缘贫困群体瞄准不足、发展型需求回应性不高、资产建设积累政策缺失等问题。贫困再生产现象有损社会公平，也事关贫困治理成效。基于贫困阶层的再生产机制改进当前城市贫困治理政策，就要在政府层面提升贫困治理能力、在社会层面通过公共政策变革促进阶层流动、在家庭层面通过家庭政策安排推动家庭资产积累、在个体层面通过发展型社会政策保障个人发展能力，以此阻断贫困阶层的再生产，让城市贫困阶层摆脱贫困恶性循环的命运。

　　本书主要基于阶层再生产的视角分析贫困代际传递问题，认为城市贫困阶层的再生产有不同于其他阶层再生产的逻辑，进而重点探讨"贫困阶层的孩子是如何陷入贫困的"，以此揭示"穷二代"现象出现的因果机制。研究所使用的经验资料包括在全国六省市进行的3271份城市居民调查问卷数据，以及30个贫困家庭的深度访谈资料，分析方法以量化分析为主、以质性分析为辅。

　　对城市贫困阶层的研究显示，城市贫困阶层继承了父代在教育和职业方面的较低地位，因而贫困阶层再生产不是一种学术想象，而是在现实生活中存在的客观现象。贫困阶层再生产是在既定的结构约束下进行的，因而结构性因素是阶层再生产的限制条件。城市贫困阶层再生产往往又与文化再生产相关联，文化资本分布的差异反过来又导致地位不平等。贫困阶层再生产的结构因素和文化因素相互转化。城市贫困阶层在社会适应中逐步把结构因素内化为文化规范。结构规定和文化内化是城市贫困阶层再生产的机制，结构规定是一种限制机制，文化内化是一种选择机制，两种机制共同制造了城市的贫困阶层。同时发现，文化资本积累为破解贫困阶层再生产问题提供了可能性，那些占有文化资本的中下层家庭有可能摆脱贫困循环的宿命。

本书的贡献在于从结构和文化层面对我国城市贫困阶层的再生产机制进行了系统研究，认为结构规定是贫困阶层再生产的外在限制机制，文化内化是贫困阶层再生产的自我选择机制。研究利用经验资料对我国城市阶层分化中贫困再生产问题进行实证分析，从定量和定性两个方面描述与揭示了贫困阶层再生产现象。最后还基于贫困阶层的再生产机制提出对城市贫困治理政策的调整建议，提出要加强贫困治理的社会政策设计，尤其是要对促进资产建设的家庭政策作出安排，既要治理贫困，更要消除贫困再生产，破解贫困恶性循环问题。

第一章　导论

一　研究背景与意义

（一）研究背景

贫困与贫困治理是一个世界性议题。2015 年 9 月的联合国发展峰会上，各国通过了以减贫为首要目标的 2015 年后发展议程，再次展示了国际社会携手消除贫困的决心和信心。我国通过在农村地区开展大规模的扶贫开发行动，实现了绝对贫困人口的快速脱贫，为全球减贫事业做出了贡献。然而，伴随着城镇化过程中大量农村人口向城市转移，以及城市市场化改革中出现的下岗失业现象，城市贫困人口在城市中重新集聚。改革开放以来中国贫困形势演变的一个趋势就是"从农村贫困问题突出到城市贫困问题凸显"。①

城市贫困问题的凸显出现在 20 世纪 90 年代中期以后，国有企业、集体企业在市场改革中伴随着下岗失业高潮，这些群体中的相当一部分陷入了贫困。与此同时，农村劳动力进城务工的政策放开后，大量农村劳动力在城市的非正规部门就业，他们逐步成为城市底层的主体。为应对城市贫困问题，政府在全国建立城市最低生活保障制度，但这一制度以户籍人口为主，庞大的农民工群体中的贫困者没有被纳入保障范围。2002 年，全国享受城市低保待遇的贫困居民已经达到 1930.8 万人，初步实现了"应保尽保"的目标。然而，这一目标的实现是以低层次的保障和排斥流动人口为代价

---

① 洪大用：《转型时期中国社会救助》，辽宁教育出版社 2004 年版，第 38 页。

的，保障对象之外的贫困问题并没有得到解决。

与农村生产力发展不充分带来的绝对贫困相比，城市的贫困问题更多地体现为相对贫困。除了数量不多的"三无"人员，城市贫困问题一般与工作相关，或者表现为失去工作，或者表现为工作收入水平较低，等等。在城市最低生活保障标准较低的情况下，还有一些工作者收入水平高于最低生活保障标准，无法申请最低生活保障，"但他们面临的贫困风险远远高于城市其他社会阶层，一些人甚至有随时掉入低保线以下成为绝对贫困者（低保对象）的可能"。① 这部分群体的贫困状况既被官方的社会政策所忽视，也不被媒体的报道所关注，他们的相对贫困问题趋于隐性化。

城市贫困问题处于市场化改革和城镇化进程两大时代背景，又嵌入于社会阶层分化的过程之中。改革开放以后，中国的社会分层逻辑从政治分层转型为经济分层，原有的"两个阶级一个阶层"的阶层结构逐步被多样化的阶层结构所替代。关于当前城市阶层结构的划分，有四群体论、五阶层论和九阶层论等观点。无论哪种划分，以商业服务业人员和产业工人构成的阶层都居于社会底层，他们也是绝对贫困者和相对贫困者的主要来源。因为社会分层的实质"是社会资源在社会成员中的不均等分配"。② 这些社会底层的城市居民，自身占有的社会资源较少，承担着更多的贫困风险。

社会阶层分化是一个过程，阶层结构整体定型才是社会发展的常态。③ 中国的社会阶层结构在快速分化之后趋于定型化，但是这种定型带有很强的阶层封闭性，而不是促进不同阶层之间的有序流动。近年来在社会生活中"官二代"、"富二代"、"穷二代"等词汇频频出现，并且备受热议。诸多的"二代"现象反映了社会阶层

① 姚建平：《中国转型期城市贫困与社会政策》，复旦大学出版社2011年版，第8页。
② 李路路、孙志祥：《透视不平等：国外社会阶层理论》，社会科学文献出版社2002年版，第1页。
③ 阶层结构定型不是排斥阶层流动，更不是阶层封闭，在整体结构定型的情况下，不同阶层的个体可以实现有序流动。

的固化趋势，即阶层之间的流动尤其是向上流动，越来越少。这不是一种常态现象，也不利于社会的良性运行与协调发展。

"官二代"和"富二代"毕竟是社会中的少数现象，但"穷二代"却有在社会生活中普遍化的趋势。"'贫二代'是确切的社会现象，而'官二代'和'富二代'未必具有普遍性。"① "穷二代"现象的产生意味着贫困问题发生了代际传承。官方也意识到了贫困的代际传递问题，明确提出"阻断贫困代际传递"的观点。② 要遏制和消除贫困代际传递现象，就要探寻贫困代际传递得以产生的社会根源，以及贫困代际传递的内在机制。

在分析贫困代际传递现象时，马克思的再生产理论给我们以重要启示。资本主义"生产过程和价值增殖过程的结果，首先是资本和劳动的关系本身的，资本家和工人的关系本身的再生产和新生产"。③ 资本主义生产过程包括物质的生产和再生产，以及社会关系的生产和再生产。对于维持整个社会运转而言，社会关系的生产和再生产无疑是最为重要的。正是在马克思的再生产理论基础上，布迪厄拓展了资本的含义，通过分析文化再生产揭示社会再生产的过程。

贫困代际传递的本质是阶层再生产的过程。"父代总是用某些方式维持子代的地位，而地位的潜在含义是资源。"④ 阶层再生产既是身份的传递，也是资源的传递。因此，本课题主要以阶层再生产的视角分析贫困代际传递问题，认为城市贫困阶层的再生产有不同于其他阶层再生产的逻辑，进而提出"城市贫困阶层的孩子是如何陷入贫困的"的问题，以此揭示城市"穷二代"现象出现的因果机制。

---

① 刘林平、沈宫阁：《"贫二代"现象及其发生机制实证分析》，《人民论坛》2014年1月（中）。

② 胡浩、韩洁：《聚焦教育及健康，我国着力阻断贫困代际传递》，人民网（http://politics. people. com. cn/n/2015/1027/c70731 - 27746292. html），2015年10月。

③ 《马克思恩格斯全集》第46卷上，人民出版社1979年版，第455页。

④ 边燕杰、芦强：《阶层再生产与代际资源传递》，《人民论坛》2014年1月（中）。

（二）研究意义

1. 理论价值

首先，再生产理论形成于结构固化的工业社会，本课题属于对此理论的适切性研究，通过关注城市贫困阶层的再生产问题，分析贫困阶层与非贫困阶层再生产的不同逻辑，有助于检验理论的解释力，以及基于中国社会现实修正理论。

其次，本课题融合阶层研究和贫困研究两个领域，分析阶层分化背景下的贫困问题，揭示贫困阶层再生产的内在机制，尝试提出以促进阶层流动的公共政策变革来破解贫困的恶性循环问题。

最后，本课题关注城市贫困阶层的固化趋势，尝试揭示在社会建设逐步消除结构壁垒的同时，家庭文化资本投资之于消除阶层固化趋势的意义，从而为调整贫困治理的家庭政策提供理论支持。

2. 实践意义

首先，关注日益凸显的城市贫困及其再生产问题。在社会转型和阶层分化的背景下，我国城市贫困问题日益突出。相对于农村贫困，城市贫困及其再生产更具复杂性，而且尚未形成完整的贫困治理政策体系。从顶层设计的视角反思城市贫困治理政策，有助于优化社会结构，维护社会和谐稳定。

其次，为消除城市贫困及其再生产问题寻找新视角。城市贫困及其再生产的治理是一个综合性问题。随着以保障和改善民生为重点的社会建设的推进，致贫的结构性因素将逐步消除，在此背景下通过投资文化资本，丰富贫困家庭的文化生活，重塑贫困者的社会认同，将有助于"穷二代"这一群体更好地融入主流社会，避免边缘化趋势。

最后，提出对治理贫困再生产的社会政策进行调整的建议。城市贫困阶层再生产同时受结构规定机制和文化内化机制影响，因而治理贫困再生产要从政府、社会、家庭和个体四个层面做出政策调整。政府层面要致力于提高政府贫困治理能力，社会层面要通过公共政策变革促进阶层流动，家庭层面要通过家庭政策创新促进家庭资本的积累，个体层面要通过发展型社会政策提升个体发展能力。

二　研究文献回顾

伴随着贫困问题的发展和贫困治理实践的推进，与贫困相关的研究文献浩如烟海。关于贫困再生产问题的研究是整个贫困研究中的一个分支，但其也有自身的发展脉络。下面将从国内外相关研究两个方面对贫困再生产的文献进行回顾。

（一）国外相关研究

1. 国家层面的贫困循环

一些研究者从国家层面分析贫困循环问题，包括纳克斯的"贫困恶性循环论"、纳尔逊的"低水平均衡陷阱论"、缪尔达尔的"累积循环因果论"等，这些成果揭示了发展中国家贫困的自我维持特征。

纳克斯（Ragnar Nurkse）提出的"贫困恶性循环"理论认为，资本匮乏是阻碍发展中国家发展的关键因素。由于发展中国家的人均收入水平低，投资的资金供给（储蓄）和产品需求（消费）都不足，这就限制了资本形成，使发展中国家长期陷于贫困之中。纳克斯的观点可以总结为一句话："穷国穷是因为他穷。"贫困恶性循环的破解在于实施全面增长投资计划，促进资本的形成。①

纳尔逊（Richard R. Nelson）提出的"低水平均衡陷阱"理论认为，发展中国家人口的过快增长是阻碍人均收入迅速提高的"陷阱"，人均收入低的原因在于资本形成不足。若要突破这个陷阱，就要全面地、大规模地投资，使得新的投资所带来的国民收入增长持续地快于人口的增长。②

---

① 陈建勋：《从纳克斯的"贫困恶性循环论"所想到的》，《上海经济研究》1988年第2期。

② 李德娟：《欠发达经济中的低水平均衡陷阱理论》，《中国劳动经济学》2006年第3期。

缪尔达尔（Gunnar Myrdal）提出的"累积循环因果"理论认为，在一个动态的社会过程中，社会经济各因素之间存在着循环累积的因果关系。某一社会经济因素的变化，会引起另一社会经济因素的变化，这后一因素的变化，反过来又加强了前一个因素的那个变化，并导致社会经济过程沿着最初那个因素变化的方向发展，从而形成累积性的循环发展趋势。①

2. 底层阶级的再生产

一些研究者探讨了特定社会内部底层阶级的贫困再生产问题，包括马克思的"无产阶级贫困化"、刘易斯的"贫困文化"、吉尔德的"福利依赖"、威尔逊的"社会孤立"、森的"权利贫困"等理论，以及布迪厄的文化再生产理论。这些研究从文化、制度和结构等方面揭示了贫困传递问题，并提出了相应的治理对策。

马克思（Karl Marx）的无产阶级贫困化观点认为，生产资料占有不平等导致了资本主义制度下的贫困。资产阶级占有生产资料，无产阶级除了出卖自身的劳动力一无所有；资产阶级可以无偿占有工人阶级的剩余价值，随着资本的积累，无产阶级贫困化会进一步加剧。这是因为"资本增长得愈迅速，工人阶级的就业手段即生活资料就相对地缩减得愈厉害"。②

刘易斯（Oskar Lewis）提出的贫困文化理论认为，穷人的居住方式形成了他们独特的生活方式，而且穷人之间的集体互动中产生了一种脱离社会主流文化的贫困亚文化。这种亚文化反映了"在阶层化、高度个人化的社会里，穷人对其边缘地位的适应或反应"。③

吉尔德（George Gilder）的"福利依赖"理论认为，如果福利金超过穷人的普遍的工资水平和劳动生产效率水平，那么福利制度最终都会扩大贫穷，并使贫困永久存在下去。福利依赖不仅对工作有害，

---

① 参见邓文英《"累积性因果循环理论"与促进区域协调发展》，《技术与市场》2005 年第 12 期。

② 《马克思恩格斯选集》第 1 卷，人民出版社 1995 年版，第 363 页。

③ Oscar Lewis, "The Culture of Poverty", *American*, Vol. 215, No. 4, 1966.

而且破坏家庭，起着销蚀穷人信心的作用，使穷人继续贫困。①

威尔逊（William Julius Wilsom）的"社会孤立"理论认为，美国在急剧的社会转型过程中，形成了以往的社会分层概念体系所不能准确把握的一类群体，即底层群体，他们的本质特征在于与主流社会的就业体系和行为规范体系相断裂。缺乏组织和归属感使最贫困的黑人无力形成一个利益群体与政府展开互动。②

森（Amartya Sen）的"权利贫困"理论认为，贫困应立足于贫困者的生存状态，重视对穷人福利的关心，而不是简单地关注他们与其他人的收入差距。基于"可行能力"的概念，贫困是由权利的缺乏或者其他条件的不足造成的。③

布迪厄的文化再生产理论认为，那些家庭背景较好的学生，父母通常受过大学教育，他们从父母那里继承了最有社会价值的文化活动模式，他们能够凭借继承的文化资本取得较好的学习成绩。下层阶级学生比上层阶级学生更加依赖学校来获得文化资本。在需要更广泛文化知识的课程上，下层阶级学生不能取得好的分数，因为他们没有上层阶级学生那样丰富的家庭文化资本。④

凯伦·莫尔（Karen Moore）提出了发展中国家贫困代际传递（IGT）的分析框架，指出在贫困代际传递中，人力资本、经济资本、社会—文化资本、社会—政治资本和环境资本得以传递，而穷人的家庭缺少这些资本。⑤

凯特·博得（Kate Bird）分析了家庭层面和家庭外部导致贫困代际传递的因素，指出家庭层面的因素包括家庭结构、家庭对生产

①　参见徐丽敏《国外福利依赖研究综述》，《国外社会科学》2008 年第 6 期。

②　参见［美］威廉·朱利叶斯·威尔逊《真正的穷人——内城区、底层阶级和公共政策》，成伯清等译，上海人民出版社 2008 年版，第 10—11 页。

③　参见［印度］阿玛蒂亚·森《贫困与饥荒》，王宇、王文玉译，商务印书馆 2004 年版，第 34 页。

④　参见［法］P. 布尔迪约、J. － C. 帕斯隆《再生产：一种教育系统理论的要点》，邢克超译，商务印书馆 2002 年版，第 22 页。

⑤　Karen Moore, *Frameworks for understanding the intergenerational transmission of poverty and well － being in developing countries*, CPRC Working Paper 8, Manchester: Chronic Poverty Research Centre, 2001, pp. 1 － 21.

性资产的可及性、父母养育质量、营养、早期暴力接触、儿童劳工等，家庭外部因素包括冲突、文化和心理因素、阶级、宗教、种族等。[1]

（二）国内相关研究

1. 阶层再生产的研究

国内贫困再生产研究的早期成果多属于社会流动与地位继承范畴，研究者关注的是制度转型中城市阶层再生产问题。

李路路较早地对阶层再生产问题进行了实证研究。他认为市场改革并没有从根本上改变原有的社会资源配置机制，而由国家主导的渐进式制度变革，决定了阶层间相对关系没有发生根本性的重组，原有的以阶层再生产为主要特征的相对关系模式在制度转型过程中被持续地再生产出来。[2] 在另一项研究中，李路路提出制度转型中阶层分化机制由间接再生产转向直接再生产与间接再生产并存。[3] 在 2015 年的一篇文章中，李路路又对阶层代际流动模型进行了研究，指出随着社会经济体制的转型，社会排斥的主要机制从原有的"体制排斥"转向"市场排斥"，特定阶层的代际继承优势逐渐下降，但跨阶层的循环流动越来越困难。[4]

李煜提出了教育获得代际继承的三种模式：文化再生产模式、资源转化模式和政策干预模式。通过对中国的经验研究发现，他指出当前不平等的模式逐渐向资源转化模式与文化再生产模式并存转变。[5] 在另一篇文章中，李煜在西方代际流动理论的基础上，提出

① Kate Bird, *The intergenerational transmission of poverty: An overview*, CPRC Working Paper 99, Manchester: Chronic Poverty Research Centre, 2007, pp. 1 – 49.

② 李路路：《制度转型与分层结构的变迁——阶层相对关系模式的"双重再生产"》，《中国社会科学》2002 年第 6 期。

③ 李路路：《制度转型与阶层化机制的变迁——从"间接再生产"到"间接与直接再生产"并存》，《社会学研究》2003 年第 5 期。

④ 李路路、朱斌：《当代中国的代际流动模式及其变迁》，《中国社会科学》2015 年第 5 期。

⑤ 李煜：《制度变迁与教育不平等的产生机制——中国城市子女的教育获得（1966—2003）》，《中国社会科学》2006 年第 4 期。

流动模式的三种理想类型：依据绩效原则的自由竞争模式、社会不平等结构下的家庭地位继承模式、国家庇护流动模式。他对中国当前社会代际流动模式的判断是上层的精英阶层和社会底层多表现为家庭地位继承的流动模式，中间阶层趋向于自由竞争模式。①

边燕杰认为阶层再生产不仅是身份的传递，更重要的是资源的传递。他认为优势阶层掌握、维持、传递资源的过程，与普通阶层因缺少资源而试图获取这些资源的过程，即优势阶层和普通阶层对资源的竞争过程，构成了阶层再生产的核心内容。②

方长春通过对职业地位获得机制的研究发现，与再分配体制下的阶层结构的生成机制相比较，当前市场体制下的再生产过程越来越趋于隐蔽，先赋性因素日益被人们地位获得过程的自致性因素的作用所掩盖。③

仇立平认为文化资本是影响地位获得的因素，他通过对上海市的研究发现，家庭文化资本越多，越可能进入更高阶层，文化资本是社会下层实现向上流动的有效手段，同时也能够减少向下流动的风险。④

2. 贫困代际传递的影响因素

随着"富二代"和"穷二代"现象的出现，贫困再生产问题进入了国内学者视野，一些学者从梳理国外贫困代际传递理论入手，研究我国的贫困代际传递现象。

李晓明通过对西方贫困传递的梳理，总结出关于代际传递的原因存在着要素短缺论、智力低下论、贫困文化论、环境成因论、素质贫困论、功能贫困论、社会排斥论、能力贫困论等观点。⑤

张兵认为对贫困代际传递早期的解释有文化贫困假说、政策贫

① 李煜：《代际流动模式：理论理想型与中国现实》，《社会》2009年第6期。
② 边燕杰、芦强：《阶层再生产与代际资源传递》，《人民论坛》2014年1月（中）。
③ 方长春：《趋于隐蔽的再生产——从职业地位获得看阶层结构的生成机制》，《开放时代》2009年第7期。
④ 仇立平、肖日葵：《文化资本与社会地位获得》，《中国社会科学》2011年第6期。
⑤ 李晓明：《贫困代际理论传递述评》，《广西青年干部学院学报》2006年第2期。

困假说、社会结构贫困假说，后来又出现代际遗传假说、教育贫困假说、社会排斥假说、能力贫困假说等。①

毕瑨和高灵芝从社会流动理论视角的研究发现，家庭成员的职业收入、子女的教育程度和职业技能状况、家庭拥有的社会资源以及家庭成员的生活态度是影响城市贫困代际传递的主要因素。②

祝建华的研究发现，立体型家庭负担、贫困的社会关系、教育投入不足、因病致贫、社会保障不健全、生命中的关键事件都有可能是导致贫困传递的原因，贫困代际传递因此呈现出多面向的特征。③

林闽钢认为，贫困家庭由生存的脆弱性导致教育投入和子女营养的双重不足，子女在未来竞争中可能会处于弱势，并由此形成了贫困家庭父辈和子辈在收入、就业、职业和社会资本方面传递，而潜在的大事件的风险有可能进一步加剧这个贫困链的循环。④

李怀玉通过对新生代农民工群体的研究发现，人口特征、工作技能水平、工作搜寻能力、适应能力等个体的微观因素，家庭、工作环境以及社会网络所提供的资源能量等中观因素，培训支持、就业支持、社会保障和社区支持等宏观因素，共同影响着新生代农民工的贫困代际传承。⑤

3. 贫困代际传递的治理政策

一些研究者通过研究发现贫困代际传递的影响因素后，指出切断贫困代际传递是贫困治理的重要目标，并从政策层面提出一些破解贫困循环的对策。

林闽钢总结了国家社会缓解贫困代际传递的模式：以社会和家

---

① 张兵：《贫困代际传递理论发展轨迹及其趋向》，《理论学刊》2008年第4期。

② 毕瑨、高灵芝：《城市贫困代际传递的影响因素分析——基于社会流动理论的视角》，《甘肃社会科学》2009年第2期。

③ 祝建华：《城市贫困家庭贫困代际传递的影响因素及政策干预》，《团结》2014年第3期。

④ 林闽钢：《缓解城市贫困家庭代际传递的政策体系》，《苏州大学学报》2013年第3期。

⑤ 李怀玉：《新生代农民工贫困代际传承问题研究》，社会科学文献出版社2014年版，第176页。

庭为中心、以儿童为中心，并指出我国治理贫困代际传递的政策设计包括：推动目前单一的城市居民最低生活保障制度发展成综合的生活支持制度，实施"最低生活保障制度＋贫困家庭分类救助（五类补助金制度）＋贫困家庭救助服务"的政策体系。①

祝建华提出了贫困家庭子女补贴制度，其政策设计思路包括：根据贫困家庭的基本生活需要确定基本补贴金与临时补贴金，采用现金补贴与实物补贴相结合的方式；资金筹集以政府提供和政府拨款为主导，设立统一的城市低保家庭子女补贴金专用账户。②

李怀玉认为，要遏制新生代农民工的贫困代际传承和阶层固化问题，有赖于政策与立法方面的努力，包括在就业和劳动合同政策与立法、行业协会政策与立法、社会保障政策与立法、教育培训政策与立法、子女教育政策与立法、政治参与政策与立法、社会管理和服务政策与立法等方面提出了系列建议。③

（三）研究文献评论

从总体上看，关于贫困再生产的研究采用了结构路径和文化路径，并呈现为逐渐从结构视角向文化视角转换的趋势，在此基础上注重揭示贫困再生产中社会结构与心智模式如何实现契合的。现有成果为我们认识和治理城市贫困再生产问题提供了有益启示，也为进一步开展研究奠定基础。当然，国内关于此问题的研究刚刚起步，尚存在一些问题有待探讨。

首先，再生产理论的适用性需要检验。再生产理论产生于社会结构固化的工业社会，而我国社会正处于转型之中，社会阶层结构依然处于定型过程，关于城市贫困阶层生产与再生产的独特性尚需

① 林闽钢：《缓解城市贫困家庭代际传递的政策体系》，《苏州大学学报》2013年第3期。
② 祝建华：《缓解贫困代际传递的低保家庭子女补贴制度设计》，《江汉学术》2013年第3期。
③ 李怀玉：《新生代农民工贫困代际传承问题研究》，社会科学文献出版社2014年版，第212—250页。

要进一步总结。我们不能简单把西方的再生产理论拿来分析中国的现实问题，且再生产理论只能提供一种城市贫困问题分析的路径，我们可通过对经验现象的分析可以进一步深化和拓展再生产理论。

其次，阶层再生产中出现的差异性特征需要解释。在城市阶层分化过程中，尚有一些底层家庭可以实现"地位崛起"。为何有些贫困家庭的子代能够摆脱贫困，另一些则继续陷入贫困，城市贫困生产与再生产的机制是什么，以及贫困阶层和非贫困阶层地位再生产的逻辑是否相同，这些问题需要通过经验研究加以回答。

最后，贫困再生产的内在机制需要提炼。对贫困再生产的解释路径包括结构解释和文化解释，而具体的再生产机制可以分为结构规定和文化内化两个层面。面对既定的结构性约束，贫困阶层是如何自我认同，从而导致贫困自我维系的，文化资本能否为消解贫困再生产提供有益的政策启示等问题，也需要通过经验研究加以回答。

因此，本课题从城市贫困阶层再生产这一现实问题出发，通过构建贫困再生产研究的结构框架与文化框架，剖析了影响贫困阶层再生产的结构因素与文化因素，重点揭示了社会阶层分化中城市贫困阶层生产与再生产的内在机制，并在此基础上寻求贫困恶性循环的破解之道。

三　研究模型与假设

（一）基本模型

在社会研究中，结构路径和文化路径是对社会行为两种有效的分析范式。结构路径强调结构的力量，关注社会结构如何形塑着个体的社会行动。文化路径则强调认同的力量，关注个体的行动如何改变和塑造着社会结构。两种解释路径应用于贫困研究领域，就形成了贫困研究中结构路径和文化路径的对垒。[1]

---

① 周怡：《贫困研究：文化路径和结构路径的对垒》，《社会学研究》2002 年第 2 期。

表1-1　　　　　　　　贫困解释的结构路径和文化路径

	结构解释	文化解释
贫困描述	客观拥有的匮乏，如收入、职业、市场机会的匮乏	价值规范、行为特征、群体态度
贫困根源	市场机会、种族主义、结构变迁	个人的动机、信仰、生活态度等
贫困归因	国家、社会、市场和居住环境	穷人自己、社会规范
贫困持续	暂时的经济现象	持久的文化现象
贫困治理	改变结构	塑造价值观

资料来源：根据周怡的《贫困研究：文化路径和结构路径的对垒》整理而得。

在贫困解释的结构路径中，贫困被描述为一种客观的缺乏状态，最常见的是收入的缺乏或低水平，其本质则是市场机会的缺乏，即无法通过市场获得所需要的资源。贫困的根源在于社会结构的外在制约，个体的行动能力有限。在当代社会中，阶级、种族、性别等是制造不平等和贫困的深层根源。在贫困归因过程中，研究者往往把外在的力量作为原因，或者归因于政策失败，或者归因于市场失灵，或者归因于社会不平等。结构主义的解释认为贫困是一种暂时的经济现象，当然在马克思那里，这是一种生产资料占有不平等而导致的历史必然结果。关于如何改变贫困状况，结构路径给出的建议是改变结构本身，如变生产资料私有制为公有制，或者促进经济结构变革以提供更多的就业机会。

在贫困解释的文化路径中，贫困被描述为一种主观的价值认知或内在感受，研究者常常从贫困群体的价值规范和行为特征等角度来描述贫困问题。该路径认为贫困的根源是贫困群体所拥有的贫困文化，后者使他们形成一种不同于主流文化的价值观，或者缺乏克服贫困、努力工作的动机。文化解释路径的贫困归因常常把责任推给穷人自己，认为是他们的不努力导致了这种结果。贫穷群体的贫困文化形成后，其就成为一种持久的文化现象，并会传递给他们的后代。贫困的文化解释认为，治理贫困现象就要从文化入手，重塑贫困群体的价值观，消除贫困亚文化产生的社会土壤。

无论是关于贫困的结构解释，还是关于贫困的文化解释都是偏颇的。造成贫困的结构因素和文化因素是一种相伴生的关系。结构因素如果离开文化的内化，我们就难以对贫困群体的行为产生影响；文化因素如果离开结构的规定，则难以阐释价值观的差异性。"任何结构取向的制度解释里一定会包括文化因素；而文化取向的贫困文化解释又或多或少有制度的约束因素。"① 要真正地全面理解和解释贫困现象，就要把结构路径和文化路径结合起来，建立一种综合性的分析路径。

社会理论家也为整合结构和文化做出了努力。如吉登斯的结构化理论、布迪厄的生成性结构主义，都给我们以有益的启示。社会学的任务就是"揭示构成社会宇宙的各种不同社会世界中那些掩藏最深的结构，同时揭示那些确保这些结构得以再生产或转化的机制"。② 在关于贫困的解释中，结构性因素是不可回避的，关键是这些结构性因素是如何发挥作用的。在这一点上，文化性因素则被纳入，作为结构性因素发挥作用的中介机制。尤其是在社会转型的环境中，社会结构变迁造成的贫困本身是一种暂时现象，如果不能得到有效治理，使得贫困群体主动或被动适应了这一过程，那么暂时现象就会演化为一种持续性的贫困。

具体到贫困再生产过程，既定的结构性因素造成了父代的贫困状态或者底层地位，他们也会形成与此地位相适应的生存文化。"物质、条件上的匮乏持续发展，会形成意识上的改变，使贫困在一定的群体中内在和恶化。"③ 这种以资源不足为特征的社会地位和以受支配为特征的文化会影响到他们的子代身上，进而出现贫困

---

① 周怡：《贫困研究：文化路径和结构路径的对垒》，《社会学研究》2002 年第 2 期。

② ［法］皮埃尔·布迪厄、［美］华康德：《实践与反思：反思社会学导引》，李康、李猛译，中央编译出版社 1998 年版，第 6 页。

③ 贺巧知、慈勤英：《城镇贫困：结构成因与文化发展》，《城市问题》2003 年第 3 期。

阶层的再生产。

正如意识的生产离不开物质存在一样，社会结构和文化规范是一种对应关系。"在社会结构和心智结构之间，在社会世界的客观划分和行动者划分社会世界的关注原则与划分原则之间，存在着对应关系。"① 在贫困再生产中，社会地位较低的家庭不仅面临着客观机会的限制，而且他们的自我期望也难以突破这种客观机会的束缚。

结合结构路径和文化路径，贫困阶层再生产的基本模型如图1-1：

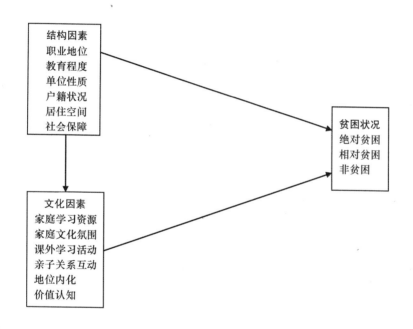

图1-1　贫困再生产的基本模型

在贫困再生产中，一方面结构因素可以直接对子代贫困状况产生影响，另一方面，结构因素影响了文化因素，并进而对子代贫困状况发挥着作用。前者是一种直接再生产机制，后者是一种间接再生产机制。

① ［法］P. 布尔迪厄:《国家精英——名牌大学与群体精神》，杨亚平译，商务印书馆2004年版，第1页。

（二）主要假设

1. 贫困再生产的结构假设

父亲职业地位和教育程度都对子女贫困地位获得有影响。具体而言，父亲职业地位越低，子女越容易陷入贫困；父亲教育程度越低，子女越容易陷入贫困。户籍状况、教育经历、单位性质、居住空间、社会保障等结构性因素也对贫困地位获得有影响。

2. 贫困再生产的文化假设

贫困再生产受文化性因素影响。家庭的文化资本越丰富，子女陷入贫困地位的可能性就越小；反之，家庭的文化资本缺乏，子女陷入贫困的可能性也会随之增加。可见，家庭文化资本在不同阶层家庭的贫困再生产中发挥的作用不同，而社会地位内化、文化价值认知等因素都对贫困地位获得有影响。

3. 贫困再生产的综合假设

贫困再生产受结构性因素和文化性因素的共同影响。家庭地位对家庭文化资本有影响，家庭地位越高，家庭文化资本越丰富；家庭文化资本对贫困再生产的作用在不同阶层家庭不同，家庭社会阶层地位越高，贫困再生产中文化资本的作用越大。

四 研究方法

（一）使用数据资料

作为一项经验研究，本项研究使用的数据来自 2013 年与上海大学合作开展的"社会建设与社会发展"六省（市）调查。调查设计了被访者的教育经历、职业经历、家庭状况、社会态度和家庭文化资本等问题。其中，在家庭背景方面，该项调查根据社会学研究的常用方法，测量了被访者 14 岁时的家庭地位状况。[①] 调查采用

---

① 孙远太：《家庭背景、文化资本与教育获得——上海城镇居民调查》，《青年研究》2010 年第 2 期。

了分段随机抽样方法：第一步，全国随机抽取 6 个省（市），分别为河南省、甘肃省、吉林省、云南省、广东省和上海市；第二步，在 6 个省（市）中随机抽取县区；第三步，从县区随机抽取村（居）委会；第四步，在每个（居）村委会中随机抽取 25 户进行访问。在具体的访问中，调查者将访问对象限于 20—65 周岁的住户，共完成调查问卷 5800 份。在本研究中，排除了农村样本，实际使用城市样本 3271 个①。

结构性因素要真正发挥作用，必须有一个贫困者自身对这些因素进行感知和体验，并把它们内化为自身行动"惯习"的复杂过程。研究需要直面研究对象的内心世界，考察宏观的结构性因素是怎样内化为价值观的。为了更深刻地揭示贫困再生产的特征，课题组还在郑州市进行了 30 个贫困家庭的深度访谈。访谈在 2014 年 11 月进行，主要以目的抽样的原则选取样本，围绕家庭生活、教育经历、子女状况进行访谈。访谈对象包括 20 个本地居民和 10 个非本地居民。在后面的分析中，所标注使用的访谈资料都是基于本次调查而获取的。本地居民编号以 BD 开头，流动人口以 WD 开头，见表 1 - 2、表 1 - 3。

表 1 - 2 样本的描述性统计

变量	指标	人数（人）	比例（%）	变量	指标	人数（人）	比例（%）
性别	男	1613	49.31	父亲受教育程度	小学及以下	1784	5577
	女	1658	50.69		初中	668	20.88
年龄	35 岁及以下	1111	22.97		职业高中	39	1.22
	36—60 岁	1674	51.18		普通高中	381	11.91
	61 岁及以上	486	14.86		中专	105	3.28

① 在实际的分析中，数据会少于 3271 人。数据不一致的原因是调查结果中存在漏填、缺填或"不愿回答"等现象，只要有一个问题漏填，该个案即没有进入分析。

变量	指标	人数（人）	比例（%）	变量	指标	人数（人）	比例（%）
本人受教育程度	小学及以下	480	14.67	父亲受教育程度	大学专科	102	3.19
	初中	876	26.78		本科及以上	120	3.75
	职业高中	110	3.36	父亲职业地位	管理人员	202	6.95
	普通高中	561	17.15		技术人员	327	11.25
	中专	235	7.18		办事人员	176	6.05
	大学专科	520	15.90		自雇人员	116	3.99
	本科及以上	489	14.95		一般工人	908	31.23
本人职业地位	管理人员	186	6.14		农业劳动者	1178	40.52
	技术人员	599	19.79				
	办事人员	432	14.27				
	自雇人员	216	7.14				
	一般工人	1432	47.31				
	农业劳动者	162	5.35				

表1-3　　　　　　　　访谈对象基本信息

编号	年龄	性别	学历	就业状况	有无低保
BD001	47	男	未上学	未就业	有
BD002	39	女	大专	在家带孩子	无
BD003	26	女	小学	商场导购	无
BD004	42	女	小学	零工	无
BD005	65	男	小学	绿化	无
BD006	62	女	小学	未就业	无
BD007	49	男	初中	零工	无
BD008	53	男	初中	未就业	有
BD009	48	男	初中	焊工	无
BD010	56	男	高中	保洁	无

续表

编号	年龄	性别	学历	就业状况	有无低保
BD011	42	女	高中	社区协管	无
BD012	49	女	初中	保洁	有
BD013	55	男	高中	保安	无
BD014	33	男	大专	搬运工	无
BD015	35	女	高中	未就业	无
BD016	54	男	高中	巡防队员	无
BD017	47	男	初中	巡防队员	无
BD018	50	男	初中	临时工	无
BD019	44	男	职高	社区协管	无
BD020	43	女	小学	未就业	无
WD001	44	女	高中	自雇	无
WD002	57	女	初中	保姆	无
WD003	46	男	初中	环卫工	无
WD004	28	男	初中	建筑工	无
WD005	68	男	初中	零工	无
WD006	51	女	初中	保洁	无
WD007	33	男	初中	快递员	无
WD008	41	男	小学	厨师	无
WD009	27	男	初中	厨师	无
WD010	34	女	小学	个体户	无

（二）资料分析方法

对于收集到的数据，主要采用了双因素交互分析、单因素方差分析、多元线性回归分析、Logistic 回归分析以及多类别 Logistic 回归分析。

双因素交互分析：分析父代和子代在阶层地位方面的关联性，分析文化资本在不同地位家庭中的分布状况，包括父代职业地位、父代教育地位导致的家庭文化资本分布差异。

多元线性回归分析：分析父代职业地位和受教育程度对家庭文化资本分布的影响，分析父代职业地位和受教育程度对不同类型家庭文化资本分布的影响，分析不同类型家庭文化资本对本人受教育年限、本人初始职业地位、本人当前职业地位的影响。

Logistic 回归分析：分析父代职业地位和受教育程度对子代教育获得、职业获得的影响，以及家庭地位和文化资本对贫困地位获得的影响。

多类别 Logistic 回归分析：分析父亲职业地位、受教育程度和家庭文化资本对子代贫困地位获得的影响，贫困地位分为绝对贫困、相对贫困和非贫困三种类型。

五　主要变量测量

本研究涉及的主要变量包括贫困地位、父亲职业地位、父亲受教育程度、家庭文化资本、本人受教育程度、本人初始职业地位、本人当前职业地位等。

贫困地位变量。关于如何测量贫困，现有研究多从贫困线的确定方面开展研究。以往的研究也显示，城市贫困以相对贫困为主，如果采用最低生活保障线为贫困线，或者以最低生活保障对象为贫困对象，则会低估城市贫困人口数量。本研究以过去一年的收入为标准，以收入的地区中位数为相对贫困线，以中位数的一半为绝对贫困线，划定绝对贫困者、相对贫困者和非贫困者三类。当前城市的贫困群体已经初步形式了一定的价值认知，因而逐步演变为贫困阶层。

父亲职业地位变量。本研究以父亲职业地位和受教育程度测量家庭地位。父亲职业地位以 14 岁时父亲职业测量。父亲职业类别划分有多种方式，研究者往往根据研究目的采用相应的划分方式。李路路把城市阶层划分为单位负责人及中高层管理人员、专业技术人员、一般管理人员、工人（农民）、自雇佣者。① 郝大海沿用周雪光等人研究的分类原则，把父亲职业类别分为管理阶层、专业技术阶层、其他阶层（包括办事人员、个体户、下岗失业人员等）、工人和农民阶层。② 为了便于比较，本研究借鉴以上划分方式，把父亲职业地位划分为管理人员、专业技术人员、办事人员、自雇人员、一般工人和农业劳动者。

父亲教育程度变量。父亲教育程度以 14 岁时父亲受教育程度测量，包括小学及以下、初中、职业高中、高中、中专、大学专科、本科及以上。第五章在进行回归时，把父亲的受教育程度转换为受教育年限。

家庭文化资本变量。文化资本概念在研究过程中是作为一种理论假设而出现的。这一假设试图通过家庭的文化背景差异来解释出身于不同社会阶级的子女所取得的教育成就的差别，即出身于不同阶级的子女教育获得状况是如何与家庭的文化资本分布状况相对应的。③ 布迪厄并没有给出文化资本的确切定义，他认为文化资本以三种形式存在：具体的形式、客观的形式、体制的形式。④ 后来的学者在"地位文化参与"的意义上界定文化资本，认为其具体包括文化态度、文化活动和文化知识。⑤ 勒蒙特和拉鲁在梳理了美国关于文化资本的文献后，发现了其中的"排斥"意义，她们对文化资本进行了重新界定，扩展了文化资本的含义。文化资本是一种上层的地位符号，如态度、偏好、形式知识、行为、商品和证书，这种

---

① 李路路：《制度转型与阶层化机制的变迁——从"间接再生产"到"间接与直接再生产"并存》，《社会学研究》2003 年第 5 期。

② 郝大海：《流动的不平等：城市居民地位获得研究》，中国人民大学出版社 2010 年版，第 54 页。

③ 孙远太：《文化资本与家庭地位、教育分层——以上海居民为例》，《教育学术月刊》2012 年第 7 期。

④ ［法］皮埃尔·布迪厄：《资本的形式》，武锡申译，载薛晓源、曹荣湘主编《全球化与文化资本》，社会科学文献出版社 2005 年版，第 5 页。

⑤ Paul P. DiMaggio & John Mohr. ，"Cultural Capital, Educational Attainment, and Marital selection"，*American Journal of Sociology*，Vol. 90，No. 6，1988.

符号被制度化或特定的人群分享，以用来进行文化和社会"排斥"。[①] 在本研究中，文化资本是家庭中被投入子女教育过程中的那部分文化资源，这种资源既可以是有形的资源，也可以是无形的资源。[②] 具体包括家庭学习资源、课外学习活动和家庭文化氛围：(1) 家庭学习资源以 14 岁以前家中有无地图（地图册、地球仪）、英文字典（电子字典）、课外读物的情况来测量；(2) 课外学习活动以 14 岁以前参加各类艺术班、参加各类补习班或请补习老师、参加各类科普活动的情况来测量；(3) 家庭文化氛围以 14 岁以前父母看书或读报、练书法或绘画、听音乐或唱歌、父母辅导或陪伴学习、父母讲故事或做游戏情况来测量。

本人职业地位变量。同父亲职业地位变量测量方式。

本人教育地位变量。同父亲受教育程度变量测量方式。

---

① Lamont Michele & Lareau Annette, "Cultural Capital: Allusions, Gaps and Glissandos in Recent Theoretical Developments", *Sociological Theory*, Vol. 6, No. 2, 1988.

② 因此，即使在研究中使用"家庭文化资本"这一概念时，也不是指家庭所拥有的全部文化资本，而是教育过程中的文化资本。

第二章　城市贫困问题的
发展与特征

　　在新中国成立后一个时期内，我国的贫困人口分布主要聚集于广大农村地区，城市居民由于被整合进单位体制，在单位福利的保障下其贫困问题并不突出。自改革开放以来，尤其是 20 世纪 90 年代以来，"贫困突然变得像流行病一样在城市里爆发。以至于国内外学者纷纷认为中国出现了所谓的'城市新贫困'阶层"。① 因此，改革开放以来国内贫困形势演变的一个趋势性特征就是"从农村贫困问题突出到城市贫困问题凸显"。②

一　城市贫困问题的发展

　　相比于农村地区由于发展不充分而引发的贫困问题，城市贫困带有更多转型性特征，有自己的成因和发展逻辑。③ 一些学者也把城市这种类型贫困称为"冲击型贫困"，即在改革过程中受到冲击

---

　　① 姚建平：《中国转型期城市贫困与社会政策》，复旦大学出版社 2011 年版，第 5 页。

　　② 洪大用：《转型时期中国社会救助》，辽宁教育出版社 2004 年版，第 38 页。

　　③ 艾伦·纳腾对城市贫困的研究方法进行了比较，提出城市贫困可以从三个层面加以定义。常规的经济定义是：贫困是绝对和相对收入（消费）不足；社会发展参与式的定义是：贫困是多方面的，并因人而异；全面发展的定义是：造成贫困的原因是相互联系的，需要采用协调一致的框架治理贫困。见 Wratten Ellen, "Conceptualising Urban Poverty", *Environment and Urbanization*, Vol. 7, No. 1, 1995。

而产生的贫困现象。①

（一）改革初期的城市贫困

在计划经济时期，因国家实行偏向城市的城乡分割政策，城市贫困人口数量很少。据世界银行估计，"1980年农村中的贫困人口约为2亿，贫困人口比例为28%，而相对来看，城市中的贫困人口总量仅在400万上下，贫困人口比例经测算为2%。"② 随着改革初期经济的持续高速增长，体制改革的红利出现，到20世纪80年代末城市和农村贫困人口的数量和占比都有下降。"贫困人口比例不断下落，80年代末经测算，城市贫困人口数量在100万上下，占比已经不足0.4%。"③ 当时的贫困人口主要是城市接受政府救济的"三无"人员，尽管企业改革已经推进，但大规模下岗失业尚未出现，由此导致的贫困问题并不突出。

（二）市场经济初期的城市贫困

随着经济转轨和社会转型，特别是国有企业改革的推进，20世纪90年代以来城市中的贫困问题日益凸显，并且越来越引发社会关注。在城市经济改革过程中出现的一些弱势群体，如效益差的国有企业职工、下岗失业职工、离退休职工等，在市场竞争中处于不利地位，又未能及时得到政府和社会的救助，因而陷入贫困境地。"城市新增的贫困人口主要是那些不适应市场竞争，形成亏损、停产、半停产甚至破产企业中的下岗、放长假、停发或减发工资乃至失业的职工家庭和离退休人员家庭。"④

与企业改革相伴随的是，20世纪80年代后期经济增速放缓

---

① 蔡昉：《中国人口与劳动问题报告——转轨中的城市贫困问题》，社会科学文献出版社2003年版，第92页。
② 世界银行：《1990年世界发展报告》，中国财政经济出版社1991年版，第108页。
③ 同上书，第174页。
④ 姚建平：《中国转型期城市贫困与社会政策》，复旦大学出版社2011年版，第5页。

和 20 世纪 90 年代初市场上出现的通货膨胀，以及由此形成的事实上的滞胀局面。由此导致城市居民的收入水平和购买力其实是在下降，加上经济体制改革带来的收入分配制度变化和下岗失业问题，城市贫困的变动由下降转为上升趋势。按照人口收入五等分的测量方法，我国城市家庭中收入最高的 20% 与收入最低的 20% 人均收入的比值在 1990 年为 4.2，1993 年为 6.9，1998 年为 9.6，呈持续增加的趋势。[①]

到 20 世纪末，随着市场取向的改革进程明显加快，以国有企业为核心的改制进程加速，下岗失业人员迅速增长，加上社会保障体系的相对滞后，这些都使得城市中贫困问题愈发严重。"贫困发生率相对于 1995 年上升了 20%，绝对人数达到 1800 万，贫困距（表征贫困程度的概念）上升 36%。"[②] 为了应对日益严重的城市贫困问题，1993 年上海市开始试点城市最低生活保障制度，这一贫困治理制度于 1999 年在全国推广。

（三）21 世纪以来的城市贫困

世界银行利用国家统计局的数据估计，2003 年城市的收入贫困发生率为 0.2%，消费贫困发生率为 0.3%，城市的贫困人口只占总贫困人口的不足 1%。其实这一估计低估了城市贫困人口的规模，根据当年低保对象测算的贫困发生率为 4.29%。但无论哪种方式，都是将城市里数量众多的流动人口的贫困问题排除在外的，因而对城市贫困形势的估计是不准确的。

从收入差距的变化看，进入 21 世纪后城市高收入户与低收入户的比值经历了先上升后下降的过程，其中，2008 年的比值达到最高点 5.71，此后便逐年下降。（具体见表 2-1）

---

① 洪大用：《转型时期中国社会救助》，辽宁教育出版社 2004 年版，第 35 页。

② 李实：《我国城市贫困的现状及其原因》，《中国经济时报》2003 年 2 月 27 日第 1 版。

表 2 - 1　　　　　2000—2013 年中国城市五等分收入情况

年　份	低收入户 (20%)	中等偏下户 (20%)	中等收入户 (20%)	中等偏上户 (20%)	高收入户 (20%)	高收入户/ 低收入户
2000	3132.0	4623.5	5897.9	7487.4	11299.0	3.61
2001	3319.7	4946.6	6366.2	8164.2	12662.6	3.81
2002	3032.1	4932.0	6656.8	8869.5	15459.5	5.10
2003	3295.4	5377.3	7278.8	9763.4	17471.8	5.30
2004	3642.2	6024.1	8166.5	11050.9	20101.6	5.52
2005	4017.3	6710.6	9190.1	12603.4	22902.3	5.70
2006	4567.1	7554.2	10269.7	14049.2	25410.8	5.56
2007	5364.3	8900.5	12042.2	16385.8	29478.9	5.50
2008	6074.9	10195.6	13984.2	19254.1	34667.8	5.71
2009	6725.2	11243.6	15399.9	21018.0	37433.9	5.57
2010	7605.2	12702.1	17224.0	23188.9	41158.0	5.41
2011	8788.9	14498.3	19544.9	26420.0	47021.0	5.35
2012	10353.8	16761.4	22419.1	29813.7	51456.4	4.97
2013	11433.7	18482.7	24518.3	32415.1	56389.5	4.93

资料来源:《中国统计年鉴》2001 年至 2014 年光盘版。

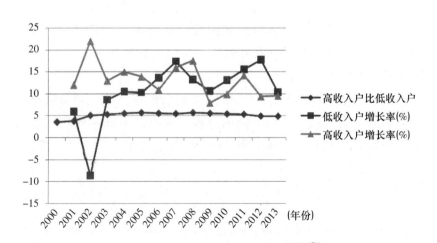

图 2 - 1　城市居民五等分收入变化趋势

由上可见，我国的城市贫困问题是在经济转轨和社会转型过程中，由资源要素配置方式变化，尤其是收入分配制度改革而引起的贫富差距导致的，其更多的是一种相对贫困。城市贫困问题在20世纪90年代有急剧恶化的趋势，进入21世纪之后，该问题逐步趋于稳定，呈现出稳中有降的趋势。这一点在城市低保覆盖人数方面也得到了验证。①

二 城市贫困的规模与构成

（一）城市贫困群体的规模

关于城市贫困人口的规模，根据不同的计算方法，目前并没有统一的数据。"由于迄今为止并没有权威部门制定城市标准，开展专项的贫困状况调查，并定期发布城市贫困人口的统计数据，所以我们很难非常准确地描述改革以来城市贫困的变化趋势。"② 下面将从民政部门官方统计以及学者调查两个方面对城市贫困人口规模做出判断。

1. 低保人口规模

关于城市贫困人口的规模，国家统计局1995年曾做出一个基本估计：城镇贫困居民约为2428万人，贫困户为659万人。③ 此后官方以民政部门的最低生活保障对象数字为贫困人口规模。民政部门对城市贫困人口的救助分为最低生活保障制度建立前后两个时期。在低保制度建立以前，传统的民政对象是那些"无劳动能力、无收入来源、无法定义务赡养人或抚养人的'三无'人员"。④ 这一时期的贫困人口属于传统救济对象。随着城市贫困问题的发展，

---

① 我国城镇低保人数在2001年后，既没有大规模增加，也没有大规模减少。在"应保尽保"的原则下，低保人数的稳定反映了城市贫困问题基本得到遏制。参见姚建平《中国转型期城市贫困与社会政策》，复旦大学出版社2011年版，第7页。

② 洪大用：《转型时期中国社会救助》，辽宁教育出版社2004年版，第39页。

③ 参见唐钧《中国城市贫困与反贫困报告》，华夏出版社2003年版，第35页。

④ 张磊：《中国扶贫开发政策演变（1949—2005年）》，中国财政经济出版社2007年版，第238页。

传统的救济对象逐步让位于城市新贫困群体，后者成为贫困人口的主体。

表 2-2　　　　　1979—2013 年民政部门统计的贫困人口

年份	城市居民传统救济人数（万人）	贫困发生率（%）	年份	城市居民最低生活保障人数（万人）	贫困发生率（%）
1979	33.6	0.18	1996	84.9	0.23
1980	32.9	0.17	1997	87.9	0.22
1981	31.5	0.16	1998	184.1	0.44
1982	34.7	0.16	1999	256.9	0.59
1983	47.1	0.21	2000	402.6	0.88
1984	207.4	0.86	2001	1170.7	2.44
1985	30.0	0.12	2002	2064.7	4.11
1986	49.0	0.19	2003	2246.8	4.29
1987	29.0	0.11	2004	2205	4.06
1988	32.9	0.11	2005	2234.2	3.97
1989	30.5	0.10	2006	2240.1	3.84
1990	41.8	0.14	2007	2272.1	3.75
1991	33.7	0.11	2008	2334.8	3.74
1992	39.5	0.12	2009	2345.6	3.64
1993	24.6	0.07	2010	2310.5	3.45
1994	23.0	0.07	2011	2276.8	3.30
1995	109.0	0.31	2012	2143.5	3.01
1996	120.1	0.32	2013	2064.2	2.82
			2014	1877.0	2.51

资料来源：中华人民共和国民政部：《2015 中国民政统计年鉴》，中国统计出版社 2015 年光盘版。

由表 2 - 2 可以看出，若以传统的救济对象作为城市贫困人口，城市贫困发生率一直较低。在 1996 年后，城市低保制度得以建立，其以低保对象作为城市贫困人口，城市贫困发生率在 2001 年后有所提高。城市贫困发生率在 2001 年前一直低于 1%，但 2001 年突破 2%，在 2003 年达到最高点 4.29%，此后便逐年降低。

无论是传统的民政救济对象，还是城市低保对象，覆盖的都是城市户籍人口，广大的城市流动人口并不享有救助的资格，因而民政部门对贫困人口的统计低估了城市贫困程度。流动人口的贫困是整个城市贫困乃至全国贫困的一部分。农村劳动力从农村流向城市，流动人口中的贫困人口数量也会越来越多，这也是一个农村贫困向城市贫困转移的过程。① 尤其是作为流动人口的农民工群体，更是易于陷入贫困的境地。"农民工贫困主要表现为经济贫困、权利贫困和能力贫困三个方面。它们之间相互作用、相互影响，人力资本不足和社会排斥是造成农民工贫困的主要原因。"②

2. 学者的估计

2001 年，中国社会科学院研究员朱庆芳曾估计全国城镇贫困人口约有 3000 万人，贫困发生率为 7% 左右。③

李实曾把中国的城市贫困划分为三类：暂时性贫困、选择性贫困和持久性贫困。他利用 1999 年的调查数据，同时使用收入和消费两种标准估计城镇总体贫困的发生率为 9.4%，其中 20% 是暂时

---

① 参见蔡昉《中国人口与劳动问题报告——转轨中的城市贫困问题》，社会科学文献出版社 2003 年版，第 186 页。

② 葛笑如：《包容性增长视角下农民工贫困问题再审视》，《大连理工大学学报》（社会科学版）2012 年第 4 期。

③ 其计算依据为，2000 年底国有企业下岗未就业者为 690 万人，2001 年 6 月底登记失业人员为 619 万人，共计 1309 万人；2000 年底退休人员被拖欠退休金约 388 万人，被拖欠工资的职工 1393 万人，共计 1780 万人，约有三分之一（587 万）成为贫困户。平均每户负担 2 人，考虑到部分为双职工按 1.5 人计算，贫困人口约为 2850 万人；民政系统救济的城镇孤老残幼约为 206 万人，共计 3056 万人。朱庆芳：《城镇贫困群体的特点及原因》，《中国党政干部论坛》2002 年第 4 期。

性贫困人口，51% 是选择性贫困人口，29% 是持久性贫困人口。①

　　谢宇利用由学者组织调查的数据构成的 CHIP2007、CGSS2010、CFPS2010、CHFS2011 四个数据库，并根据世界银行确定的每天 1 美元、每天 1.5 美元、城市居民最低生活标准，对城市贫困率进行了推算。

表 2 – 3　　　　　　　基于不同数据、标准对城市贫困率估计

	基于家庭人均年纯收入			基于家庭人均年支出		
	1 美元	1.5 美元	低保标准	1 美元	1.5 美元	低保标准
CHIP	0.10	0.26	0.26	0.00	0.33	0.01
CGSS	4.41	9.02	9.42	3.81	8.43	2.09
CFPS	4.21	8.92	9.90	5.03	11.13	1.92
CHFS	20.93	26.48	26.49	2.14	6.25	0.79

　　资料来源：张春泥、许琪、周翔、张晓波、谢宇：《CFPS、CGSS、CHIP、CHFS 贫困率比较》，中国家庭追踪调查技术报告，2012 年，第 14 页。

　　从表 2 – 3 的数据可以看出，根据不同的测量标准对城市贫困率进行估计，其结果就会不一致。估计结果基本特征为：一是基于家庭人均年纯收入和基于家庭人均年支出进行估计，其结果会有所差异；二是按照每天 1 美元、1.5 美元和城市居民最低生活保障标准进行估计，其结果也不一致；三是根据不同的数据来源进行估计，其结果差异较大。

　　由表 2 – 4 可以看出，城市贫困人口在 1981 年人数在 390 万人，贫困发生率为 1.9%；城市贫困人数在 1986 年实现了数量最少，贫困发生率同期只有 0.2%。但从 1990 年到 1995 年，贫困人数自 130 万猛然增长到了 1910 万，贫困人口规模扩大了将近 15 倍，与此同时，贫困的发生率自 0.4% 增长为 5.4%。在这之后，贫困人口规模一直保持在 1000 万以上。

　　① 李实、佐藤宏：《经济转型的代价——中国城市失业、贫困、收入差距的经验分析》，中国财政经济出版社 2004 年版，第 69—73 页。

表2-4　　　　　1981—2002年城市贫困人口变化情况

年份	贫困线（元/年）	贫困发生率（%）	贫困规模（万人）	年份	贫困线（元/年）	贫困发生率（%）	贫困规模（万人）
1981	171	1.9	390	1992	—		
1982	169	0.9	200	1993	—		
1983	178	0.6	140	1994	—		
1984	190	0.3	80	1995	2107	5.4	1910
1985	215	0.4	90	1996		—	
1986	226	0.2	50	1997	—		
1987	247	0.2	60	1998	2310	3.9	1480
1988	289	0.2	70	1999	2382	3.5	1340
1989	304	0.3	90	2000	1875	2.3	1050
1990	321	0.4	130	2001	623—3840	2.6	1170
1991	—			2002	623—3840	4.1	2064

　　资料来源：洪大用：《改革开放以来的城市扶贫》，载郑杭生《中国人民大学中国社会发展报告（2002）——弱势群体与社会支持》，中国人民大学出版社2003年版，第83页。

　　本研究利用全国六省市调查数据，依据不同的标准对城市贫困人口规模做出了估计。中位数标准是将不同省份居民收入的中位数的一半作为相对贫困标准，将中位数的二分之一作为绝对贫困标准。低保标准是将2012年全国城市低保标准3960元（每月330元）作为绝对贫困标准。恩格尔系数标准是根据居民家庭支出中食品支出占总支出的比例，高于59%为绝对贫困标准，45%—59%为相对贫困标准，低于45%为非贫困标准。[1] 世界银行标准以世界银行2005年提出的1.25美元为绝对贫困标准，以2美元为相对贫困标准。

――――――――――

　　① 姚建平：《中国转型期城市贫困与社会政策》，复旦大学出版社2011年版，第33页。

由表 2 – 5 可以看出，以恩格尔系数标准估计的贫困人口规模最大，以世界银行标准估计的贫困人口规模最小。依据世界银行的 2 美元相对贫困标准和 1.25 美元的绝对贫困标准估计的贫困人口规模，与中国最低生活保障标准的比例基本一致。这也从一定程度上证明了我国的贫困线标准高于世界银行的国际标准。[①] 中位数标准介于不同的标准之间，是一种适度的贫困线标准。由于目前一些国家采用中位数标准确定贫困人口，本研究中也采用中位数标准。[②]

表 2 – 5　　　　　基于不同标准对城市贫困人口规模的判断

	中位数标准	低保标准	恩格尔系数标准	世界银行标准
绝对贫困	19.75（646）	7.34（240）	34.48（1128）	4.89（160）
相对贫困	26.35（862）		22.41（733）	2.11（69）
非贫困	53.90（1763）	92.66（3031）	43.11（1410）	93.00（3042）
总计	100	100	100	100

（二）城市贫困群体的构成

城市贫困群体由传统贫困群体和新贫困群体构成。传统贫困群体主要是传统上民政部门的救济对象，以"三无"人员为主。新贫困群体则以下岗失业人员为主。"虽然城镇最低生活保障对象与城镇贫困人口之间不能画上等号，但是，低保对象的资料仍然是我们研究城镇贫困问题所依据的重要数据。"[③] 在目前没有其他更权威的连续性资料的情况下，我们主要依据城市最低生活保障数据分析城市贫困群体的构成状况。民政部门在最低生活保障制度建立后，从 2002 年开始公布最低生活保障对象的构成情况，并自 2007 年开始使用新的分类标准公布数据，故两次标准在统计口径上有所差异。

---

① 参见《经济学人：中国贫困线高于世界银行国际标准》，http://www.guancha.cn/JingJiXueRen/2014_10_24_278475.shtml。
② 如在美国，贫困线实际上有两种，除了官方贫困线以外，大多数专家使用中等收入的50%作为贫困线，即相对贫困线。参见姚建平《中国转型期城市贫困与社会政策》，复旦大学出版社2011年版，第27页。
③ 胡永和：《中国新城镇贫困问题研究》，中国经济出版社2011年版，第88页。

在 2002—2006 年的最低生活保障对象构成中，失业和下岗人员是主要的群体，其中特别是失业人员，呈现出不断增加的趋势。在职人员的贫困人口数量也一度接近 190 万人，但这个群体人数在 2006 年降至 100 万人以内。其中"三无"人员所占的比例保持了较强的稳定性，其数量一直保持在 90 万以上（见表 2 - 6）。

表 2 - 6 　　　　　　　 **2002—2006 年低保对象构成** 　　　　单位：人

年份	在职人员	下岗人员	退休人员	失业人员	三无人员	其他人员
2002	186.8	554.5	90.8	358.3	91.9	783.1
2003	179.3	518.9	90.7	409.0	99.9	949.3
2004	141.0	468.9	73.1	423.1	95.4	1003.5
2005	114.1	430.7	61.3	410.1	95.8	1122.1
2006	97.6	350.0	53.2	420.8	93.1	1225.3

资料来源：中华人民共和国民政部：《2015 中国民政统计年鉴》，中国统计出版社 2015 年光盘版。

在 2007—2014 年的最低生活保障对象构成中，下岗人员并入失业人员一类，而失业人员分为登记失业和未登记失业两类，两类失业人员构成最低生活保障对象的主体。灵活就业人员的贫困趋势在增加，在规模上超过了登记失业人员。目前，随着最低工资制度的实施，在职人员的贫困问题已经得到了缓解。但是，老年人的贫困数量有所增加，自 2008 年开始保持在 300 万人以上。残疾人当中的贫困人口数保持了一定的稳定性，"三无"人员的数量进一步下降，占贫困总体的比例已经很小。（具体见表 2 - 7）

我们进一步把城市最低生活保障对象分为"三无"人员和非"三无"人员，以两者分别代表传统贫困群体和新贫困群体。由表 2 - 8可以看出，在城市最低生活保障对象中，相对于非"三无"人员，"三无"人员的比重一直较低，在这一比例最高的 2007 年也仅达到 5.5%。尤其是自 2008 年开始，"三无"人员的比重呈现出下降趋势，与此相伴随的则是非"三无"人员比重的进一步上升。

表 2 - 7 2007—2014 年低保对象构成 单位：人

| 年份 | 残疾人 | "三无"人员 | 老年人 | 成年人 | | | | 未成年人 | |
				在职人员	灵活就业	登记失业	未登记失业	在校生	其他
2007	161.0	125.8	298.4	93.9	343.8	627.2	364.3	321.6	223.0
2008	169.1	106.9	316.7	82.2	381.7	564.3	402.2	358.1	229.6
2009	181.0	94.1	333.5	79.0	432.2	510.2	410.9	369.1	210.7
2010	180.7	89.3	338.6	68.2	432.4	492.8	420	357.3	201.2
2011	184.1	80.3	346.9	61.5	429.7	472.5	426.7	348.5	191.0
2012	174.5	64.9	339.3	49.6	459.3	400.4	422.1	318.3	154.5
2013	169.2	58.0	330.3	45.1	462.1	365.5	416.8	303.2	141.3
2014	161.1	50.0	315.8	37.5	425.8	312.5	398.7	266.0	120.7

资料来源：中华人民共和国民政部：《2015 中国民政统计年鉴》，中国统计出版社 2015 年光盘版。

表 2 - 8 2002—2013 年城市低保对象构成

| 年份 | 低保人数（万人） | "三无"人员 | | 非"三无"人员 | |
		人数（万人）	百分比（%）	人数（万人）	百分比（%）
2002	2064.7	91.9	4.45%	1972.8	95.55%
2003	2246.8	99.9	4.45%	2146.9	95.55%
2004	2205.0	95.4	4.33%	2109.6	95.67%
2005	2234.2	95.8	4.29%	2138.4	95.71%
2006	2240.1	93.1	4.16%	2147.0	95.84%
2007	2272.1	125.8	5.54%	2146.3	94.46%
2008	2334.8	106.9	4.58%	2227.9	95.42%
2009	2345.6	94.1	4.01%	2251.5	95.99%
2010	2310.5	89.3	3.86%	2221.2	96.14%
2011	2276.8	80.3	3.53%	2196.5	96.47%

年份	低保人数（万人）	"三无"人员		非"三无"人员	
		人数（万人）	百分比（%）	人数（万人）	百分比（%）
2012	2143.5	64.9	3.03%	2078.6	96.97%
2013	2064.2	58.0	2.81%	2006.2	97.19%
2014	1877.0	50.0	2.66%	1827.0	97.34%

资料来源：中华人民共和国民政部：《2015 中国民政统计年鉴》，中国统计出版社 2015 年光盘版。

三　城市贫困问题的制度成因

关于城市贫困问题形成的原因，研究者一般从三个层面展开分析：一是微观层面的个人和家庭方面的原因；二是宏观社会结构变迁方面的原因；三是全球化的直接或间接影响。[①] 从世界范围来看，城市贫困一直是伴随城市发展的一个突出问题，现阶段我国城市贫困问题，从宏观层面上看是从计划经济体制向社会主义市场经济体制转型过程中形成的；从微观层面包括就业制度、户籍制度和社会保障制度的影响。下面将从制度转型、制度排斥和制度缺失三个层面来分析城市贫困问题的制度成因。

（一）制度转型与城市贫困

我国的贫困问题与改革开放以来的制度转型息息相关。"在分析近年来我国经济制度转型对城市贫困问题的影响时，我们首先注意到的是，从一定程度上讲，现阶段城市贫困问题是从计划经济向市场经济的转型所导致的生产要素配置方式转变所产生的一个结果。"[②] 下面将从所有制度变迁，以及与劳动者关系密切的就业

---

① 张磊：《中国扶贫开发政策演变（1949—2005 年）》，中国财政经济出版社 2007 年，第 240 页。

② 关信平：《中国城市贫困问题研究》，湖南人民出版社 1999 年版，第 292 页。

制度和分配制度等方面分析制度转型对贫困的影响。

1. 所有制制度变迁

社会主义制度建立后，我国完成了社会主义改造，建立了以公有制为基础的所有制制度。改革开放以来，我国在坚持以公有制为主体的社会主义基本经济制度的基础上，逐步形成以公有制为主体、多种所有制经济共同发展的社会主义初级阶段基本经济制度。

第一阶段（1978—1987 年）。1981 年党的十一届六中全会提出："一定范围的劳动者个体经济是公有制经济的必要补充。"1982 年党的十二大报告提出："在农村和城市，都要鼓励个体经济在国家规定的范围内和工商行政管理下适当发展，作为公有制经济的必要补充。"[①] 这表明在我国，个体经济的发展得到允许，这是社会主义公有制经济实现形式方面的突破。

第二阶段（1987—1997 年）。1987 年党的十三大报告提出："所有制和分配上，社会主义社会并不要求纯而又纯，绝对平均。在初级阶段，尤其要在以公有制为主体的前提下发展多种经济成分。"[②] 1992 年党十四大报告提出："在所有制结构上，以公有制包括全民所有制和集体所有制经济为主体，个体经济、私营经济、外资经济为补充，多种经济成分长期共同发展。"[③] 可见，非公有制经济的地位及其长远发展问题得到了保障。

第三阶段（1997 年至今）。1997 年党的十五大提出："公有制为主体，多种所有制共同发展，是我国社会主义初级阶段的一项基

---

① 胡耀邦：《全面开创社会主义现代化建设的新局面——在中国共产党第十二次全国代表大会上的报告》，人民网（http：//cpc. people. com. cn/GB/64162/64168/64565/65448/4526430. html），1982 年 9 月。

② 赵紫阳：《沿着有中国特色的社会主义道路前进——在中国共产党第十三次全国代表大会上的报告》，人民网（http：//cpc. people. com. cn/GB/64162/64168/64566/65447/4526368. html），1987 年 10 月。

③ 江泽民：《加快改革开放和现代化建设步伐 夺取有中国特色社会主义事业的更大胜利——在中国共产党第十四次全国代表大会上的报告》，人民网（http：//cpc. people. com. cn/GB/64162/64168/64567/65446/4526308. html），1992 年 10 月。

本经济制度。"① 自此，非公有制经济被正式确立为社会主义市场经济的重要组成部分。2002 年党的十六大提出："根据解放和发展生产力的要求，坚持和完善公有制为主体、多种所有制经济共同发展的基本经济制度。"② 2007 年党的十七大报告指出："坚持和完善公有制为主体、多种所有制经济共同发展的基本经济制度，毫不动摇地巩固和发展公有制经济，毫不动摇地鼓励、支持、引导非公有制经济发展。"③ 2013 年党的十八届三中全会提出："公有制为主体、多种所有制经济共同发展的基本经济制度，是中国特色社会主义制度的重要支柱，也是社会主义市场经济体制的根基。"④ 非公有制经济的地位进一步上升，并与公有制经济一起作为基本经济制度成为社会主义市场经济体制的根基。

2. 就业制度变迁

社会主义改造完成后，我国建立了统包统分的就业制度。这种就业制度安排不适应改革开放过程中市场配置资源的要求，无法实现人力资源的有效配置。此外，随着经济制度改革不断深入，就业制度也发生了变化。

第一阶段（1980—1992 年）。1980 年，党中央和国务院转批劳动部《进一步做好城镇劳动就业工作》的文件，提出了"三结合"的就业方针，即"实行在国家统筹规划和指导下，劳动部门介绍就业、自愿组织起来就业和自谋职业相结合的就业方针"。1987 年党的十三大报告中指出："私营经济一定程度的发展，有利于促进生

---

① 江泽民：《高举邓小平理论伟大旗帜，把建设有中国特色社会主义事业全面推向二十一世纪——在中国共产党第十五次全国代表大会上的报告》，人民网（http：//cpc. people. com. cn/GB/64162/64168/64568/65445/4526285. html），1997 年 9 月。

② 江泽民：《全面建设小康社会，开创中国特色社会主义事业新局面——在中国共产党第十六次全国代表大会上的报告》，人民网（http：//cpc. people. com. cn/GB/64162/64168/64569/65444/4429125. html），2002 年 11 月。

③ 胡锦涛：《高举中国特色社会主义伟大旗帜　为夺取全面建设小康社会新胜利而奋斗——在中国共产党第十七次全国代表大会上的报告》，人民网（http：//cpc. people. com. cn/GB/64162/64168/106155/106156/6430009. html），2007 年 10 月。

④ 中共中央：《中共中央关于全面深化改革若干重大问题的决定》，人民网（http：//cpc. people. com. cn/n/2013/1115/c64094 - 23559163. html），2013 年 11 月。

产，活跃市场，扩大就业。"① 由此，与所有制制度变迁相适应，私营经济成为吸纳劳动者就业的一个渠道。

第二阶段（1993—2001 年）。1993 年党的十四届三中全会提出："发展多种就业形式，运用经济手段调节就业结构，形成用人单位和劳动者双向选择、合理流动的就业机制。"② 1997 年党的十五大报告指出："实行鼓励兼并、规范破产、下岗分流、减员增效和再就业工程，形成企业优胜劣汰的竞争机制。"③ 为了搞活国有经济，"减员增效"作为一种机制得到实施，终身就业制度被劳动合同制代替，职工的"铁饭碗"事实上已不复存在。

第三阶段（2002 年以来）。2002 年党的十六大报告提出："就业是民生之本"，"引导全社会转变就业观念，推行灵活多样的就业形式，鼓励自谋职业和自主创业。"④ 2007 年党的十七大报告提出："实施扩大就业的发展战略，促进以创业带动就业。就业是民生之本。要坚持实施积极的就业政策，加强政府引导，完善市场就业机制，扩大就业规模，改善就业结构。完善支持自主创业、自谋职业政策，加强就业观念教育，使更多劳动者成为创业者。"⑤ 2012 年党的十八大报告提出："要贯彻劳动者自主就业、市场调节就业、政府促进就业和鼓励创业的方针，实施就业优先战略和更加

---

① 赵紫阳：《沿着有中国特色的社会主义道路前进——在中国共产党第十三次全国代表大会上的报告》，人民网（http：//cpc. people. com. cn/GB/64162/64168/64566/65447/4526368. html），1987 年 1 月。

② 中共中央：《中共中央关于建立社会主义市场经济体制若干问题的决定》，中国网（http：//www. china. com. cn/chinese/archive/131747. html），1993 年 11 月。

③ 江泽民：《高举邓小平理论伟大旗帜，把建设有中国特色社会主义事业全面推向二十一世纪——在中国共产党第十五次全国代表大会上的报告》，人民网（http：//cpc. people. com. cn/GB/64162/64168/64568/65445/4526285. html），1997 年 9 月。

④ 江泽民：《全面建设小康社会，开创中国特色社会主义事业新局面——在中国共产党第十六次全国代表大会上的报告》，人民网（http：//cpc. people. com. cn/GB/64162/64168/64569/65444/4429125. html），2002 年 11 月。

⑤ 胡锦涛：《高举中国特色社会主义伟大旗帜 为夺取全面建设小康社会新胜利而奋斗——在中国共产党第十七次全国代表大会上的报告》，人民网（http：//cpc. people. com. cn/GB/64162/64168/106155/106156/6430009. html），2007 年 10 月。

积极的就业政策。"① 由此，社会主义配置人力资源的模式基本确立，面向市场机制的就业制度成为主导模式。

就业制度转型与城市贫困密切相关。"劳动力配置模式从计划安置转向劳动力市场以后，尽管从经济的角度看更加倾向于劳动力的合理配置，但同时导致了劳动者在就业方面差异的扩大，部分低技术劳动者就业相对困难。因此，这种因素是导致部分城市居民陷入贫困的原因之一。"② 如何解决城市中有劳动能力的贫困人口的就业问题，保障他们的基本生活，是城市治理中面临的首要问题。

3. 分配制度变迁

收入分配是一个资源配置问题，而分配的差异会造成不同的人获得差异化的资源，进而引发社会不平等。在收入分配中，如何处理公平与效率问题，是中国收入分配制度改革的核心问题。

第一阶段（1978—1987年）。这一阶段在分配方面主要是恢复社会主义按劳分配的原则。1978年党的十一届三中全会提出："公社各级经济组织必须认真执行按劳分配的社会主义原则，按照劳动的数量和质量计算报酬，克服平均主义。"③ 1984年党的十二届三中全会提出："在企业内部，要扩大工资差距，拉开档次，以充分体现奖勤罚懒、奖优罚劣，充分体现多劳多得、少劳少得，充分体现脑力劳动和体力劳动、复杂劳动和简单劳动、熟练劳动和非熟练劳动、繁重劳动和非繁重劳动之间的差别。"④ 以改革平均主义导向的分配制度为重点，按劳分配制度重新在企业恢复。

第二阶段（1987—1992年）。这一阶段在分配方面主要是探索

---

① 胡锦涛：《坚定不移沿着中国特色社会主义道路前进　为全面建成小康社会而奋斗——在中国共产党第十八次全国代表大会上的报告》，新华网（http://www.xj.xinhuanet.com/2012－11/19/c_113722546.html），2012年11月。

② 关信平：《中国城市贫困问题研究》，湖南人民出版社1999年版，第297页。

③ 中共中央：《中国共产党第十一届中央委员会第三次全体会议公报》，人民网（http://cpc.people.com.cn/GB/64162/64168/64563/65371/4441902.html），1978年12月。

④ 中共中央：《中共中央关于经济体制改革的决定》，人民网（http://cpc.people.com.cn/GB/64162/64168/64565/65378/4429522.html），1984年10月。

多样化的分配方式。1987 年党的十三大报告提出："实行以按劳分配为主体的多种分配方式和正确的分配政策。"[①] 1992 年党的十四大报告提出："在分配制度上，以按劳分配为主体，其他分配方式为补充，兼顾效率与公平。运用包括市场在内的各种调节手段，既鼓励先进，促进效率，合理拉开收入差距，又防止两极分化，逐步实现共同富裕。"[②] 自此为了鼓励私营经济发展，我国开始探索按劳分配与按要素分配相结合的分配模式。

第三阶段（1993—2001 年）。这一阶段的目标主要在于建立起一套和社会主义市场经济体制相匹配的分配方式。1993 年党的十四届三中全会提出："个人收入分配要坚持以按劳分配为主体、多种分配方式并存的制度，体现效率优先、兼顾公平的原则。"[③] 1997 年党的十五大报告提出："坚持按劳分配为主体、多种分配方式并存的制度。把按劳分配和按生产要素分配结合起来，坚持效率优先、兼顾公平，有利于优化资源配置，促进经济发展，保持社会稳定。"[④] 此后，"效率优先、兼顾公平"成为分配制度的指导方针。

第四阶段（2002 年以来）。这一阶段的分配制度主要是更好地处理效率与公平的关系。2002 年党的十六大报告提出："确立劳动、资本、技术和管理等生产要素按贡献参与分配的原则，完善按劳分配为主体、多种分配方式并存的分配制度。"[⑤] 2003 年党的十

[①] 赵紫阳：《沿着有中国特色的社会主义道路前进——在中国共产党第十三次全国代表大会上的报告》，人民网（http：//cpc. people. com. cn/GB/64162/64168/64566/65447/4526368. html），1987 年 10 月。

[②] 江泽民：《加快改革开放和现代化建设步伐 夺取有中国特色社会主义事业的更大胜利——在中国共产党第十四次全国代表大会上的报告》，人民网（http：//cpc. people. com. cn/GB/64162/64168/64567/65446/4526308. html），1992 年 10 月。

[③] 中共中央：《中共中央关于建立社会主义市场经济体制若干问题的决定》，人民网（http：//cpc. people. com. cn/GB/64162/134902/8092314. html），1993 年 11 月。

[④] 江泽民：《高举邓小平理论伟大旗帜，把建设有中国特色社会主义事业全面推向二十一世纪——在中国共产党第十五次全国代表大会上的报告》，人民网（http：//cpc. people. com. cn/GB/64162/64168/64568/65445/4526285. html），1997 年 9 月。

[⑤] 江泽民：《全面建设小康社会，开创中国特色社会主义事业新局面——在中国共产党第十六次全国代表大会上的报告》，人民网（http：//cpc. people. com. cn/GB/64162/64168/64569/65444/4429125. html），2002 年 11 月。

六届三中全会提出："整顿和规范分配秩序，加大收入分配调节力度，重视解决部分社会成员收入差距过分扩大问题。以共同富裕为目标，扩大中等收入者比重，提高低收入者收入水平，调节过高收入，取缔非法收入。"① 2007 年党的十七大报告提出："初次分配和再分配都要处理好效率和公平的关系，再分配更加注重公平。"② 2012 年党的十八大报告提出："实现发展成果由人民共享，必须深化收入分配制度改革，努力实现居民收入增长和经济发展同步、劳动报酬增长和劳动生产率提高同步，提高居民收入在国民收入分配中的比重，提高劳动报酬在初次分配中的比重。"③ 2013 年党的十八届三中全会提出："着重保护劳动所得，努力实现劳动报酬增长和劳动生产率提高同步，提高劳动报酬在初次分配中的比重。健全工资决定和正常增长机制，完善最低工资和工资支付保障制度，完善企业工资集体协商制度。"④ 这一阶段我国开始在效率优先的前提下，注重分配的社会公平问题，并提出增加劳动报酬在初次分配中的比重。

　　"中国目前的贫困问题是经济发展问题和收入分配问题的综合表现。"⑤ 收入分配涉及广大人民群众能否共享改革发展成果问题，对贫困问题的影响更为直接。我国在改革开放中以处理好效率与公平的关系为导向，不断推动收入分配制度改革。收入分配制度改革在发挥激励功能的同时，也因一度忽略公平问题而引发贫困差距。

---

　　① 中共中央：《中共中央关于完善社会主义市场经济体制若干问题的决定》，人民网（http://cpc.people.com.cn/GB/64162/64168/64569/65411/4429165.html），1993 年11 月。

　　② 胡锦涛：《高举中国特色社会主义伟大旗帜　为夺取全面建设小康社会新胜利而奋斗——在中国共产党第十七次全国代表大会上的报告》，人民网（http://cpc.people.com.cn/GB/64162/64168/106155/106156/6430009.html），2007 年10 月。

　　③ 胡锦涛：《坚定不移沿着中国特色社会主义道路前进　为全面建成小康社会而奋斗——在中国共产党第十八次全国代表大会上的报告》，新华网（http://www.xj.xinhuanet.com/2012 - 11/19/c_ 113722546.html），2012 年11 月。

　　④ 中共中央：《中共中央关于全面深化改革若干重大问题的决定》，人民网（http://cpc.people.com.cn/n/2013/1115/c64094 - 23559163.html），2013 年11 月。

　　⑤ 黄世贤：《从收入分配角度看中国的贫困问题》，《中央社会主义学院学报》2005 年第10 期。

在当前的分配制度改革中，如何提高劳动者的收入水平，增加低收入群体的收入已成为改革重点。

（二）制度缺失与城市贫困

我国城市贫困的出现与社会保障制度体系的不健全、不完善相关联。社会保障制度的发展可以分为三个阶段：社会救助型社会保障阶段、社会保险型社会保障阶段、社会福利型社会保障阶段。[1]西方发达国家经过上百年的发展，在强大经济实力的基础上，形成了良好、完善的社会保障层次和体系，建立起了运转有序的福利社会。目前，我国的社会保障体系经过 60 多年的发展已逐步建立起来，但是，与经济社会转型的速度相比，我国的社会保障制度建设具有滞后性，社会保障相应的制度缺失在一定程度上导致了城市贫困。

1. 社会救助制度不健全

社会救助是指"国家和其他社会主体对于遭受各种灾害、失去劳动能力或者低收入群体给予物质或精神帮助，维持其基本生活需求，保障其最低生活水平的各种措施"。[2] 20 世纪 90 年代以来，我国以城市社会救助改革为突破口，逐步明确政府的社会救助责任，以最低生活保障制度为基础，建立了与经济社会发展水平相适应的社会救助制度，从而为贫困人口筑起生活保障的最后一道安全网。

在经济高速发展和社会快速转型的过程中，我国的社会救助制度建设仍然存在诸多问题。这些问题包括：救助标准偏低和覆盖面狭窄；制度分割影响社会救助整体效能的提高；经费保障与责任分担机制尚未规范；就业激励机制不健全；社会救助服务的非专业性。[3] 以上问题从总体上属于由制度建设滞后而导致的制度缺失问

---

① 参见郑功成《中国社会保障改革与发展战略——救助与福利卷》，人民出版社2011 年版，第 40 页。

② 洪大用：《转型时期中国社会救助》，辽宁教育出版社 2004 年版，第 3 页。

③ 郑功成：《中国社会保障改革与发展战略——救助与福利卷》，人民出版社 2011年版，第 5—8 页。

题，其直接影响着社会救助制度整体效果的发挥，也制约着社会救助在城市贫困治理中的"托底线"功能的发挥。

以社会救助的核心制度——最低生活保障制度为例，在城市低保制度方面，尽管政府早在2002年就宣布初步实现"应保尽保"，但制度本身的一些缺陷及其实施过程中的问题，使旨在为社会保障兜底的该制度作用未得到充分发挥。首先，最低社会保障制度的保障范围极其有限，应获保障的居民人数远远超出实际获得保障的人员，因此达不到最低生活保障"全面覆盖"的目标要求。其次，最低生活保障制度的补助力度也相对有限，其只对照贫困线标准对家庭人均收入进行补差，不能根据保障对象实际情况做出动态调整，因而保障效果有限，实际救助水平很低。城市最低生活保障仅仅定位为生活救助，难以满足城市贫困人口的发展性需求。

2. 社会保险制度不健全

尽管社会保险和社会救助在受益对象与功能定位方面有所区别，但社会保险在解决贫困问题上与社会救助是一致的。"养老保险通过政府强制性地将个人收入进行储蓄或再分配，以保障老年收入或避免老年贫困的发生。医疗保险和工伤保险是通过补偿个人由于疾病或工伤带来的收入损失来预防贫困，失业保险则是通过补偿个人失业期间的收入损失来避免个人失业时陷入贫困的境地。"[①]因此，社会保险制度是一种预防型的贫困治理制度。

从养老保险制度来看，该制度对退休老职工的保障功能低下，难以防止"老年贫困"问题。从计划经济向社会主义市场经济转轨的过程中，养老保险系统的资金缺口巨大，快速老龄化的时代背景使得养老保险面临巨大压力。各个行业和部门在转型过程中面临着诸多问题，尤其是那些经济条件较落后的地区以及经营较差的行业或企业，其养老保险的资金缺口更为严重。在这些行业或部门退休的人员由于没有任何保障措施，生活状况明显受到影响。

---

① 姚建平：《中国转型期城市贫困与社会政策》，复旦大学出版社2011年版，第102—103页。

从医疗保险制度来看，因为我国处于社会主义发展初期，由于经济条件的限制，不可能实现发达国家的"全民医疗"。再加上近年来，医疗费用的不断提高，低收入群体"看病难，看病贵"的现象日益严重，"因病致贫"问题越来越突出。目前，政府针对城市贫困群体采用的医疗救助办法在覆盖范围和救助标准方面都不能满足需求。

从失业保险制度来看，目前我国失业保险覆盖面较窄，不能有效地满足社会发展的要求，从而导致原先企业下岗职工无法拿到失业保险金；同时，失业保险水平设计不太合理，不能有效保障失业人员的基本生活：另外，失业保险的条件限制，导致一方面真正失业的人群得不到应有的救助，而另一些人却能一边工作一边领取失业救济金。

从工伤保险看，工伤保险的覆盖问题对于贫困者而言更为紧迫。[①] 大量城市的低收入者在非正规部门就业，他们中的很多人在危险、有毒有害的岗位工作，工伤事故发生率更高一些，但这些非正规部门反倒没有被工伤保险所覆盖。

3. 社会福利制度不健全

社会保障体系中的社会福利，"由政府主导，以满足社会成员的福利需求和不断完善国民的生活质量为目标，通过社会化的机制提供相应的社会服务与津贴"。[②] 社会福利发展有两条道路：普惠型福利体系和补缺型福利体系。我国选择的是建立一种适度普惠型的福利体系发展道路。目前我国的社会福利主要是面向弱势群体，包括儿童福利、妇女福利、老年人福利、残疾人福利等。

我国经济体制改革过程中，"滞后的福利制度改革未能及时提供一套新的制度性框架，以防止那些转型中的失业下岗职工和其他

---

① 姚建平：《中国转型期城市贫困与社会政策》，复旦大学出版社 2011 年版，第108 页。

② 郑功成：《中国社会保障改革与发展战略——救助与福利卷》，人民出版社 2011年版，第5—8 页。

特殊困难者陷入贫困"。① 具体而言，一方面，社会主义市场经济的不断发展与完善推动了资源配置方式的变革，但这种资源配置方式导致了严重的贫富差距，失业和贫困现象突出。另一方面，政府在治理失业和贫困问题时，基本目标是要建立一种全面的社会保障体制，要针对所有对象的、最基本的、高效率的覆盖。但在发展过程中，福利制度并没有向扩大福利供应的方向发展，而且政府推行社会福利社会化和社会服务产业化，造成失业和贫困人群的受益有限，贫困治理效果比较低。

社会福利体系是社会保障体系的三大支柱之一，也是社会保障体系的较高发展阶段。我国现阶段在社会保障体系发展方面存在如下问题：重社会保险与社会救助，轻社会福利；重经济保障，轻服务提供；重就业群体，轻普惠全民的社会福利。② 这些问题更加剧了城市弱势群体的贫困。

（三）制度排斥与城市贫困

20 世纪 90 年代中期以来，在国际社会政策研究领域，出现了一个使用频率极高的概念——"社会排斥"。"社会排斥指在多元并且变迁的因素之下导致人们被当前社会中的交易活动、服务及其权利所排斥。其中，贫穷是最明显的现象之一。"③ 作为城市贫困人口中最为庞大也容易被忽视的一个群体，农民工的贫困往往是基于制度排斥而发生的。

1. 户籍制度排斥

新中国成立以后我国通过构建户籍控制形成了城乡二元体制，而依附于户籍的资源配置机制制造了城乡差距。"收入和财富的差别，归根到底是资源配置或分配上的差别。经济体制改革并未打破

---

① 高云虹：《中国城市贫困问题的制度成因》，《经济问题探索》2009 年第 6 期。

② 参见郑功成《中国社会保障改革与发展战略——救助与福利卷》，人民出版社 2011 年版，第 43 页。

③ 祝建华、刘云：《社会福利研究中的社会排斥理论》，《社会福利》2008 年第 7 期。

资源配置在城乡之间分割和对立的局面，这集中表现在农业和非农业两类户口之间的分割依然存在，户口的类型和籍地依然是资源分配的核心依据。"① 城乡劳动力在流动过程中，依然没有冲破户籍的樊篱，由此产生了"农民工"这一独具特色的称谓。农民工群体虽然已经在城市非农就业，但他们很长一段时间依然不被视为工人。尽管后来在城市社会政策转向的背景下，他们被称为"新产业工人"，但"农民工"这一概念在现实生活中并没有消失。

造成城市农民工群体贫困的原因有诸多方面，城乡二元结构、户籍差异以及随之衍生的公民权利差异是这一问题的重要成因。"传统以户籍制度为基础的城乡二元结构人为将农民工排斥在他们所工作和生活的城市之外。"② 由于农民工不拥有城市户籍，不被认为是城市居民，较少或者根本不享受城市财政提供的公共设施和公共服务，他们在就业、住房、社保和子女教育等方面的权益也远未得到应有的关注和保障，这使他们成为城市生活各方面的弱势群体，也使农民工贫困群体成为异于城市户籍居民和城市贫困居民的独特团体。

2. 就业制度排斥

根据经典的二元劳动力市场理论，劳动力市场分为一级市场和二级市场。"一级市场的工资水平较高，就业稳定，工作环境良好并拥有被提升的机会，而二级市场只能提供较低的工资、不稳定的就业和较差的工作条件，并且没有被提升的机会。"③ 因为劳动力市场的二元性和截然不同的竞争，一级劳动力市场工作环境明显优于二级市场，但其较高的准入标准和要求排斥了大部分民工的进入，相对而言，二级市场则因为其相对于民工的便利性，使得拥有较低技能的这部分人更多涌入了这里。

---

① 陆益龙：《户籍制度：控制与社会差别》，商务印书馆 2003 年版，第 234 页。
② 许光：《福利转型：城市贫困的治理实践与范式创新》，浙江大学出版社 2014 年版，第 124 页。
③ 章元、高汉：《城市二元劳动力市场对农民工的户籍与地域歧视》，《中国人口科学》2011 年第 5 期。

农民工进城之后是无法享受与城市居民的同工待遇的，其一直以来受到"同城不同工"、"同工不同酬"等不公平待遇。虽然农民工就业困难一方面是与其自身社会资本的不足有关，但更主要的是因为城市在无形中设置了一系列制度障碍来排斥农民工群体。"因为这些制度因素，流动人口虽然在城市中生活，却不能拥有与城市居民同等的权利。社会权利的贫困和不足，会造成流动人口在经济、社会保障和人文方面的一系列贫困。"① 通常情况下，农民工在城市中从事的都是较低级的职业，这些职业都是城市居民所不愿意从事的。另外，由于缺乏有效的管理，各种各样的政府行政部门利用公共权利，任意地对农民工进行限制管理，人为地制造一些障碍来限制农民工，这就加剧了农民工在城市生存生活的困难。

3. 社会保障制度排斥

在建设全民保障型国家的过程中，农民工的社会保障制度建设，不管是对社会保障事业的发展，还是对农民工自身都具有十分重要的意义。但是，"从 20 世纪 90 年代以来就开始探索的农民工社会保障制度，历经十几年的努力，目前仍然处在相对混乱的多种制度模式并存、政策实施效果不理想、农民工社会保障权益明显受损的状态"。② 农民工社会保障制度建设的滞后主要是因为这一群体游离于农村和城市之间，而我国的社会保障制度则划分为城市和农村两大体系。

在社会救助制度方面，属地管理的原则使那些没有当地户籍的农民工群体被排除在外。城市居民最低生活保障制度也将农民工排除在外，从而使其中贫困者的状况比之本地贫困人口更为严重。如作为社会救助核心的低保制度，就排除了城市农民工中的

---

① 蔡昉：《中国人口与劳动问题报告——转轨中的城市贫困问题》，社会科学文献出版社 2003 年版，第 206 页。

② 任丽新：《农民工社会保障：现状、困境与影响因素分析》，《社会科学》2009年第 7 期。

贫困者。[①] 当然与低保制度相关联的教育救助、医疗救助、住房救助等政策，农民工更无法享有。

在社会保险制度方面，农民工社会保险呈现出"两低一高"的特征。所谓的"两低一高"是农民工的参保率低，社会保障待遇低，农民工退保率高。从全国范围看，农民工养老保险的覆盖面只有23%，工伤保险覆盖面为47%，基本医疗保险为31%，失业保险为20%，生育保险为14.5%，远远低于城镇职工的参保率。[②]

在社会福利制度方面，农民工群体在教育福利和住房福利方面都受到排斥。尽管我国早就通过"两为主"政策解决了农民工随迁子女的教育问题，但实际上无论对于留守儿童还是随迁儿童来说，两者在教育方面都无法享有与城市儿童平等的待遇，其直接后果是农民工群体的贫困代际传递。住房政策方面，农民工群体在多数城市都无法享有普通市民的住房保障待遇，他们的居住形式多样，且多聚集而居，而这些聚集地成为城市治理的重点区域。

四 城市贫困问题的基本特征

改革开放以来，中国社会特别是经济领域发生了深刻的转型，由此导致城市贫困问题带有转型社会的特征。"我们将现阶段的城市贫困问题的主要方面概括为一种转型性贫困，即在新旧两种制度转化过程出现的特殊的贫困现象。"[③] 所谓转型是指："在有关领域

---

① 除了城市中的农民工群体外，以下群体也受到低保制度的排斥：有法定赡养人或抚养人，但因无赡养或抚养能力而得不到赡养或抚养的人；按照应得收入（如失业救济金、工资、基本生活费、退休金等）计算不属于低保对象，但是实际上无法获得应得收入的人；一些没有下岗名分但实际上是下岗且没有资格享受基本生活费的人；一些没有登记失业的人。见洪大用《转型时期中国社会救助》，辽宁教育出版社2004年版，第97页。

② 辜胜阻：《新型城镇化应推公共服务均等化》，《第一财经日报》2013年3月15日第5版。

③ 关信平：《中国城市贫困问题研究》，湖南人民出版社1999年版，第292页。

里出现的规模化、系统化的和根本性的转化过程。"① 转型在我国主要体现为由农业社会向城市社会转变、由计划经济体制向市场经济体制转变的过程。在这种转型给我国经济发展带来前进动力、推动城市经济有了大幅度增长的同时，新旧体制转轨和政策冲突，也导致了相关社会问题的衍生，城市贫困因此成为具有突出特点的代表性问题之一。因此，城市贫困的根源主要是体制转型以及相关制度的不完善。这一点可以从城市贫困群体的典型特征中得到印证。

（一）贫困主体以新贫困群体为主

我国的城市贫困群体主要由两部分人构成，分别是传统型贫困人口和新型贫困人口。前者包括没有工作能力、没有收入来源、没有法定赡养人的"三无"人员，他们均为政府民政等部门的救济人员。后者则是改革过程中出现的贫困人口，包括在岗职工、下岗职工、离岗职工和退休人员等。此外，进城务工的农民也成为城市贫困人口的一个来源。基于户籍限制，这部分农民工与城市居民相比，在教育、就业、社会保障等方面受到社会排斥，其相对而言更容易陷入贫困。

从新中国成立以后的历史来看，20世纪90年代前，城市贫困人员的主体组成部分是"三无"人员及鳏、寡、孤、独和残疾人等特殊群体，他们或是经济条件极差，或是由于身体生理原因生活不能自理。对于这些人员，基层政府除了进行社会救助和社会优抚之外，也通过多种途径和措施扶持他们走上力所能及的工作岗位，以保障其基本生活。20世纪90年代以后，贫困人口呈现为群体多元化现象。除了原有的群体外，由于各种经济社会原因，又有多种其他群体纳入贫困人群之中，具体包括：（1）破产企业、停工半停工企业的职工；（2）作为富余人员被分流下岗的职工；（3）退休较早、原工资水平较低，退休金微薄的职工；（4）"农转非"或

---

① 肖文涛：《我国社会转型期的城市贫困问题研究》，《社会学研究》1997年第5期。

"半边户"职工；（5）其他原因致贫的职工。这些群体都可以称为新贫困群体。"2002 年在我国被纳入社会保障体系内享受最低生活保障的人群中，共有 819 万户家庭，总计 2064.7 万城镇居民。在这之中，人数最多的是下岗员工（554.5 万人），其次是失业员工（358.3 万人），再者依次为在职员工（186.8 万人）和退休员工（90.1 万人）。这些员工的家属达到了 783.1 万人，'三无'人员有91.9 万人。"[1] 因此，城市新贫困群体主要是那些不能适应市场竞争而在市场上处于边缘化地位的群体，"三无"人员已经降为非主要的群体。[2]

随着下岗问题逐步消失在市场经济话语之中，下岗人员与失业人员并轨，统一称为失业人员。当前的新贫困群体主要由失业人员、灵活就业人员、老年人、农民工等群体构成。除了老年人由于年龄原因导致贫困外，其他群体一般都是由于教育程度低、缺乏劳动技能，从而只能在不稳定的非正规部门就业，其就业的保障性较差，甚至没有参加任何社会保障，收入水平不高，故容易陷入贫困的境地。需要指出的是，对于城市贫困问题的分析，农民工群体是一个重要组成部分，不能把这一群体排除在外。

（二）贫困程度以相对性贫困为主

关于贫困类型的分类标准有多种，而绝对或相对贫困是其中占主流的一种区分标准。"从贫困概念的发展演变来看，其实一开始就存在绝对贫困和相对贫困之争。"[3] 马克思认为，工人的绝对贫

---

① 中华人民共和国民政部：《2014 中国民政统计年鉴》，中国统计出版社 2014 年版，第 164 页。

② 民政部的《中国的城市贫困与最低生活保障》课题组将城市人口分为 7 种类型：（1）传统的救济对象，即"三无"人员；（2）家庭原因造成的贫困，如单亲家庭等；（3）历史遗留形成的贫困人口，如返乡知青或部分早年退职退职的职工；（4）下岗职工；（5）困难企业职工和特困职工；（6）离岗职工；（7）失业人员。参见《中国的城市贫困与最低生活保障》课题组《中国的城市贫困与最低生活保障》，中华人民共和国民政部，2002 年 12 月。

③ 姚建平：《中国转型期城市贫困与社会政策》，复旦大学出版社 2011 年版，第22 页。

困是除了劳动能力外，工人一无所有的状况；相对贫困则是工人参
与社会分配时，相对于资本家的贫困状态。如同农村贫困一样，在
城市之中，绝对和相对贫困也可以作为区分贫困程度的两种类型。
"绝对贫困指居民无法满足自己衣食等最基本的生活需求，以至于
无法进行简单再生产的贫困状况；相对贫困则指居民基本的生活需
求得以满足，有条件能进行简单再生产，但生产标准相比于社会平
均生活质量又低下的贫困状态。"① 汤森在绝对贫困和相对贫困之
间，又划分出一个"基本贫困"，即"绝对贫困指不能维持生存；
基本贫困指不能满足基本需要；相对贫困则为相对需要难以满
足"。②

　　从目前中国城市贫困的基本情况看，少数城市贫困家庭处于绝
对贫困，大多数处于相对贫困状态。相对贫困状况可以表述为，能
够维持生存，基本需要也能够得到满足，但与城市居民平均生活水
平有一定的差距。这种贫困反映了改革开放以来居民收入差距的持
续加剧。贫困差距不仅体现在城乡之间、区域之间，也体现在阶层
之间、家庭与家庭之间。与收入差距相伴随的是，城市居民的生活
成本不断提高，教育、医疗、住房等方面的大额支出往往使一些家
庭陷入贫困。

（三）贫困分布以中西部地区为主

　　我国在经济发展过程中存在着不均衡性特征，城乡差距和区域
差距是两大体现。"改革开放以来，中国的区域经济发展差距不断
拉大。东部地区的经济总量、居民收入、财政收入和产业结构水平
明显高于中西部。"③ 区域经济发展的不平衡影响了城市贫困人口

---

　　① 杨宜勇：《完善社会保障体系是一项战略任务》，《经济与管理研究》2002 年第
6 期。
　　② 叶普万：《中国城市贫困问题研究论纲》，中国社会科学出版社 2006 年版，第
147 页。
　　③ 张秀生、陈慧女：《论中国区域经济发展差距的现状、成因、影响与对策》，
《经济评论》2008 年第 2 期。

的区位分布。2002 年，全国总工会曾开展调查研究，其统计结果表明："东部、中部和西部城市贫困人口在全国城市贫困人口总数中的占比分别为 21.9%、52.9%、25.2%，中西部地区合计占到 78.1%。"①

根据民政部 2002 年 7 月公布的数据，辽宁、吉林、黑龙江、江西、河南、湖北、湖南、四川等省的低保人数分别达到 100 万—150 万；河北、山西、内蒙古、安徽、山东、重庆、云南、陕西等省区市的低保人数分别达 50 万—100 万；贫困人口主要分布在中西部地区。

按照 2010 年数据，享受低保的绝对贫困人口在东北地区所占比例最高，为 6.34%；其次是西部地区，为 5.91%；再次是中部地区，为 5.12%；东部地区最低，仅占 1.28%。可见，经济越发达的地区，绝对贫困人口越少。若以比例法对不同地区的贫困人数进行测算，"东部、西部、中部和东北地区贫困人口分别为 756 万、1717 万、1657 万和 845 万"。②

数据显示，2014 年城市最低生活保障人数超过 100 万的依次为四川省、湖南省、黑龙江省、河南省、云南省和湖北省。可见，城市贫困人口的分布具有差异性特征，主要分布在经济发展不充分的中西部地区。

(四) 贫困演变以阶层化趋势为主

城市贫困人口的规模与城市社会的阶层结构特点密切相关。从社会阶层的角度看，贫困团体由于资源的缺乏而在竞争中处于弱势地位，普遍在社会分层中处于底层。也就是说，"从群体类型的角

---

① 全总低保调研课题组：《关于城市居民最低生活保障制度运行状况的调研报告》，2002 年 8 月。
② 潘家华：《中国城市发展报告——聚焦民生 (2011)》，社会科学文献出版社 2011 年版，第 138 页。

度看，底层社会和贫困群体之间是高度重合的关系"。① 城市贫困
问题的演化与阶层分化过程相伴随，在阶层分化的过程中，一部分
人被分配到了贫困的阶层中。

　　我国社会转型的过程，也是社会阶层变迁的过程。随着利益格
局的调整，中国的社会阶层结构发生了较大变化，社会分层结构也
逐步走向定型化。② 中国社会科学院课题组以职业分类为基础，以
组织资源、经济资源和文化资源的占有状况为标准划分社会阶层，
从上到下把中国社会分为十大阶层："国家与社会管理者；经理人
员；私营企业主；专业技术人员；办事人员；个体工商户；商业服
务业人员；产业工人；农业劳动者；城乡无业、失业、半失业
者。"③ 其中，城市里的无业、失业、半失业者处于贫困的境地，
属于绝对贫困阶层，而城市社会阶层中的个体工商户、商业服务业
人员、产业工人等也面临着较高的贫困风险，他们往往会陷入相对
贫困的状态。

　　关于我国城市社会阶层的基本判断是，"在目前我国城市的社
会阶层结构中，并未出现陀螺状般稳固而强大的'中产阶级'，却
从本世纪（21 世纪）初开始趋向于发展为一个类似金字塔状的巨
大底层社会，构成这个底层主体的是中低收入群体"。④ 尽管底层
社会构成者不能完全等同于贫困群体，但收入和财富分配的边缘化
过程是底层社会的最重要特征。城市贫困群体的形成与社会阶层分
化过程是高度契合的。在社会阶层逐步固化的过程中，城市中正在
形成以贫困群体为特征的底层社会。更应该警惕的是，贫困阶层的

---

　　① 姚建平：《中国转型期城市贫困与社会政策》，复旦大学出版社 2011 年版，第
52 页。

　　② 孙立平认为阶层定型化的标志包括：一是阶层之间的边界开始形成；二是阶层
内部认同的形成；三是阶层之间的流动开始减少；四是社会排斥和主要社会阶层不断自
我再生产。参见孙立平《断裂：20 世纪 90 年代以来中国社会的分层结构》，载李友梅
《当代中国社会分层：理论与实践》，社会科学文献出版社 2006 年版，第 1—35 页。

　　③ 陆学艺主编：《当代中国社会阶层研究报告》，社会科学文献出版社 2002 年版，
第 9 页。

　　④ 姚建平：《中国转型期城市贫困与社会政策》，复旦大学出版社 2011 年版，第
51 页。

意识已开始形成。城市贫困的持久性和延续性使贫困群体"在心理上拉开了与非贫困群体的距离,并逐渐形成了贫困群体特有的生活方式、行为规范和价值观念,加之社会排斥与融合障碍,使该群体在沉淀到底层社会中形成并强化了群体贫困的认同意识"。①

　　正是这种同步的过程和相似的特征,启示我们超越个体论的解释方式,从社会阶层的视角分析城市贫困问题。城市贫困者不再是一个个单独的个体,也就是说他们的个体特征不再是我们关注的重点。我们现在更多的是从代际关系、阶层地位等方面来探讨城市贫困群体的致贫原因,以及贫困问题的解决之道。

---

① 张艳萍:《我国城市贫困演变趋势分析》,《经济问题》2007 年第 5 期。

第三章　城市阶层贫困再生产的
实证研究

我国的社会结构转型伴随着阶层分化，尽管在阶层分化过程中阶层流动一直存在，但阶层再生产也是客观存在的社会现象。制度转型过程中的城市社会阶级阶层模式变化特征，是阶级阶层相对关系的再生产模式在制度转型过程中被继续再生产出来，而没有发生根本性的变化。[①] 城市阶层分化中贫困阶层被不断地生产与再生产出来。本部分将利用搜集到的数据资料从地位继承层面对贫困再生产问题进行实证检验。

一　阶层分化中的地位再生产

地位是个体或群体在社会上所占有资源程度的表征。社会地位作为一个综合指标，研究者一般从教育、职业和经济三个方面对其进行测量。

（一）教育地位再生产

教育地位是指个体所受的教育程度。一个人所拥有的受教育程度越高，其在社会上的教育地位就越高。下面将具体分析父亲的受教育程度与子女的受教育程度之间的关联性，以从中透视教育地位

---

① 参见李路路《再生产的延续：制度转型与城市社会分层结构》，中国人民大学出版社 2003 年版，第 200 页。

的再生产特征（见表3-1）。

表3-1 父亲受教育程度与本人受教育程度

父亲＼本人	小学及以下	初中	职业高中(含技校)	普通高中	中专	大学专科	本科及以上	总计
小学及以下	22.93 (409)	33.07 (590)	2.91 (52)	17.94 (320)	5.94 (160)	10.26 (183)	6.95 (124)	100 (1784)
初中	4.04 (27)	24.70 (165)	4.64 (31)	20.36 (136)	10.18 (68)	20.21 (135)	15.87 (106)	100 (668)
职业高中(含技校)	2.56 (1)	20.51 (8)	0	15.38 (6)	12.82 (5)	23.08 (9)	25.64 (10)	100 (39)
普通高中	4.72 (18)	17.96 (65)	4.20 (16)	13.39 (51)	7.35 (28)	23.62 (90)	29.66 (113)	100 (381)
中专	1.90 (2)	4.76 (5)	7.62 (8)	9.52 (10)	11.43 (12)	28.57 (30)	36.19 (38)	100 (105)
大学专科	0.98 (1)	9.80 (10)	1.96 (2)	10.78 (11)	3.92 (4)	30.39 (31)	42.16 (43)	100 (102)
本科及以上	1.67 (2)	5.83 (7)	0.83 (1)	15.0 (18)	5.0 (6)	29.17 (35)	42.50 (51)	100 (120)
总计	14.38 (460)	26.57 (850)	3.44 (110)	17.26 (552)	7.16 (229)	16.04 (513)	15.16 (485)	100 (3199)

Pearson chi2(36) = 715.24　P = 0.000

注：百分比，括号内为样本数。

父亲受教育程度为小学及以下的样本，子女教育程度最多的为初中，其次为小学及以下，两者合起来比例高达56%。这一群体的子女能够接受大学教育的比例不到18%。

父亲受教育程度为初中的样本，子女教育程度最多的为初中，其次为普通高中，两者比例合起来为45%；但是，这一群体子女能够接受大学教育的比例为36%。

父亲受教育程度为职业高中（含技学）的样本，子女受教育程度最多的为本科及以上，其次为大学专科，两者比例合起来超过48%。

父亲受教育程度为普通高中的样本，子女受教育程度最多的为本科及以上，其次为大学专科，两者比例合起来超过53%。

父亲受教育程度为中专的样本，子女受教育程度最多的为本科及以上，其次为大学专科，两者比例合起来超过64%。

父亲受教育程度为大学专科的样本，子女受教育程度最多的为本科及以上，其次为大学专科，两者比例合起来超过72%。

父亲受教育程度为本科及以上的样本，子女受教育程度最多的为本科及以上，其次为大学专科，两者比例合起来超过71%。

> 我们老家是徐州的，我爸十几岁就出来打工，然后在新乡。就等于说没上过学，没有文化。我成绩也不十分好，家里面吧，放了学，你想想买个煤球也没有钱，那个时候都是买了煤自己打。然后放学了再去拣点柴火什么的回家，再去跟着拣点庄稼，反正是上学也就是能跟上，也不是突出，就是一般学问，也没考上大学，也没考上技校了，就是高中毕业就回家了。（BD011）

> 我母亲是文盲，家庭妇女；我父亲是高小毕业，文化也不好。（BD013）

> 他们的学历不是太高，就是对我期望比较大，但是那时候一上完初中以后一看学习不行了，就让我学一门技术。学一门技术出来，结果出来后就让我报了职高，职业高中。当时我学的是厨师行业，但是我对这个厨师行业也不是太感冒，所以干着干着就不干了。（BD019）

> 俺爸爸也不认识字，俺妈妈就上那几天学，天天还得上地里，上地里去天天也不在家，你学没学，你不学他也不问你。（BD020）

> 我妈没有上过学，我爸算是上了个小学，他认识字，我也不知道是啥文化程度。（WD001）

> 我成绩差不多，成绩就是 90 分以上，甚至 100 分，成绩是优秀的。但是我们家庭条件不好，直接影响到我们上学的机会了。因为上高中是推荐，我们没机会上，我们没有人从大队推荐。（WD002）①

被访者父母的受教育程度一般较低，几乎接近于文盲水平，这使他们无法从父母那里获得有效的教育支持。即使一些成绩稍好的被访者，也因家庭出身的外在事件干预，影响了继续升学的机会。

处于对角线的为父代和子代受教育程度相同的样本，共计 712 人，占全部样本的比例为 22.23%。数据显示，父代的教育地位越高，子代接受高等教育的比例也越大，教育地位再生产特征明显。卡方检验也显示，父代受教育程度和子代受教育程度之间的关联性达到了统计上的显著性水平。

（二）职业地位再生产

在现代社会，职业地位是社会分层的指示器。② 职业地位也被认为是社会阶层划分的核心指标。下面将具体分析父代职业地位和子代职业地位之间的关联性，并从中透视职业地位再生产的特征。

从表 3-2 可以看出，尽管父亲职业地位不同，但他们子女初始职业地位比例最多的都是一般工人。父代职业地位和子女初始职业地位相同的样本为 463 个，比例为 34.4%。其中，父代职业地位为工人的样本，子女初始职业地位为工人的比例高达 71.65%。技

---

① 本书所引用的访谈资料均为调研所得。因大多数访谈对象学历较低，口语表达多有重复或不合语法规范。为符合访谈对象身份，在不影响意思理解的情况下对这些口语保留原汁原味，不做技术处理。下同。

② 参见仇立平《职业地位：社会分层的指示器》，《社会学研究》2001 年第 3 期。

术人员子承父业的比例为 30.86%。除此之外的其他群体，父代职业地位和子代职业地位相同的比例都不高。就初始职业地位而言，工人阶层的代际再生产特征明显，其他阶层没有出现明显的地位不流动，而是出现向工人阶层聚集的现象。这可能是因为刚进入工作岗位的时候，即使是管理人员子女，也很难一步到位进入管理岗位，而只能从基层做起。而农业劳动者的子女进入工人岗位，却在一定意义上意味着实现了向上的社会流动。

表 3-2　　　　　　　　父亲职业地位与本人初职地位

本人＼父亲	管理人员	技术人员	办事人员	自雇人员	一般工人	农业劳动者	总计
管理人员	0.92 (1)	26.61 (29)	14.68 (16)	0	56.88 (62)	0.92 (1)	100 (109)
技术人员	0.62 (1)	30.86 (50)	12.35 (20)	0	53.09 (86)	3.09 (5)	100 (162)
办事人员	3.28 (2)	26.23 (16)	14.75 (9)	1.64 (1)	54.10 (33)	0	100 (61)
自雇人员	2.08 (1)	27.08 (13)	8.33 (4)	4.17 (2)	56.25 (27)	2.08 (1)	100 (48)
一般工人	1.05 (4)	16.27 (62)	6.82 (26)	0.79 (3)	71.65 (273)	3.41 (13)	100 (381)
农业劳动者	1.18 (7)	10.12 (60)	6.41 (38)	1.35 (8)	59.36 (352)	21.59 (128)	100 (593)
总计	1.18 (16)	16.99 (230)	8.35 (113)	1.03 (14)	61.52 (833)	10.93 (148)	100 (1354)

Pearson chi2(25) = 193.8　P = 0.000

注：百分比，括号内为样本数。

我毕业了之后，在家休息了半年，其实我们那个时候郑州的纱厂有招工，招工了父母也没出过门，也不想让来。干脆就

> 在我们大桥局下属单位，等于是服务公司，就直接就业了。算
> 是单位的福利吧，就是大集体，当时就是这个名称。（BD011）
>
> 像我们女孩们，像我大姐就没进学校门，不识字，我大姐
> 今年都 60 啦，底下的我妹妹她小学上完，我小学没上完，就
> 在家帮家里人干活了，务农，家里地啊活啊太多，所以说在家
> 了。（WD010）

城市居民在不上学之后一般会按照父代的单位性质，被安排到相关的集体企业就业。农村的居民如果不能通过升学改变户籍，则只能继续在农村务农。

父亲职业为管理人员的样本，子女当前职业为管理人员的比例为 11.35%，高于父亲职业为非管理人员的比例。管理人员子女从事较高的职业依次为一般工人、技术人员和办事人员。

父亲职业为技术人员的样本，子女当前职业为技术人员的比例为 31.65%，代际继承性较为明显，高于父亲为非技术人员的比例。技术人员子女从事职业较高的还有一般工人和办事人员。

父亲职业为办事人员的样本，子女当前职业为办事人员的比例为 22.22%，高于父亲职业为非办事人员的比例。办事人员子女从事比例较高的职业为一般工人和技术人员。

父亲职业为自雇人员的样本，子女当前职业为自雇人员的比例为 9.38%，低于农业劳动者的比例。自雇人员子女从事比例较高的职业依次为一般工人、技术人员和办事人员。

父亲职业为一般工人的样本，子女当前职业为一般工人的比例为 54.35%，高于父亲职业为非工人的比例。一般工人子女从事比例较高的职业还有技术人员和办事人员。

父亲职业为农业劳动者的样本，子女当前职业为农业劳动者的比例为 11.63%。农业劳动者子女从事比例较高的职业为一般工人，有近 49% 的农业劳动者子女实现了向工人的转变（见表 3-3）。

表3-3   父亲职业地位与本人现职地位

父亲＼本人	管理人员	技术人员	办事人员	自雇人员	一般工人	农业劳动者	总计
管理人员	11.35 (21)	23.24 (43)	21.08 (39)	4.86 (9)	38.92 (72)	0.54 (1)	100 (185)
技术人员	9.18 (29)	31.65 (100)	14.87 (47)	4.75 (15)	37.97 (120)	1.58 (5)	100 (316)
办事人员	7.41 (12)	27.16 (44)	22.22 (36)	4.94 (8)	38.27 (62)	0	100 (162)
自雇人员	4.17 (4)	26.04 (25)	14.58 (14)	9.38 (9)	44.79 (43)	1.04 (1)	100 (96)
一般工人	6.12 (52)	19.65 (167)	13.41 (114)	4.94 (42)	54.35 (462)	1.53 (13)	100 (850)
农业劳动者	4.45 (49)	14.90 (164)	10.26 (113)	10.17 (112)	48.59 (535)	11.63 (128)	100 (1101)
总计	6.16 (167)	20.04 (543)	13.39 (363)	7.20 (195)	47.75 (1294)	5.46 (148)	100 (2710)

Pearson chi2(25) = 263.6   P = 0.000

注：百分比，括号内为样本数。

从上面的分析可以看出，父代职业与子代当前职业之间关联性强的有技术人员、办事人员和一般工人，这些职业的代际继承性较为明显。总体而言，父代职业和子代当前职业相同的样本有756人，占总体的27.9%。

（三）经济地位再生产

经济地位反映了一个人所获取和占有的物质资源状况。经济地位与个体的贫困息息相关。在阶层再生产中，"经济资源是可以被子代直接继承"。① 由于难以测量父代当前的收入状况，我们以其工作的单位性质代替。在很长的一个时期内，我国城市居民的工资收入处于较低水平，居民之间的差距更多的是通过单位差异得到体现的。下面将具体分析父亲单位性质与子女单位性质之间的关联性，以及父亲单位性质与子女当前经济地位之间的关联性。（见表3－4）

表3－4　　　　　父亲单位性质与本人单位性质的交互分析

父亲＼本人	党政机关	国有企事业单位	集体企事业单位	私有企业	外资（含港澳台）	其他	总计
党政机关	15.0 (21)	42.86 (60)	7.14 (10)	25.0 (35)	2.86 (4)	7.14 (10)	100 (140)
国有企事业单位	3.19 (32)	52.39 (526)	4.58 (46)	31.08 (312)	4.68 (47)	4.08 (41)	100 (1004)
集体企事业单位	2.30 (4)	31.61 (55)	16.67 (29)	33.91 (59)	6.32 (11)	9.20 (16)	100 (174)
私有企业	3.91 (60)	19.54 (15)	4.89 (307)	58.63 (180)	9.12 (28)	3.91 (12)	100 (307)
其他	1.40 (2)	20.98 (30)	7.69 (11)	60.84 (87)	1.40 (2)	7.69 (11)	100 (143)
总计	4.02 (71)	41.35 (731)	6.28 (111)	38.07 (673)	5.20 (92)	5.09 (90)	100 (1768)

Pearson chi2(20) = 267.6　P = 0.000

注：百分比，括号内为样本数。

父亲单位为党政机关的样本，子女当前在党政机关的比例为15.0%，高于父亲在非党政机关的比例。父亲单位在党政机关的子女目前所在单位比例最高的为国有企事业单位和私有企业，超过

① 边燕杰、芦强：《阶层再生产与代际资源传递》，《人民论坛》2014年1月（中）。

40%的子女流向国有企事业单位，流向私有企业的比例为25%。

父亲单位为国有企事业单位的样本，子女当前在国有企事业单位的比例为52.39%，高于父亲在非国有企事业单位的比例，代际继承性明显。这一群体进入私有企业的比例也较高。

父亲单位为集体企事业单位的样本，子女当前在集体企事业单位的比例为16.67%，高于父亲在非集体企事业单位的比例。这一群体进入比例较高的是私有企业和国有企事业单位。

父亲职业为私有企业的样本，子女当前在私有企业的比例为58.68%，比例超过了半数，代际继承性特征明显。这一群体进入国有企事业单位的比例为19.54%，为各群体中比例最低的。

父亲职业为其他的样本，子女当前职业为其他的仅为7.69%。这一群体有超过60%的人进入了私有企业。

表3-5　　　　父亲单位性质与本人经济地位交互分析

父亲＼本人	中上层	中层	中下层	下层	总计
党政机关	24.16 (36)	28.86 (43)	31.54 (47)	15.44 (23)	100 (149)
国有企事业单位	29.62 (311)	20.67 (217)	29.14 (306)	20.57 (216)	100 (1050)
集体企事业单位	22.70 (42)	22.70 (42)	27.57 (51)	27.03 (50)	100 (185)
私有企业	29.28 (101)	30.72 (106)	27.25 (94)	12.75 (114)	100 (345)
其他	24.07 (39)	30.86 (50)	23.46 (38)	21.60 (35)	100 (162)
总计	27.97 (529)	24.22 (458)	28.34 (536)	19.46 (368)	100 (1891)

Pearson chi2(12)=38.0　P=0.000

注：百分比，括号内为样本数。

从表3-5可以看出，父亲单位为党政机关的样本，子女经济地位一般为中下层和中层；父亲单位为国有企事业单位的样本，子女经济地位一般处于中上层和中下层；父亲单位为集体企事业单位的样本，子女经济地位一般处于中下层和下层；父亲单位为私有企业的样本，子女经济地位一般处于中层和中上层；父亲单位为其他的样本，子女经济地位一般处于中层和中上层。

表3-6　　　　　　　父亲职业地位与本人经济地位交互分析

本人 / 父亲	中上层	中层	中下层	下层	总计
管理人员	31.19 (63)	24.26 (49)	24.26 (49)	20.30 (41)	100 (202)
技术人员	30.89 (101)	22.94 (75)	28.13 (92)	18.04 (59)	100 (327)
办事人员	28.98 (51)	23.86 (42)	30.68 (54)	16.48 (29)	100 (176)
自雇人员	31.03 (36)	33.62 (39)	20.69 (24)	14.66 (17)	100 (116)
一般工人	26.67 (243)	21.92 (199)	29.96 (272)	21.37 (194)	100 (908)
农业劳动者	13.75 (162)	22.58 (266)	29.03 (342)	34.63 (408)	100 (1178)
总计	22.57 (656)	23.05 (670)	28.65 (833)	25.73 (748)	100 (2907)

Pearson chi2(15) = 146.7　P = 0.000

注：百分比，括号内为样本数。

从表 3 - 6 可以看出，父亲职业为管理人员的样本，子女经济地位一般在中上层；父亲职业为技术人员的样本，子女经济地位一般处于中上层；父亲职业为办事人员的样本，子女经济地位一般处于中下层；父亲职业为自雇人员的样本，子女经济地位一般处于中层；父亲职业为一般工人的样本，子女经济地位一般处于中下层；父亲职业为农业劳动者的样本，子女经济地位一般处于下层。

> 14 岁的时候家庭挺困难的，因为姐妹多，母亲吧，也没有固定收入。（BD0012）
>
> 你想想我们姊妹几个了啊。我母亲没工作。嗯，我们姊妹四五个，上学、这个吃穿用，都是我爸的……这点工资，那时候也不存在什么跟现在这样的，一个月一发，单位里发钱发多少，那时候挣那死工资。什么福利都没有。（BD0013）
>
> 父母都在家务农，以种地为生，基本上就是种地、打粮食，以前耕地也少，产量也低，还要交公粮，那时候收入都相当的低一些。（WD008）
>
> 我们 14 岁的时候，那时候苦啦，我们那时候就是吃饱饭，那生活苦啦，姊妹们多，每家都是七八个，吃饱饭就算是最好的了。（WD010）

上述被访谈对象在 14 岁以前都有关于家庭贫困的记忆。家庭收入低、母亲没收入、兄弟姐妹多往往是这种贫困的原因。

二　城市贫困阶层的地位特征

（一）城市贫困阶层的父代地位

在上面的分析中，我们揭示了父代地位和子代地位之间的关联性，由此发现在社会阶层分化过程中，父代的地位不断被再生产出来。"无论社会开放性如何变动，从总体模式看，代际继承在各个时期始终是社会流动的主导模式。"① 前面的分析是把城市居民作为一个整体进行的，无法区分贫困基础与非贫困阶层在代际继承中的差异性。下面将把样本分为绝对贫困阶层、相对贫困阶层和非贫困阶层三类，并分析三类不同样本父代的地位特征。（见表3－7）

表3－7　　　　　贫困阶层与父代教育程度的交互分析

类型 ＼ 父亲	小学及以下	初中	职业高中（含技校）	普通高中	中专	大学专科	本科及以上	总计
绝对贫困阶层	61.50 (385)	17.89 (112)	1.76 (11)	11.66 (73)	2.08 (13)	2.40 (15)	2.72 (17)	100 (626)
相对贫困阶层	65.12 (549)	19.45 (164)	0.71 (6)	8.19 (69)	1.78 (15)	2.02 (17)	2.73 (23)	100 (843)
非贫困阶层	49.13 (850)	22.66 (392)	1.27 (22)	13.82 (239)	4.45 (77)	4.05 (70)	4.62 (80)	100 (1730)
总计	55.77 (1784)	20.88 668	1.22 (39)	11.91 (381)	3.28 (105)	3.19 (102)	3.75 (120)	100 (3199)

Pearson chi2(12) = 87.4　P = 0.000

注：百分比，括号内为样本数。

于绝对贫困阶层而言，父代教育程度最多的是小学及以下，然后是初中，两者合起来比例高达80%。绝对贫困阶层的父代绝大多数仅受过初中及以下的教育，教育程度普遍较低。

于相对贫困阶层而言，父代教育程度最多的是小学及以下，然后是初中，两者合起来比例接近85%。相对贫困阶层的父代绝大

① 李路路、朱斌：《当代中国的代际流动模式及其变迁》，《中国社会科学》2015年第5期。

多数仅受过初中及以下的教育，教育程度普遍较低。

卡方检验显示，贫困阶层与非贫困阶层在父代教育程度方面的差异达到了显著性水平。（见表3－8）

于绝对贫困阶层而言，父代职业地位最多的是农业劳动者，然后是一般工人，两者合起来比例高达76%，这一比例高于非贫困阶层。绝对贫困阶层的父代绝大多数是从事体力劳动的一般工人和农业劳动者。

于相对贫困阶层而言，父代职业地位最多的是农业劳动者，然后是一般工人，两者合起来比例接近78%，这一比例也高于非贫困阶层。相对贫困阶层的父代绝大多数也是从事体力劳动的一般工人和农业劳动者。

表3－8　　　　　　　　贫困阶层与父亲职业地位的交互分析

父亲　　　　贫困	管理人员	技术人员	办事人员	自雇人员	一般工人	农业劳动者
绝对贫困阶层	6.85 (39)	8.08 (46)	4.39 (25)	4.22 (24)	32.69 (186)	43.76 (249)
相对贫困阶层	5.80 (45)	7.09 (55)	5.03 (39)	3.35 (26)	32.60 (253)	46.13 (358)
非贫困阶层	7.55 (118)	14.47 (226)	7.17 (112)	4.23 (66)	30.03 (469)	36.56 (571)
总计	6.95 (202)	11.25 (327)	6.05 (176)	3.99 (116)	31.23 (908)	40.52 (1178)

Pearson chi2 (10) = 57.1　　P = 0.000

注：百分比，括号内为样本数。

卡方检验显示，贫困阶层与非贫困阶层在父代职业地位方面的差异达到了显著性水平。

表 3 - 9　　　　　　　贫困阶层与父代单位性质的交互分析

父亲＼贫困	党政机关	国有企事业单位	集体企事业单位	私有企业	其他
绝对贫困阶层	5.28 (18)	53.67 (183)	10.85 (37)	19.94 (68)	10.26 (35)
相对贫困阶层	8.09 (36)	55.73 (248)	12.13 (54)	17.30 (77)	6.74 (30)
非贫困阶层	8.6 (95)	56.02 (619)	8.51 (94)	18.10 (200)	8.78 (97)
总计	7.88 (149)	55.53 (1050)	9.78 (185)	18.24 (345)	8.57 (162)

Pearson chi2(8) = 12.39　P = 0.134

注：百分比，括号内为样本数。

从表 3 - 9 可以看出，绝对贫困阶层和相对贫困阶层父代单位性质为党政机关的比例都低于非贫困阶层。然而，卡方检验显示，贫困阶层和非贫困阶层在父代单位性质方面的差异没有达到显著性水平，父代单位性质不同并没有造成贫困与非贫困之间的差异。这说明在后来的经济体制改革中，除了党政机关没有受到冲击，国有企事业单位、集体企事业单位都经历了改革，而改革中的下岗失业制造了城市贫困阶层。

（二）城市贫困阶层的个体地位

如果不考虑代际关系，“从人们的职业地位的获得过程来看，直接影响人们当下职业地位的因素主要是受教育程度和职业地位”。[1] 然而引入代际关系分析后，这一观点得到了改变。通过上面的分析可发现，贫困阶层和非贫困阶层在父代的受教育程度、职

---

[1]　方长春：《趋于隐蔽的再生产：从职业地位获得看阶层结构的生成机制》，《开放时代》2009 年第 7 期。

业地位方面存在差异,父代的社会地位在一定程度上实现了代际传递。但是,贫困阶层的社会地位比较与个体特征有更直接的联系。下面将从贫困者自身角度分析哪些地位的个体将陷入贫困阶层。

于绝对贫困阶层而言,个体受教育程度最多的是初中,然后是小学及以下,两者合起来比例高达58%。绝对贫困阶层不仅父代受教育程度较低,而且有超过半数的子代仅受过初中及以下的教育,教育程度普遍较低。

于相对贫困阶层而言,个体受教育程度最多的是初中,然后是小学及以下,两者合起来比例接近56%,非贫困阶层这一比例仅为28%。相对贫困阶层父子间也呈现出低教育化的代际传递、受教育程度普遍较低的特点。

贫困阶层的受教育程度相对于父代有所提高,主要表现为子代受过初中教育比例增加,但子代受教育程度低的状况尚没有得到根本改变。卡方检验显示,贫困阶层与非贫困阶层在自身受教育程度方面的差异达到了显著性水平。(见表3-10)

表3-10　　　　　　　　贫困阶层与受教育程度的交互分析

个体／贫困	小学及以下	初中	职业高中(含技校)	普通高中	中专	大学专科	本科及以上
绝对贫困阶层	26.78 (173)	31.89 (206)	3.10 (20)	17.96 (116)	6.04 (39)	6.19 (40)	8.05 (52)
相对贫困阶层	19.84 (171)	36.77 (317)	2.90 (25)	19.37 (167)	6.26 (54)	9.51 (82)	5.34 (46)
非贫困阶层	7.71 (136)	20.02 (353)	3.69 (65)	15.77 (278)	8.05 (142)	22.58 (398)	22.18 (391)
总计	14.67 (480)	26.78 (876)	3.36 (110)	17.15 (561)	7.18 (235)	15.90 (520)	14.95 (489)

Pearson chi2(12) = 462.2　　P = 0.000

注:百分比,括号内为样本数。

于绝对贫困阶层而言，初始职业地位最多的是一般工人，然后是农业劳动者，两者合起来比例高达89%，这一比例高于相对贫困阶层和非贫困阶层。绝对贫困阶层绝大多数的初始职业都是从事体力劳动的一般工人和农业劳动者。

于相对贫困阶层而言，当前职业地位最多的是一般工人，然后是技术人员，两者合起来比例接近83%。相对贫困阶层中除了人数众多的工人群体外，技术人员的相对贫困也应引起注意。

初始职业地位差异会引起贫困差异，体力劳动者更容易陷入贫困。卡方检验显示，贫困阶层与非贫困阶层在初始职业地位方面的差异达到了显著性水平。（见表3-11）

表3-11　　　　　贫困阶层与初始职业地位的交互分析

初职＼贫困	管理人员	技术人员	办事人员	自雇人员	一般工人	农业劳动者
绝对贫困阶层	0.37 (1)	7.06 (19)	3.35 (9)	0.37 (1)	56.13 (151)	32.71 (88)
相对贫困阶层	0	11.44 (46)	5.47 (22)	1.0 (4)	71.39 (287)	10.70 (43)
非贫困阶层	2.06 (17)	22.64 (187)	11.50 (95)	1.09 (9)	58.96 (487)	3.75 (31)
总计	1.20 (18)	16.83 (252)	8.42 (126)	0.94 (14)	61.79 (925)	10.82 (162)

Pearson chi2(10) = 238.7　P = 0.000

注：百分比，括号内为样本数。

于绝对贫困阶层而言，当前职业地位最多的是一般工人，然后是农业劳动者，两者合起来比例接近73%，这一比例高于相对贫困阶层和非贫困阶层。绝对贫困阶层绝大多数的当前职业是从事体力劳动的一般工人和农业劳动者。

于相对贫困阶层而言,当前职业地位最多的是一般工人,然后是办事人员和技术人员,三者合起来比例达到85%。相对贫困阶层中除了人数众多的工人群体外,办事人员和技术人员的相对贫困也应引起注意。

当前职业地位差异引起了贫困差异,体力劳动者更容易陷入贫困。卡方检验显示,贫困阶层与非贫困阶层在当前职业地位方面的差异达到了显著性水平。(见表3-12)

表3-12 **贫困阶层与当前职业地位的交互分析**

现职 贫困	管理 人员	技术 人员	办事 人员	自雇 人员	一般 工人	农业劳 动者
绝对贫困阶层	2.38 (12)	7.33 (37)	11.49 (58)	6.14 (31)	55.25 (279)	17.43 (88)
相对贫困阶层	1.59 (13)	12.61 (103)	13.59 (111)	7.22 (59)	59.73 (488)	5.26 (43)
非贫困阶层	9.44 (161)	26.92 (459)	15.43 (263)	7.39 (126)	39.0 (665)	1.82 (31)
总计	6.14 (186)	19.79 (599)	14.27 (432)	7.14 (216)	47.31 (1,432)	5.35 (162)

Pearson chi2(10) =415.2 P=0.000

注:百分比,括号内为样本数。

于绝对贫困阶层而言,当前单位性质最多的是私有企业,然后是国有企事业单位和其他。这一群体在国有企事业单位工作的比例低于相对贫困阶层和非贫困阶层,单位性质为其他的比例高于相对贫困阶层和非贫困阶层。绝对贫困阶层在集体企事业单位工作的比例也是最高的。

于相对贫困阶层而言，当前单位性质最多的是私有企业，然后是国有企事业单位和其他。这一群体在国有企事业单位工作的比例高于绝对贫困阶层近 10 个百分点。绝对贫困阶层在集体企事业单位和其他单位工作的比例也高于非贫困阶层。

当前单位性质的差异引起了贫困差异，集体企事业单位和其他单位的劳动者更容易陷入贫困。卡方检验显示，贫困阶层与非贫困阶层在单位性质方面的差异达到了显著性水平（P < 0.001）。（见表 3 – 13）

表 3 – 13　　　　贫困阶层与当前单位性质的交互分析

单位＼阶层	党政机关	国有企事业单位	集体企事业单位	私有企业	外资（含港澳台）	其他
绝对贫困阶层	0.47 (2)	26.0 (110)	9.69 (41)	48.94 (207)	3.31 (14)	11.58 (49)
相对贫困阶层	1.26 (10)	35.30 (281)	8.67 (69)	42.46 (338)	3.64 (29)	8.67 (69)
非贫困阶层	4.79 (82)	36.62 (627)	4.91 (84)	43.87 (751)	5.43 (93)	4.38 (75)
总计	3.21 (94)	34.73 (1018)	6.62 (194)	44.22 (1296)	4.64 (136)	6.58 (193)

Pearson chi2(10) = 104.8　P = 0.000

注：百分比，括号内为样本数。

三　城市贫困阶层的地位获得

通过前面的分析可发现，阶层再生产在我国转型社会中是客观存在的，贫困阶层地位的获得与阶层分化相关。在父代地位层面，贫困阶层具有不同于非贫困阶层的特征；在自身地位层面，贫困阶层与非贫困阶层也存在显著差异。"先赋性与后致性往往是两个解释城市低收入群体二代阶层地位获得的基本影响因素。"[1]既然贫困再生产是先赋因素和自致因素共同作用的结果，那么，在城市社会转型过程中，哪些群体会成为贫困者，哪些阶层将脱离贫困？下面将借助量化分析技术对此进行回答。

（一）父亲受教育程度与子女贫困

父亲受教育程度是家庭背景的测量变量之一。父亲受教育程度对子女的受教育程度有影响，那些其父亲受教育程度较低的群体，自身的受教育程度一般也较低。下面将构建父亲教育程度与子女贫困地位的 Logistic 分析模型，探讨父亲受教育程度对子女贫困地位的影响。

从表 3-14 可以看出，模型的整体是显著的，父亲受教育程度对子女贫困地位的获得有影响。在模型中，父亲受教育程度中除了职业高中（含技校）回归系数没有达到显著性水平，其他系数都显著。父亲受教育程度为初中的样本，子女成为贫困阶层的可能性是小学及以下的 64%；父亲教育程度为普通高中的样本，子女成为贫困阶层的可能性是小学及以下的 54%；父亲受教育程度为中专的样本，子女成为贫困阶层的可能性是小学及以下的 33%；父亲受教育程度为大学专科的样本，子女成为贫困阶层的可能性是小学及以下的 42%；父亲受教育程度为本科及以上的样本，子女成为贫困阶层的可能性是小学及以下的 46%。因此，父亲受教育程度越高的个体，其陷入贫困的可能性越低；反之，父亲受教育程度较低者，陷入贫困的可能性则较高。

---

① 何汇江、曹亚星：《城市低收入群体二代贫困现象研究综述》，《当代经济》2015 年第 22 期。

表 3 - 14　　　　父亲受教育程度与子女贫困的 Logistic 分析

父亲受教育程度ª	优势比	标准误	Z 值	显著度
初中	0.641	0.059	-4.85	0.000
职业高中（含技校）	0.703	0.230	-1.08	0.281
普通高中	0.541	0.063	-5.30	0.000
中专	0.331	0.075	-4.90	0.000
大学专科	0.416	0.091	-4.01	0.000
本科及以上	0.455	0.091	-3.95	0.000
常数项	1.099	0.052	1.99	0.047

LR chi2(6) = 80.3　　P = 0.000　　Log likelihood = -2166.533

Pseudo R2 = 0.018

注：a：参照项为小学及以下。

陷入贫困地位的个体又分为绝对贫困者和相对贫困者。我们把因变量分为绝对贫困阶层、相对贫困阶层和非贫困阶层三类，进一步构建多类别 Logistic 模型，检验父亲教育程度对子女贫困地位的影响（见表 3 - 15）。

在绝对贫困阶层模型中，父亲受教育程度中除了职业高中（含技校）回归系数没有达到显著性水平，其他系数都很显著。父亲受教育程度为初中的样本，子女成为绝对贫困阶层的可能性是小学及以下的 63%；父亲受教育程度为普通高中的样本，子女成为绝对贫困阶层的可能性是小学及以下的 67%；父亲受教育程度为中专的样本，子女成为绝对贫困阶层的可能性是小学及以下的 37%；父亲受教育程度为大学专科的样本，子女成为绝对贫困阶层的可能性是小学及以下的 47%；父亲受教育程度为本科及以上的样本，子女成为绝对贫困阶层的可能性是小学及以下的 47%。因此，父亲受教育程度越高的个体，其陷入绝对贫困的可能性越低；反之，父亲教育程度较低者，陷入绝对贫困的可能性则较高。

表 3 - 15　　父亲受教育程度与子女贫困的 MultiLogistic 分析

父亲教育地位[a]	优势比	标准误	Z 值	显著度
绝对贫困阶层　参照：非贫困阶层				
初中	0.631	0.078	-3.73	0.000
职业高中（含技校）	1.104	0.413	0.26	0.792
普通高中	0.674	0.099	-2.68	0.007
中专	0.373	0.114	-3.22	0.001
大学专科	0.473	0.138	-2.57	0.010
本科及以上	0.469	0.129	-2.76	0.006
常数项	0.453	0.028	-12.89	0.000
相对贫困阶层　参照：非贫困阶层				
初中	0.648	0.069	-4.02	0.000
职业高中（含技校）	0.422	0.196	-1.86	0.063
普通高中	0.422	0.196	-5.47	0.000
中专	0.302	0.087	-4.17	0.000
大学专科	0.376	0.104	-3.55	0.000
本科及以上	0.445	0.108	-3.33	0.001
常数项	0.646	0.035	-7.98	0.000

LR chi2(5) = 89.8　Pob > chi2 = 0.000

Log likelihood = -3163.977

Pseudo R2 = 0.014

注：a：参照项为小学及以下。

在相对贫困阶层模型中，父亲教育程度对子女相对贫困阶层地位的影响全部达到了显著性水平［职业高中（含技校）的影响较为微弱］。父亲教育程度为初中的样本，子女成为相对贫困阶层的可能性是小学及以下的65%；父亲教育程度为职业高中（含技校）和普通高中的样本，子女成为相对贫困阶层的可能性都是小学及以下的42%；父亲教育程度为中专的样本，子女成为相对贫困阶层的可能性是小学及以下的30%；父亲教育程度为大学专科的样本，子女成为相对贫困阶层的可能性是小学及以下的38%；父亲教育程度为本科及以上的样本，子女成为相对贫困阶层的可能性是小学及以下的45%。因此，父亲教育程度越高的个体，其陷入相对贫困的可能性越低；反之，父亲教育程度较低者，陷入相对贫困的可能性则较高。

（二）父亲职业地位与子女贫困

有研究认为，"代际流动的阶层固化主要表现在中、下层，尤其是子代下层中超过83%来自于父代下层"。[①] 相对于父亲受教育程度，职业地位更能代表父亲的社会地位。下面将构建父亲职业地位与子女贫困地位的 Logistic 分析模型，探讨父亲职业地位对子女贫困地位的影响。（见表3-16）

表3-16　　　　　父亲职业地位与子女贫困的 Logistic 分析

父亲职业地位[a]	优势比	标准误	Z 值	显著度
管理人员	0.670	0.103	-2.60	0.009
技术人员	0.420	0.056	-6.51	0.000
办事人员	0.538	0.090	-3.71	0.000
自雇人员	0.713	0.140	-1.73	0.084
一般工人	0.881	0.078	-1.44	0.150
常数项	1.063	0.062	1.05	0.294

LR chi2 (5) = 56.1　　P = 0.000

Log likelihood = -1978.8116　　Pseudo R2 = 0.014

注：a：参照项为农业劳动者。

由表3-16可以看出，模型的整体是显著的，父亲职业地位对子

①　刘林平、沈宫阁：《"贫二代"现象及其发生机制实证分析》，《人民论坛》2014年1月（中）。

女贫困地位获得的影响得到支持。在模型中，父亲职业地位中除了一般工人回归系数没有达到显著性水平，其他系数都显著。父亲职业地位为管理人员的样本，子女成为贫困阶层的可能性是农业劳动者的67%；父亲职业地位为技术人员的样本，子女成为贫困阶层的可能性是农业劳动者的42%；父亲职业地位为办事人员的样本，子女成为贫困阶层的可能性是农业劳动者的54%；父亲职业地位为自雇人员的样本，子女成为贫困阶层的可能性是农业劳动者的71%。因此，父亲职业地位为技术人员的，子女陷入贫困的可能性最低；父亲职业地位为一般工人的，子女陷入贫困的可能性与父亲为农业劳动者的无差异。农业劳动者和一般工人的后代，易于成为贫困阶层。

> 我母亲没有工作，我父亲是铁路大桥局的，在那儿工作。他一个人的工资，（养活）我们兄弟姐妹五个，我是老三，条件也不是十分好。（BD010）

下面我们把因变量分为绝对贫困阶层、相对贫困阶层和非贫困阶层三类，进一步构建多类别 Logistic 模型，以检验父亲职业地位对子女贫困地位的影响。（见表 3 - 17）

表 3 - 17　　**父亲职业地位与子女贫困的 MultiLogistic 分析**

父亲职业地位[a]	优势比	标准误	Z 值	显著度
绝对贫困阶层　参照：非贫困阶层				
管理人员	0.758	0.151	-1.39	0.165
技术人员	0.467	0.083	-4.26	0.000
办事人员	0.512	0.120	-2.86	0.004
自雇人员	0.834	0.209	-0.73	0.468
一般工人	0.909	0.105	-0.82	0.410
常数项	0.436	0.033	-10.93	0.000

父亲职业地位[a]	优势比	标准误	Z 值	显著度
相对贫困阶层　　参照：非贫困阶层				
管理人员	0.608	0.114	2.65	0.008
技术人员	0.388	0.064	5.74	0.000
办事人员	0.555	0.110	2.97	0.003
自雇人员	0.628	0.152	1.93	0.054
一般工人	0.860	0.089	1.46	0.145
常数项	0.627	0.042	6.93	0.000

LR chi2(5) = 58.4　　P = 0.000

Log likelihood = −2893.9221　　Pseudo R2 = 0.010

注：a：参照项为农业劳动者。

在绝对贫困阶层模型中，父亲职业地位为管理人员、自雇人员和一般工人的样本，相对于农业劳动者成为绝对贫困阶层的可能性差异不显著；父亲职业地位为技术人员的样本，子女成为绝对贫困阶层的可能性是农业劳动者的47%；父亲职业地位为办事人员的样本，子女成为绝对贫困阶层的可能性是农业劳动者的51%。因此，父亲职业地位为技术人员和办事人员的个体，其陷入绝对贫困的可能性较低；其他群体则与农业劳动者没有显著差异。

在相对贫困阶层模型中，父亲职业地位为一般工人的样本，相对于农业劳动者成为绝对贫困阶层的可能性差异不显著，父亲职业地位为管理人员的样本，子女成为相对贫困阶层的可能性是农业劳动者的61%；父亲职业地位为自雇人员的样本，子女成为相对贫困阶层的可能性是农业劳动者的63%，父亲职业地位为办事人员的样本，子女成为相对贫困阶层的可能性是农业劳动者的56%。因此，父亲职业地位为技术人员和办事人员的个体，其陷入相对贫困的可能性较低；父亲职业地位为一般工人的个体与农业劳动者没有显著差异。

（三）本人受教育程度与贫困获得

在布劳—邓肯的经典模型中，家庭地位对子女的影响是通过教育实现的。[①] 我们通过前面的分析也发现，父亲的受教育程度与子女的受教育程度关联性较高。相对于非贫困阶层，贫困阶层所受的教育程度普遍较低。下面将构建本人教育程度与贫困获得的 Logistic 模型，并具体分析教育程度对贫困地位获得的影响。

由表 3 - 18 可以看出，贫困获得模型的整体是显著的，本人教育程度对贫困地位的获得是有影响的，且其影响程度超过了父代地位对此的影响程度[②]。在模型中，本人教育程度中各类水平的回归系数都达到了显著性水平。本人受教育程度为初中的样本，成为贫困阶层的可能性是小学及以下的 59%；本人受教育程度为职业高中（含技校）的样本，成为贫困阶层的可能性是小学及以下的 27%；本人受教育程度为普通高中的样本，成为贫困阶层的可能性是小学及以下的 40%；本人受教育程度为中专的样本，成为贫困阶层的可能性是小学及以下的 26%；本人受教育程度为大学专科的样本，成为贫困阶层的可能性是小学及以下的 12%；本人受教育程度为本科及以上的样本，成为贫困阶层的可能性是小学及以下的 9%。因此，本人受教育程度越高的个体，其陷入贫困的可能性越低；反之，本人受教育程度较低者，陷入贫困的可能性则较高。

> 我们上学的时候，我两个哥哥也上学，我也上学，我妹也上学，所以说在学校还是靠学校的扶助金还是什么的，还享受着这个。（BD011）
>
> 我也没上过班，也没弄过啥。本来人家说的你认识字不，我说认识字，（可）这个墙上的板子上顶上的字啥的，我都不咋认识。你想二年级毕业的，知道啥东西。（BD020）

---

① 周怡：《布劳—邓肯模型之后：改造抑或挑战》，《社会学研究》2009 年第 6 期。
② 模型的伪决定系数超过了 10%。

表3-18　　　　　本人受教育程度与贫困获得的 Logistic 分析

本人受教育程度[a]	优势比	标准误	Z 值	显著度
初中	0.586	0.072	-4.37	0.000
职业高中（含技校）	0.274	0.060	-5.92	0.000
普通高中	0.402	0.053	-6.90	0.000
中专	0.259	0.043	-8.07	0.000
大学专科	0.121	0.018	-14.57	0.000
本科及以上	0.099	0.015	-15.24	0.000
常数项	2.529	0.256	9.16	0.000

LR chi2（5）=462.7　P=0.000

Log likelihood=2025.972　Pseudo R2=0.103

注：a：参照项为小学及以下。

我们把因变量分为绝对贫困阶层、相对贫困阶层和非贫困阶层三类，进一步构建多类别 Logistic 模型，检验父亲受教育程度对子女贫困地位的影响。

在绝对贫困阶层模型中，本人受教育程度中各类水平的回归系数都达到了显著性水平，本人受教育程度对绝对贫困阶层地位获得的影响得到验证。本人受教育程度为初中的样本，成为绝对贫困阶层的可能性是小学及以下的 46%；本人受教育程度为职业高中（含技校）的样本，成为绝对贫困阶层的可能性是小学及以下的24%；本人受教育程度为普通高中的样本，成为绝对贫困阶层的可能性是小学及以下的 33%；本人受教育程度为中专的样本，子女成为绝对贫困阶层的可能性是小学及以下的 22%；本人受教育程度为大学专科的样本，成为绝对贫困阶层的可能性是小学及以下的8%；本人受教育程度为本科及以上的样本，成为绝对贫困阶层的可能性是小学及以下的 11%。因此，本人受教育程度越高的个体，其陷入绝对贫困的可能性越低；反之，受教育程度较低者，陷入绝对贫困的可能性则较高。相对于父代受教育程度，本人受教育程度的提高对于摆脱绝对贫困地位的影响更大。可见，受过高等教育的个体，陷入绝对贫困阶层的可能性已经非常低。

在相对贫困阶层模型中，本人受教育程度中各类水平的回归系数都达到了显著性水平，本人受教育程度对绝对贫困阶层地位获得的影响得到验证。本人受教育程度为初中的样本，成为相对贫困阶层的可能性是小学及以下的 71%；本人受教育程度为职业高中（含技校）的样本，成为相对贫困阶层的可能性是小学及以下的 31%；本人受教育程度为普通高中的样本，成为相对贫困阶层的可能性是小学及以下的 48%；本人受教育程度为中专的样本，成为相对贫困阶层的可能性是小学及以下的 30%；本人受教育程度为大学专科的样本，成为相对贫困阶层的可能性是小学及以下的 16%；本人受教育程度为本科及以上的样本，成为相对贫困阶层的可能性是小学及以下的 9%。因此，本人受教育程度越高的个体，其陷入相对贫困的可能性越低；反之，受教育程度较低者，陷入相对贫困的可能性则较高。可见，受过高等教育的个体，陷入相对贫困阶层的可能性已经非常低。（见表 3 - 19）

表 3 - 19　　**本人受教育程度与贫困获得的 MultiLogistic 分析**

本人教育地位[a]	优势比	标准误	Z 值	显著度
绝对贫困阶层　　参照：非贫困阶层				
初中	0.459	0.066	- 5.40	0.000
职业高中（含技校）	0.242	0.068	- 5.07	0.000
普通高中	0.328	0.052	- 7.00	0.000
中专	0.216	0.046	- 7.16	0.000
大学专科	0.079	0.016	- 12.59	0.000
本科及以上	0.105	0.020	- 12.08	0.000
常数项	1.272	0.146	2.10	0.036

续表

本人教育地位[a]	优势比	标准误	Z 值	显著度
相对贫困阶层　参照：非贫困阶层				
初中	0.714	0.099	-2.43	0.015
职业高中（含技校）	0.306	0.080	-4.52	0.000
普通高中	0.478	0.072	-4.89	0.000
中专	0.302	0.060	-6.07	0.000
大学专科	0.164	0.027	-10.83	0.000
本科及以上	0.094	0.018	-12.23	0.000
常数项	1.257	0.144	1.99	0.046

LR chi2(5) = 482.7　P = 0.000

Log likelihood = -3045.6864　Pseudo R2 = 0.073

注：a：参照项为小学及以下。

（四）本人职业地位与贫困获得

职业地位分为初始职业地位和当前职业地位。作为职业经历的初职影响着人们当下的职业地位。[①] 下面将构建本人初始职业地位与贫困地位获得的 Logistic 分析模型，探讨本人初始职业地位对贫困地位获得的影响。（见表3-20）

表3-20　　**本人初始职业地位与贫困获得的 Logistic 分析**

最初职业地位[a]	优势比	标准误	Z 值	显著度
管理人员	0.014	0.015	-4.08	0.000
技术人员	0.082	0.020	-10.15	0.000
自雇人员	0.131	0.078	-3.42	0.001

---

① 方长春：《趋于隐蔽的再生产：从职业地位获得看阶层结构的生成机制》，《开放时代》2009 年第 7 期。

最初职业地位[a]	优势比	标准误	Z 值	显著度
办事人员	0.077	0.022	-8.91	0.000
一般工人	0.213	0.045	-7.36	0.000
	4.226	0.844	7.22	0.000
LR chi2(5) = 167.0　P = 0.000				
Log likelihood = -946.09877　Pseudo R2 = 0.081				

注：a：参照项为农业劳动者。

　　由表3-20可以看出，模型的整体是显著的，本人职业地位对贫困地位获得的影响得到验证。在模型中，本人职业地位的回归系数都达到了显著性水平，相对于农业劳动者，其他各职业类别的个体在摆脱贫困方面都处于优势地位。本人初始职业地位为管理人员的样本，成为贫困阶层的可能性是农业劳动者的1%；本人初始职业地位为技术人员的样本，成为贫困阶层的可能性是农业劳动者的8%；本人初始职业地位为自雇人员的样本，成为贫困阶层的可能性是农业劳动者的13%；本人初始职业地位为办事人员的样本，成为贫困阶层的可能性是农业劳动者的8%；本人初始职业地位为一般工人的样本，成为贫困阶层的可能性是农业劳动者的21%。因此，本人初始职业地位为管理人员、技术人员和办事人员的个体，陷入贫困的可能性最低。这里的农业劳动者相对于一般工人在摆脱贫困方面也处于劣势，这部分群体是最容易陷入贫困地位的。

　　下面我们把因变量分为绝对贫困阶层、相对贫困阶层和非贫困阶层三类，进一步构建多类别Logistic模型，以检验本人职业地位对贫困地位获得的影响。（见表3-21）

　　在绝对贫困阶层模型中，本人初始职业地位对绝对贫困地位获得的影响都达到了显著性水平，各职业群体相对于农业劳动者均处于优势地位。本人初始职业地位为管理人员的样本，成为绝对贫困

表 3 - 21   本人初始职业地位与贫困获得的 MultiLogistic 分析

本人初始职业地位[a]	优势比	标准误	Z 值	显著度
绝对贫困阶层 参照：非贫困阶层				
管理人员	0.021	0.022	-3.69	0.000
技术人员	0.036	0.011	-10.45	0.000
自雇人员	0.039	0.042	-3.02	0.003
办事人员	0.033	0.014	-8.36	0.000
一般工人	0.109	0.025	-9.68	0.000
常数项	2.839	0.593	5.00	0.000
相对贫困阶层 参照：非贫困阶层				
管理人员	0.000	0.000	-0.03	0.975
技术人员	0.177	0.051	-6.02	0.000
自雇人员	0.321	0.207	-1.76	0.078
办事人员	0.167	0.056	-5.36	0.000
一般工人	0.425	0.105	-3.46	0.001
常数项	1.387	0.327	1.39	0.165

LR chi2(5) = 482.7   P = 0.000

Log likelihood = -3045.6864   Pseudo R2 = 0.073

注：a：参照项为农业劳动者。

阶层的可能性是农业劳动者的 2%；本人初始职业地位为技术人员的样本，成为绝对贫困阶层的可能性是农业劳动者的 4%；本人初始职业地位为自雇人员的样本，成为绝对贫困阶层的可能性是农业劳动者的 4%；本人初始职业地位为办事人员的样本，成为绝对贫困阶层的可能性是农业劳动者的 3%；本人初始职业地位为一般工人的样本，成为绝对贫困阶层的可能性是农业劳动者的 11%。因此，初始职业为非农就业的各职业群体，相对于农业劳动者陷入绝对贫困的可能性较低。

在相对贫困阶层模型中，本人初始职业地位为管理人员的样本，相对于农业劳动者陷入相对贫困地位的可能性没有差异。本人初始职业地位为技术人员的样本，成为相对贫困阶层的可能性是农业劳动者的 18%；初始职业地位为自雇人员的样本，成为相对贫困阶层的可能性是农业劳动者的 32%；初始职业地位为办事人员的样本，成为相对贫困阶层的可能性是农业劳动者的 17%；初始职业地位为一般工人的样本，成为相对贫困阶层的可能性是农业劳动者的 43%。因此，初始职业地位为农业劳动者、一般工人和自雇人员的样本，陷入相对贫困地位的可能性较大。

表 3 - 22　　　**本人当前职业地位与贫困获得的 Logistic 分析**

当前职业地位[a]	优势比	标准误	Z 值	显著度
管理人员	0.037	0.011	- 11.26	0.000
技术人员	0.072	0.016	- 11.85	0.000
自雇人员	0.169	0.041	- 7.32	0.000
办事人员	0.152	0.034	- 8.46	0.000
一般工人	0.273	0.056	- 6.28	0.000
常数项	4.226	0.844	7.22	0.000

LR chi2(5) = 341.7　P = 0.000

Log likelihood = - 1902.982　Pseudo R2 = 0.082

注：a：参照项为农业劳动者。

由表 3 - 22 可以看出，模型的整体是显著的，本人当前职业地位对贫困地位获得的影响得到支持。在模型中，本人当前职业地位的回归系数都达到了显著性水平，相对于农业劳动者，其他各职业类别的个体在摆脱贫困方面都处于优势地位。本人当前职业地位为管理人员的样本，成为贫困阶层的可能性是农业劳动者的 3%；本人当前职业地位为技术人员的样本，成为贫困阶层的可能性是农业劳动者的 7%；本人当前职业地位为自雇人员的样本，成为贫困阶层的可

能性是农业劳动者的 17%；本人当前职业地位为办事人员的样本，
成为贫困阶层的可能性是农业劳动者的 15%；本人当前职业地位为
一般工人的样本，成为贫困阶层的可能性是农业劳动者的 27%。因
此，本人当前职业地位为管理人员、技术人员和办事人员的个体，
陷入贫困的可能性最低。这里的农业劳动者相对于一般工人在摆脱
贫困方面也处于劣势，这部分群体是最容易陷入贫困地位的。

下面我们把因变量分为绝对贫困阶层、相对贫困阶层和非贫困
阶层三类，进一步构建多类别 Logistic 模型，以检验本人职业地位
对贫困地位获得的影响。（见表 3 - 23）

表 3 - 23　　本人当前职业地位与贫困获得的 MultiLogistic 分析

本人当前职业地位[a]	优势比	标准误	Z 值	显著度
绝对贫困阶层　　参照：非贫困阶层				
管理人员	0.026	0.010	-9.97	0.000
技术人员	0.028	0.008	-13.20	0.000
自雇人员	0.087	0.025	-8.45	0.000
办事人员	0.078	0.020	-10.05	0.000
一般工人	0.148	0.033	-8.66	0.000
常数项	2.839	0.593	5.00	0.000
相对贫困阶层　　参照：非贫困阶层				
管理人员	0.058	0.022	-7.64	0.000
技术人员	0.162	0.042	-7.02	0.000
自雇人员	0.338	0.096	-3.83	0.000
办事人员	0.304	0.080	-4.55	0.000
一般工人	0.529	0.129	-2.62	0.009
常数项	1.387	0.327	1.39	0.165

LR chi2(5) = 399.0　　P = 0.000

Log likelihood = -2753.5024　　Pseudo R2 = 0.067

注：a：参照项为农业劳动者。

在绝对贫困阶层模型中，本人当前职业地位对绝对贫困地位获得的影响都达到显著性水平，各职业群体相对于农业劳动者均处于优势地位。本人当前职业地位为管理人员的样本，成为绝对贫困阶层的可能性是农业劳动者的3%；本人当前职业地位为技术人员的样本，成为绝对贫困阶层的可能性是农业劳动者的3%；当前职业地位为自雇人员的样本，成为绝对贫困阶层的可能性是农业劳动者的9%；当前职业地位为办事人员的样本，成为绝对贫困阶层的可能性是农业劳动者的8%；当前职业地位为一般工人的样本，成为绝对贫困阶层的可能性是农业劳动者的15%。因此，当前职业地位为非农就业的劳动者，陷入绝对贫困地位的可能性都较低，即使最高的一般工人群体，相对于农业劳动者的可能性也仅为15%。

在相对贫困阶层模型中，本人当前职业地位对相对贫困地位获得的影响都达到了显著性水平，各职业群体相对于农业劳动者均处于优势地位。本人当前职业地位为管理人员的样本，成为相对贫困阶层的可能性是农业劳动者的6%；本人当前职业地位为技术人员的样本，成为相对贫困阶层的可能性是农业劳动者的16%；本人当前职业地位为自雇人员的样本，成为相对贫困阶层的可能性是农业劳动者的34%；本人当前职业地位为办事人员的样本，成为相对贫困阶层的可能性是农业劳动者的30%；本人当前职业地位为一般工人的样本，成为相对贫困阶层的可能性是农业劳动者的53%。可见，"那些就职于非正规部门的下岗工人和农民工是工作贫困者的主体"。[1] 尽管各职业群体相对农业劳动者陷入相对贫困的可能性，比陷入绝对贫困的可能性略有增加，但除了一般工人群体外，其可能性都是处于较低水平。因此，当前职业为工人和农业劳动者的群体，陷入相对贫困的可能性较高。

---

① 姚建平：《中国城镇工作贫困者：概念、成因及对策》，《理论与现代化》2009年第5期。

（五）本人单位性质与贫困获得

在单位体制下，个人所占有的资源都依附于单位。尽管单位体制逐步解体，但由于渐进式体制改革的路径依赖效应，体制的壁垒依然没有从根本上得以打破，单位性质依然对个体社会生活有影响。下面将通过构建 Logistic 回归模型，具体分析本人当前单位性质对其贫困阶层地位获得的影响。（见表 3 - 24）

表 3 - 24   **本人当前单位性质与贫困获得的 Logistic 分析**

本人单位性质[a]	优势比	标准误	Z 值	显著度
国有企事业单位	4.261	1.345	4.59	0.000
集体企事业单位	8.948	3.055	6.42	0.000
私有企业	4.959	1.558	5.10	0.000
外资企业（含港澳台）	3.159	1.137	3.20	0.001
其他	10.751	3.683	6.93	0.000
常数项	0.146	0.045	- 6.22	0.000

LR chi2(5) = 95.2   P = 0.000

Log likelihood = 1942.3224   Pseudo R2 = 0.025

注：a：参照项为党政机关。

由表 3 - 24 可以看出，模型的整体是显著的，本人当前单位性质对贫困地位获得的影响得到验证。在模型中，单位性质为国有企事业单位的样本，成为贫困阶层的可能性是单位为党政机关的 4.3 倍；单位性质为集体企事业单位的样本，成为贫困阶层的可能性是单位为党政机关的 8.9 倍；单位性质为私有企业的样本，成为贫困阶层的可能性是单位为党政机关的 5 倍；单位性质为外资企业（含港澳台）的样本，成为贫困阶层的可能性是单位为党政机关的 3.2 倍；单位性质为其他的样本，成为贫困阶层的可能性是单位为党政机关的 10.8 倍。因此，单位性质为外资企业（含港澳台）的群体陷入贫困的可能性最低，而就业单位为其他的陷入贫困的可能性最高。① 城市居民中的非正规就业者，"尽管和农民工不同，他们具有城市户籍，但是，他们中的大多数都处于体制外，从事个体经营或低等职业，体制内人员较好的社会保障和就业、晋升渠道是他们不可能拥有的"。②

> 老婆1997年就没有工作了，我是2007年"止业"。叫"止业"，就是企业改的时候下岗了，好像是整个公司买断了2000多人。（BD007）
>
> 24岁就结婚了，结婚了就是来到我们郑州，在开关厂上班，调到开关厂了。开关厂就是在1997年、1998年的时候宣布破产了，就是我们下岗了。下岗了之后，我一直就在打工，给人家家政公司干干，摆个小地摊。（BD011）
>
> 我们那郑州皮鞋厂，那时候单位是黄金时代嘛，那时候做皮鞋，八几年的时候，那皮鞋，很少啊，一般人还穿不起呢。我们单位那时候做个鞋都是出口的。
>
> 后来改革一开放，改革一开放，嗯……可以自己搞作坊了都，生意自己可以做了，企业慢慢儿都不行了。（BD013）

以上被访者都有曾在企业工作后下岗的经历。尽管说法不同，但都是离开原有的单位体制，成为体制外的人的经历极大地改变了他们的社会地位。

在绝对贫困阶层模型中，本人单位性质对绝对贫困阶层地位获得的影响都达到了显著性水平，单位性质对绝对贫困阶层地位获得的影响得到验证。单位性质为国有企事业单位的样本，成为绝对贫困阶层的可能性是单位为党政机关的7.2倍；单位性质为集体企事业单位的样本，成为绝对贫困阶层的可能性是单位为党政机关的

---

① 就业单位性质为其他的主要是无单位者和自雇者，以及一些在社会组织中从业的人员。

② 刘林平、沈宫阁：《"贫二代"现象及其发生机制实证分析》，《人民论坛》2014年1月（中）。

表 3 - 25　本人当前单位性质与贫困获得的 MultiLogistic 分析

本人单位性质[a]	优势比	标准误	Z 值	显著度
绝对贫困阶层　　参照：非贫困阶层				
国有企事业单位	7.193	5.201	2.73	0.006
集体企事业单位	20.012	14.821	4.05	0.000
私有企业	11.301	8.136	3.37	0.001
外资企业（含港澳台）	6.172	4.758	2.36	0.018
其他	26.787	19.792	4.45	0.000
常数项	0.024	0.017	-5.19	0.000
相对贫困阶层　　参照：非贫困阶层				
国有企事业单位	3.675	1.259	3.80	0.000
集体企事业单位	6.736	2.508	5.12	0.000
私有企业	3.691	1.260	3.83	0.000
外资企业（含港澳台）	2.557	1.015	2.37	0.018
其他	7.544	2.823	5.40	0.000
常数项	0.122	0.041	-6.28	0.000

LR chi2(5) = 110.2　P = 0.000

Log likelihood = -2721.7937　Pseudo R2 = 0.020

注：a：参照项为党政机关。

20 倍；单位性质为私有企业的样本，成为绝对贫困阶层的可能性是单位为党政机关的 11.3 倍；单位性质为外资企业（含港澳台）的样本，成为绝对贫困阶层的可能性是单位为党政机关的 6.2 倍；单位性质为其他的样本，成为绝对贫困阶层的可能性是单位为党政机关的 26.8 倍。因此，各单位相对于党政机关，陷入绝对贫困的可能性都较高。

在相对贫困阶层模型中，本人单位性质对相对贫困阶层地位获得的影响都达到了显著性水平，单位性质对相对贫困阶层地位获得的影响得到支持。单位性质为国有企事业单位的样本，成为相对贫困阶层的可能性是单位为党政机关的3.7倍；单位性质为集体企事业单位的样本，成为相对贫困阶层的可能性是单位为党政机关的6.7倍；单位性质为私有企业的样本，成为相对贫困阶层的可能性是单位为党政机关的3.7倍；单位性质为外资企业（含港澳台）的样本，成为相对贫困阶层的可能性是单位为党政机关的2.6倍；单位性质为其他的样本，成为相对贫困阶层的可能性是单位为党政机关的7.5倍。因此，与绝对贫困地位获得相比，各单位相对于党政机关，陷入相对贫困的可能性都大幅降低。

四　阶层再生产中的贫困与非贫困阶层

在前面的经验分析中，我们首先从教育地位、职业地位和经济地位三个方面分析了阶层分化过程中城市居民的地位再生产问题；然后从父代地位和个体地位两个方面描述了城市贫困阶层的地位特征；最后通过构建 Logistic 回归模型分析了父代地位和本人地位对贫困地位获得的影响。

第一，城市居民阶层分化中存在着地位再生产现象，这种现象是城市贫困阶层再生产的基本背景。

我国的阶层分化过程存在于社会转型之中，而转型社会的基本特征是从计划体制向市场体制的转变，以及由此导致利益结构的深刻调整和利益分化。渐进式改革的路径选择决定了体制改革和制度转型具有路径依赖特征。"由国家主导的改良式变迁以及一系列制度性因素，决定了阶层间相对关系的模式并没有发生根本性的重组，原有的以阶层再生产为主要特征的相对关系模式在制度转型过程中仍然被持续地再生产出来。"[1] 因此，代际关系再生产是阶层

---

[1]　李路路：《制度转型与分层结构的变迁——阶层相对关系模式的"双重再生产"》，《中国社会科学》2002年第6期。

分化中的主要特征，社会转型并没有打破代际地位的遗传性和传递性。尽管阶层之间也存在一定的流动性，这种流动主要是短距离的流动，如从农业劳动者向一般工人的流动，长距离的跨多阶层的流动并不多见。

从作为社会分层核心指标的职业地位来看，父代与子代初始职业地位相同的比例达到34.3%，父代与子代当前职业地位相同的比例为27.9%，代际地位继承或再生产特征明显。其中，各职业地位中父代和子代相同比例最高的是技术人员，即技术人员的后代成为技术人员的比例较高，这一职业阶层的封闭性较强。各群体的初始职业一般向工人阶层聚集，这是因为工人在很长一个时期内是社会阶层的主体。从不同地位的流动来看，管理人员的子代流向技术人员和办事人员的比例较高，技术人员流向管理人员和办事人员的比例较高，自雇人员和办事人员一定比例地流向技术人员，工人的代际继承性明显，农业劳动者向工人流动的比例较高。

地位再生产还体现为父代单位性质和子代单位性质的继承。父代单位性质和子代单位性质相同的样本为767个，占总体的比例为43.4%。代际继承最为明显的是国有企事业单位和私有企业。前者意味着体制壁垒难以打破，后者则意味着资产具有积累性特征。

相对而言，教育地位的再生产特征较为弱化。父代和子代受教育程度相同的样本为712个，占全部样本的比例为22.23%。这是因为随着教育发展中的教育扩张，子代受教育的程度有了明显提升，但父代受教育程度低，子代受教育程度依然低的现象并没有明显改变。

第二，城市贫困阶层继承了父代的地位特征，其父代在教育和职业方面均处于较低地位。

以往的研究都较为注重分析贫困阶层的个体特征，重点关注的是哪些人是贫困者。如有的学者从社会流动的视角研究发现，"影响城市贫困代际传递的主要因素有：家庭成员的职业收入、子女的教育程度和职业技能状况、家庭拥有的社会资源以及家庭成员的生活态度等"。① 这些因素固然影响着贫困再生产，但没有解释父代的社会地位究竟是否影响子代的贫困地位。我们在前面分析了贫困阶层父辈的特征，揭示了父代地位和子代地位之间的关联性，从地位再生产的视角回答了哪些人的后代容易成为贫困者的问题。贫困阶层再生产本质是一个底层再生产的过程，也就是说贫困阶层继承着父代较低的社会地位。无论是绝对贫困阶层，还是相对贫困阶层，父代的教育程度和职业地位都对本人有显著影响。

我国传统社会就有重视教育的传统，教育是个体向上流动的主要途径。教育机会均等是一个社会走向公平正义的基础。正是在这一点上，当下社会中的教育公平饱受争议。"家庭背景作为影响子女教育机会获得的最重要因素，其中父代教育水平的作用效应最为显著，不仅对子代各教育阶段具有正向的显著影响，而且在改革的不同时代，其影响效应的递增趋势愈来愈明显。"② 前面的分析表明，父代受教育程度越高，子代的受教育程度也越高。在贫困阶层地位获得中，父代的受教育程度越高者，子代陷入绝对贫困和相对贫困的可能性越低；反之，父代受教育程度越低者，其陷入绝对贫困和相对贫困的可能性都提高。当前城市的贫困阶层主要来源于父代处于教育底层的家庭。

如果不区分绝对贫困和相对贫困，父亲职业为工人和农业劳动者的家庭，其子女陷入贫困的可能性较大。但父亲职业地位对子女贫困地位获得的影响，在绝对贫困地位获得和相对贫困地位获得方面有不同的逻辑。相对于其他群体，技术人员和办事人员的子女陷入绝对贫困与相对贫困的可能性都较低。对于绝对贫困地位而言，父代职业为管理人员、自雇人员的，陷入绝对贫困的可能性与农业劳动者没有显著差异。对于相对贫困地位而言，管理人员和自雇人员家庭子女陷入贫困的可能性与农业劳动者有差异，但这没有改变

---

① 毕璇、高灵芝：《城市贫困代际传递的影响因素分析——基于社会流动理论的视角》，《甘肃社会科学》2009 年第 2 期。

② 杨江华、程诚、边燕杰：《教育获得及其对职业生涯的影响（1956—2009）》，《青年研究》2014 年第 5 期。

工人和农业劳动者子女更容易陷入贫困的状况。

第三，城市贫困阶层与非贫困阶层在受教育程度、职业地位和单位性质方面具有差异性特征。

改革开放以后，城市贫困的发展经历了一个从普遍贫困到边缘化贫困的过程。在普遍贫困的时代，受平均主义分配思想的指导，依托单位福利体制，贫困问题并不突出。随着市场机制在中国的逐步确立，一些市场能力相对较弱的群体逐渐成为贫困者，他们处于城市社会的边缘，因而属于边缘性贫困。有研究者认为这部分群体主要包括城市失地农民、城市农民工、城市下岗失业工人以及孤老病残人员等。[①] 除孤老病残人员外，其他群体既有劳动能力，也有一定的个人收入，只是因他们的劳动能力有限而获取的是较低的收入，因而属于相对贫困群体。当前相对贫困群体已经成为贫困阶层中的多数。即使引入相对贫困的概念也并没有模糊贫困阶层与非贫困阶层的差异，因为二者在教育、职业、单位等方面均有差异性。

相对于非贫困阶层，绝对贫困阶层和相对贫困阶层的受教育程度较低。尽管由于受益于国家教育发展和教育扩张，贫困阶层的教育程度比其父代有了提升，但其依然没有摆脱教育程度较低的现实困境。本研究调查显示，绝对贫困阶层和相对贫困阶层中受过初中及以下教育的超过了半数，非贫困阶层中受过初等教育的比例是该阶层的一半。较低的教育程度，增加了这些群体陷入贫困的可能性，尤其是大大提升了其陷入绝对贫困的可能性。

相对于非贫困阶层，贫困阶层的职业主要以体力劳动为主。从初始职业地位看，包括一般工人和农业劳动者在内的体力劳动者占到绝对贫困阶层的绝对多数（89%），体力劳动者也是相对贫困阶层的主要组成者。技术人员和办事人员在相对贫困阶层中的比例较高，这可能是因为他们是两大群体中的低技能技术人员和低级别的办事人员。值得注意的是，初始职业地位与当前职业地位的影响差

---

① 王朝明：《转型期我国居民收入差距与利益协调——基于社会分层的视角》，《社会科学研究》2007 年第 1 期。

异较小（伪决定系数分别为 0.81 和 0.82），职场的起始位置对于后来的发展的影响不容忽视。

我国的社会转型也是单位体制逐步被打破的过程。单位性质对于贫困阶层地位获得的影响小于教育程度和职业地位，但这种影响也不是可有可无的。"单位壁垒的作用表现在，单位作为资源控制和运用主体，单位地位比职业地位更凸显，同类职业在不同的单位类型其收入含量相异。"[1] 研究也发现，无论是绝对贫困，还是相对贫困，工作在党政机关的个体在各类单位中陷入贫困的可能性最低。

第四，父代地位特征对子代成为绝对贫困阶层和相对贫困阶层的影响差异较小，子代地位特征对子代成为绝对贫困阶层和相对贫困阶层的影响差异增加。

绝对贫困和相对贫困是对贫困类型的一种基本划分。在社会生活中，绝对贫困更容易被视为贫困，而相对贫困则具有公众不可视性和政策不可视性，成为容易被忽视的"夹心层"。"不管这些人最后能否成为绝对贫困线的贫困人口，但总体来看他们承受着远比其他社会群体更大的社会风险。"[2] 我们在分析中区分城市绝对贫困阶层和相对贫困阶层，就是看到了相对贫困阶层已逐步成为城市贫困的主体，我们希望能通过描述这一群体的特征，以探寻相应的社会政策方案。在地位再生产方面，父代地位对子女成为绝对贫困阶层与相对贫困阶层的影响都存在，但这种影响弱于子代的个体地位的影响。

父代社会地位对于子代贫困地位获得有影响，而且即便在区分绝对贫困阶层和相对贫困阶层的模型中，这种影响依然是存在的。在一般的假设中，陷入绝对贫困的可能性要低于陷入相对贫困的可能性。这种假设在父代对子代贫困地位的影响模型中没有得到验证

---

① 边燕杰、李路路、李煜、郝大海：《结构壁垒、体制转型与地位资源含量》，《中国社会科学》2006 年第 5 期。

② 姚建平：《中国转型期城市贫困与社会政策》，复旦大学出版社 2011 年版，第 9 页。

（除了办事人员陷入相对贫困的可能性高于绝对贫困 0.5 个百分点），但是，父代教育程度和职业地位不同的个体，相对于参照项在陷入绝对贫困和相对贫困的差距不是太大。陷入绝对贫困的可能性与陷入相对贫困的可能性的差距，在受教育程度方面，影响最大的为普通高中（25.2%），在职业地位方面，影响最大的为自雇人员（20.6%）。

个体社会地位也是既对贫困地位获得有影响，又对绝对贫困阶层和相对贫困阶层有影响的。个体社会地位的 Logistic 回归模型显示，子代陷入绝对贫困的可能性要低于陷入相对贫困的可能性。陷入绝对贫困的可能性与陷入相对贫困的可能性的差距，在受教育程度方面，影响最大的为初中（25.6%），在初始职业地位方面，影响最大的为自雇人员（28.1%），当前职业地位方面，影响最大的为一般工人（38.1%）。相对于农业劳动者，当前各职业地位陷入绝对贫困和相对贫困的差距都较大①。因此，本人社会地位对于个体陷入绝对贫困还是相对贫困所造成的差距，大于父代社会地位对于个体陷入两种状态所造成的差距。

第五，父代对子代贫困地位获得的影响分为直接影响和间接影响两条路径，且直接影响小于间接影响。

地位再生产分为直接再生产和间接再生产。前者是指父代地位直接对子代地位产生影响，或者把地位传递给子代，后者则是指通过特定的中介机制或中间变量对子代地位产生影响。在制度转型的过程中，阶层再生产机制发生了变迁，已由“间接再生产”发展到“直接再生产”和“间接再生产”并存。②在贫困阶层再生产中，直接再生产就是父代地位直接影响子代贫困阶层地位获得，间接再生产则是父代地位影响子代地位，进而间接影响子代贫困阶层地位获得。在城市贫困阶层再生产中，父代地位的直接影响和间接影响是同时存在的，但直接影响小于间接影响。

---

① 差距最小的为管理人员，其陷入绝对贫困和相对贫困的可能性都较低。

② 李路路：《制度转型与阶层化机制的变迁——从“间接再生产”到“间接与直接再生产”并存》，《社会学研究》2003 年第 5 期。

　　父代对子代贫困地位获得的直接影响是指地位继承。在社会主义制度建立后，国家通过一定的政治干预，试图隔断地位的继承性特征，以打造一个公平公正的社会主义社会。但是，在社会转型时期，"代际之间的阶层流动仍以继承性为主，虽然在具体的表现形式上存在一定的差异"。[①] 在前面的分析中，城市贫困阶层主要来源于父代受教育程度和职业地位较低者。父代社会地位较低的群体，陷入绝对贫困和相对贫困阶层的可能性较大，地位再生产的风险较高。

　　相对于父代地位直接影响的公开化特征，父代地位间接影响是一种更为隐蔽化的再生产。在现代社会中，教育往往充当着地位间接再生产的中介机制。"虽然子代教育水平对子代地位获得具有更重要的影响，但子代教育的获得又受到父代地位的强烈影响，从而对子代地位具有间接影响。"[②] 教育作为自致性因素影响地位获得表面上是社会由封闭走向开放的象征，但教育本身往往难以摆脱家庭地位的深刻影响。特别是在中国社会转型时期，父代受教育程度与子代受教育程度关联性较高。父亲的受教育程度低，子代的受教育程度也低，子代陷入贫困地位的可能性也高，这已成为一种难以摆脱的贫困恶性循环。

---

　　① 边燕杰、芦强：《阶层再生产与代际资源传递》，《人民论坛》2014 年 1 月（中）。

　　② 李路路：《制度转型与阶层化机制的变迁——从"间接再生产"到"间接与直接再生产"并存》，《社会学研究》2003 年第 5 期。

第四章 城市贫困阶层再生产的
结构因素和文化因素

"在现代工业社会里，我们可以看到各种各样针对经济和社会不平等的社会政策，然而这些努力似乎改变不了残酷的现实，贫穷和不平等依然随处可见。"① 在前面的分析中，我们发现了城市居民阶层分化中存在着地位再生产现象，并指出贫困阶层地位具有继承性特征。然而，更为关键的是，城市贫困阶层再生产的中介机制和影响因素是什么？下面将结合调查资料对城市贫困阶层再生产的结构因素和文化因素进行分析。

一 城市贫困阶层再生产的结构因素

在解释贫困再生产时，结构取向偏向于那些由制度或政策派生的致贫因素，包括市场机会、就业状况、结构变迁等。在本研究中，基于数据的可获得性，结构性因素包括户籍制度、就业结构、家庭状况、居住空间、阶层地位、教育经历和社会保障等方面。

（一）户籍制度

户籍制度在新中国成立后，一直被视为城乡二元结构的支撑，其造成城乡之间的人为分割以及不平等。城乡二元的户籍制度不仅阻碍着社

---

① ［美］戴维·格伦斯基:《社会不平等的过去、现在和将来》，王俊译，载［美］戴维·格伦斯基主编《社会分层》，华夏出版社 2005 年版，第 2 页。

会流动，也往往造成福利获得的不平等，并进而制造着社会不平等。

表 4 - 1　　　　　　　贫困阶层与父亲户口的交互分析

	农业户口	非农业户口	其他	总计
绝对贫困阶层	54.06 (346)	43.13 (276)	2.81 (18)	100 (646)
相对贫困阶层	52.73 (454)	43.90 (378)	3.37 (29)	100 (862)
非贫困阶层	45.82 (805)	51.34 (902)	2.85 (50)	100 (1763)
总计	49.26 (1605)	47.76 (1556)	2.98 (97)	100 (3271)

Pearson chi2(4) = 20.20　P = 0.000

注：百分比，括号内为样本数。

由表 4 - 1 可以看出，贫困阶层与非贫困阶层之间在父亲户口方面有差异。绝对贫困阶层和相对贫困阶层中，父亲为农业户口的比例都较高，超过了非贫困阶层。非贫困阶层父亲户口为农业的比例是最低的，户口为非农业的比例超过了半数，超过了绝对贫困阶层和相对贫困阶层。卡方检验也显示，不同阶层在父亲户口方面的差异达到了显著性水平。（见表 4 - 2）

由表 4 - 1 可以看出，贫困阶层与非贫困阶层之间在户口方面是有差异的。在调查样本 14 岁时的户口状况方面，绝对贫困阶层和相对贫困阶层中 14 岁时为农业户口的比例都较高，超过总体的半数；非贫困阶层中为农业户口的数量没有达到半数。卡方检验显示，贫困阶层与非贫困阶层在 14 岁时户口状况的差异达到了显著性水平。

在当前的户口状况方面，绝对贫困阶层和相对贫困阶层为农业户口的比例都大幅降低，但也超过 30%；非贫困阶层为农业户口则降到 30% 以内。卡方检验显示，贫困阶层与非贫困阶层在当前户口状况的差异达到了显著性水平。（见表 4 - 2）

表4－2　　　　　　　贫困阶层与户口状况的交互分析

	14 岁时户口状况		当前户口状况	
	农业户口	非农业户口	农业户口	非农业户口
绝对贫困阶层	54.18 （350）	45.82 （296）	38.70 （250）	61.30 （396）
相对贫困阶层	53.60 （462）	46.40 （400）	31.71 （320）	62.88 （542）
非贫困阶层	46.51 （820）	15.09 （266）	28.93 （510）	71.07 （1253）
总计	65.85 （2150）	53.49 （943）	33.2 （1080）	66.98 （2191）

Pearson chi2（2）= 17.54　P = 0.000　Pearson chi2（2）= 29.3325　P = 0.000

注：百分比，括号内为样本数。

　　与调查样本 14 岁时户口状况相比，绝对贫困阶层、相对贫困阶层和非贫困阶层三个群体实现农转非的比例分别为 15.48%、21.89% 和 17.58%。由此可见，相对贫困阶层实现农转非的比例是最高的，而绝对贫困阶层实现农转非的比例是最低的。关于农转非的途径，处于前四位的分别为家属随转（24.08%）、就业（21.27%）、征地（19.62%）和升学（15.67%），这四类占到总体的 80% 以上。

（二）就业结构

　　贫困不仅与是否就业有关，还与就业结构相关联。"就业和人力配置在维持贫困上所扮演的角色可以通过双重劳动力市场得到更好的理解。"[①] 根据经典的二元劳动力市场理论，劳动力市场分为初级劳动力市场和次级劳动力市场。初级劳动力市场提供良好的工

---

　　① ［美］米歇尔·皮奥：《双重劳动力市场：理论及其含义》，王水雄译，载［美］戴维·格伦斯基主编《社会分层》，华夏出版社 2005 年版，第 385 页。

作环境、就业稳定性和升迁机会，次级劳动力市场则意味着不好的工作环境、就业变动性和工作的辛苦性。

表4-3　　　　　贫困阶层与当前就业状况的交互分析

	党政机关/企事业单位负责人	个体工商户	受雇于他人	劳务工/劳务派遣工	零工、散工	在自己家企业	自由职业者
绝对贫困阶层	0.71 (3)	14.12 (60)	74.12 (315)	0.71 (3)	8.94 (38)	0.47 (2)	0.95 (4)
相对贫困阶层	0.50 (4)	13.94 (111)	77.89 (620)	1.63 (13)	4.90 (39)	0.38 (3)	0.75 (6)
非贫困阶层	4.26 (73)	11.79 (202)	79.92 (1369)	0.58 (10)	4.90 (39)	0.38 (8)	0.82 (14)
总计	2.73 (80)	12.71 (373)	78.53 (2304)	0.83 (26)	3.92 (115)	0.41 (12)	1.22 (24)

Pearson chi2(4) = 90.01　P = 0.000

注：百分比，括号内为样本数。

由表4-3可以看出，贫困阶层与非贫困阶层之间在当前的就业状况方面有差异。尽管目前贫困阶层和非贫困阶层受雇于他人的比例都处于绝对多数，但通过比较，不同阶层在就业方面还是有若干特征的。对于绝对贫困阶层的个体而言，目前其受雇于他人的比例低于相对贫困阶层和非贫困阶层，且其为零工和散工的比例高于相对贫困阶层和非贫困阶层。对于相对贫困阶层的个体而言，目前其为劳务工（派遣工）的比例高于非贫困阶层和绝对贫困阶层，且其受雇于他人的比例高于绝对贫困阶层，但低于非贫困阶层。对于非贫困阶层的个体而言，目前其为党政机关、企事业单位负责人的比例高于两个贫困阶层，且其受雇于他人的比例也高于两个贫困阶层，但其个体工商户的比例低于两个贫困阶层。由此可见，受雇于他人和担任党政机关、企事业单位负责人是非贫困阶层的就业特征,成为劳务派遣工和个体工商户是相对贫困阶层的就业特征,做零工和散工是绝对贫困阶层的就业特征。就此而言,在非正规部门就业、就业状况不稳定,是贫困阶层需要应对的风险。

> 就是给别人打零工。有时候去搬家了,什么的。有活了就干,没活了就不干。(BD004)
>
> 原来我是在联运公司。2007年买断的。买断了就是把你推向社会了。现在的交运集团,效益也好,俺是因为超过年龄,统统买断。老婆原来在街道办的一个集体商店,后来1997年垮台了,俺老婆就回家了,没有任何保障。(BD007)
>
> 临时雇佣的。现在不管哪个单位都是临时雇佣。今天你干你就在这,明天你不干就走了。(DB010)
>
> 换了有两三个。第一个就是在郑州,我是2008年、2009年的时候来过……之后我去了陕西,在陕西待了三四年,最近又来的郑州。(WD004)
>
> 建筑业干了5年,养殖业干了9年。接着就是干临时的活,在小区打扫卫生,然后到河道上干。(WD005)
>
> 从进入社会,我个人吧,进的行业比较多吧,当时学问有限,干过餐饮行业,工厂,建筑行业,电子行业,跑过业务员,送过货,公司单位餐饮基本上都干过吧。(WD009)

以上案例显示,贫困阶层或者经历了下岗失业,或者一直在非正规部门就业,就业的不稳定性是这个阶层的显著特征。

由表4-4可以看出,贫困阶层与非贫困阶层之间在对失业可能性的判断上是有差异的。绝对贫困阶层认为未来6个月内有失业可能性的比例为27.65%,这一比例超过相对贫困阶层和非贫困阶层。非贫困阶层认为未来6个月内有失业可能性的比例仅为10.22%,而认为没有失业可能性的比例接近80%,远远高于贫困阶层,这充分说明非贫困阶层就业具有稳定性。

表4-4 贫困阶层与失业可能性的交互分析

	非常有可能	有可能	一般	不可能	非常不可能	总计
绝对贫困阶层	4.61 (10)	23.04 (50)	14.29 (31)	35.02 (76)	23.04 (50)	100 (217)
相对贫困阶层	4.85 (23)	16.88 (80)	13.29 (64)	36.71 (174)	28.27 (134)	100 (474)
非贫困阶层	2.89 (39)	7.33 (99)	10.07 (136)	44.49 (601)	35.23 (476)	100 (1351)
总计	3.53 (72)	11.21 (229)	11.26 (230)	41.67 (851)	32.32 (660)	100 (2042)

Pearson chi2(4) = 88.0814 P = 0.000

注：百分比，括号内为样本数。

对于如何进入劳动力市场，贫困阶层与非贫困阶层之间也具有差异性，如表4-5所示。在顶替父母或亲属方面，相对贫困阶层的比例高于绝对贫困阶层和非贫困阶层。在国家招录、分配或组织调动方面，相对贫困阶层和非贫困阶层的比例较高。在个人直接申请或应聘方面，绝对贫困阶层和非贫困阶层的比例较高；在通过职业介绍机构就业的样本中，非贫困阶层的比例较高；在经他人介绍推荐就业的样本中，绝对贫困阶层的比例较高。

> 我父亲是个军人，1944年参加革命的，后来转业到单位。1983年退休，我接的是我父亲的班。当时国家刚开始，大厂带小厂，为了安排家属子弟，成立一个服务公司。姐姐在当时公司办的劳动服务公司。（BD007）

上面的被访者本人是通过接班参加工作，姐姐在当时单位自办的集体企业上班。这种接班制度在一定程度上保持了工人阶级的优势地位。但在20世纪90年代后的企业改革过程中，这批人也没能摆脱下岗失业的命运。

表4-5　　　　　　　　贫困阶层与就业途径的交互分析

	绝对贫困阶层	相对贫困阶层	非贫困阶层
顶替父母/亲属	3.89 (16)	5.03 (39)	2.22 (37)
国家招录、分配/组织调动	18.25 (75)	30.41 (236)	30.05 (501)
个人直接申请/应聘	54.26 (223)	44.85 (348)	53.87 (898)
职业介绍机构	1.70 (7)	2.06 (16)	11.26 (230)
他人介绍推荐	24.33 (100)	19.20 (149)	13.44 (224)

注：百分比，括号内为样本数。

（三）家庭状况

在新中国成立后的一个时期内，居民家庭状况首要的标签是家庭出身。"在中国家庭背景指的是，以家庭出身为依据的不同的阶级分类。"① 虽然子代家庭出身与父亲社会经济地位有一定的关联，但不等于父亲现在的职业，更不等于被调查者14岁时父亲的职业，而是家庭在阶级划分时的政治归类。

由表4-6可以看出，贫困阶层与非贫困阶层在家庭出身方面具有差异性特征。在革命家庭出身方面，非贫困阶层的比例最高；在工人家庭出身方面，相对贫困阶层和非贫困阶层的比例都较高；在贫农家庭出身方面，绝对贫困阶层的比例最高；在中农家庭出身

---

① 周雪光、图玛、摩恩：《国家社会主义制度下社会阶层的动态分析——1949年至1993年的城市状况》，载边燕杰主编《市场转型与社会分层——美国社会学者分析中国》，生活·读书·新知三联书店2002年版，第391页。

104

方面，相对贫困阶层和非贫困阶层的比例都较高；在富农和地主家庭出身方面，绝对贫困阶层和相对贫困阶层的比例都较高；在小资产者家庭出身方面，相对贫困阶层和非贫困阶层的比例都较高。由上可见，除了各群体都多数出身于贫农家庭外，非贫困阶层出身于政治地位较高的革命家庭和工人家庭的比例高一些；而绝对贫困阶层出身于地主和富农家庭的比例高于其他两个群体。

表4-6　　　　　　贫困阶层与家庭出身的交互分析

	绝对贫困阶层	相对贫困阶层	非贫困阶层	总计
革命家庭	1.24 （8）	1.51 （13）	2.67 （47）	0.86 （28）
工人	9.75 （63）	14.27 （123）	15.53 （273）	14.05 （459）
贫农	65.33 （422）	59.74 （515）	55.35 （973）	58.48 （1910）
中农	6.97 （45）	10.79 （93）	10.18 （179）	9.71 （317）
富农	2.48 （16）	1.16 （10）	2.33 （41）	2.05 （67）
地主	3.56 （23）	2.55 （22）	3.41 （60）	3.21 （105）
小资产者	1.39 （9）	3.48 （30）	3.75 （66）	3.21 （105）
其他	1.24 （8）	1.04 （9）	1.08 （19）	1.10 （36）
不知道	8.05 （52）	5.45 （47）	5.69 （100）	6.09 （199）

注：百分比，括号内为样本数。

经济来源也是家庭状况的一个部分。在绝对贫困阶层中，仅有
33.96%的被调查者以工作收入为主要经济来源，有48%的被调查
者以家庭成员资助为主要经济来源，经济依附性特征较强。在相对
贫困阶层中，有60%的被调查者以工作收入为主要经济来源，有
29%的被调查者以退休金为主要经济来源。以退休金为经济来源的
比例较高，这说明退休人员的相对贫困问题较为突出。在非贫困阶
层中，有超过80%的被调查者以工作收入为主要经济来源，这说
明就业收入是城市居民摆脱贫困的有效途径。在以社会救助为主要
经济来源的被调查者中，绝对贫困阶层的人数最多，他们对社会福
利的依赖性也较强。（见表4-7）

表4-7　　　　　　　贫困阶层与经济来源的交互分析

	工作收入	退休金	社会救助	家庭成员	总计
绝对贫困阶层	33.96 (218)	6.23 (40)	11.84 (76)	47.98 (308)	100 (642)
相对贫困阶层	59.77 (514)	29.19 (251)	1.51 (13)	9.53 (82)	100 (860)
非贫困阶层	80.43 (1418)	15.09 (266)	0.40 (7)	4.08 (72)	100 (1763)
总计	65.85 (2150)	17.06 (557)	2.94 (96)	14.15 (462)	100 (3265)

Pearson chi2(6) = 1203　　P = 0.000

注：百分比，括号内为样本数。

有的被访者认为即使工作收入也较低，难以满足日常的开销。

我也说不好、说不准，怎么说，愿意找工作，找不到；即便
有时候找到工作，工资太低，东西贵得吓人。你像干八小时工作
的，一般1000多块钱，又要干这，又要干那，连自己都顾不住。
有时候送礼，越送越多，送得我受不了。亲戚朋友有的结婚了，

老同学出去吃饭，都不敢去，今天他请你，下一回你请回来，请他我拿不出来，这个钱我都拿不出来。没法交往，关系特别好的人，现在都没法给他们交往，有时候吃饭，三四个人一吃，都千儿八百，吃一顿饭一个月生活费没有了。（BD010）

　　家庭成员数量也是家庭状况的一个部分，尤其是子女数量。在教育过程中，子女数量较多的家庭往往资源稀释，并进而影响子女的教育获得。绝对贫困阶层的家庭成员平均数量为3.32人，相对贫困阶层的家庭成员平均数量为3.19人，非贫困阶层的家庭成员平均数量为3.14人，绝对贫困阶层的家庭成员平均数量最多。方差检验显示，贫困阶层与非贫困阶层在家庭成员数量方面的差异达到了显著性水平（$F = 5.18$　$P < 0.01$）。我们在访谈中也发现，一些贫困者常常会提到家里的兄弟姐妹多。

　　在子女数量方面，绝对贫困阶层的平均子女数量为1.72个，相对贫困阶层的平均子女数量为1.50个，非贫困阶层的平均子女数量为1.35个，绝对贫困阶层的平均子女数量最多。方差检验显示，贫困阶层与非贫困阶层在家庭成员数量方面的差异达到了显著性水平（$F = 38.55$　$P < 0.001$）。

（四）居住空间

　　城市贫困阶层的分布具有空间上的特征。威尔逊通过分析美国内城区的社会结构，认为"真正的穷人"存在于城市的内城区，并提出了"聚集区底层阶级"的概念。"今天的聚集区居民，几乎清一色的是城市黑人社区中最弱势的部分——包括那些经历了长期贫困和/或福利依赖的家庭，缺少训练和技能，要么经过长期的失业，要么已经彻底退出劳动力的个体，以及那些经常参与街头犯罪活动的个体。"[1] 国内的研究者也发现，城市居民的贫困问题与空间的

---

　　① ［美］威廉·朱利叶斯·威尔逊：《真正的穷人——内城区、底层阶级和公共政策》，成伯清等译，上海人民出版社2007年版，第205—206页。

隔离或者剥夺也有关联。"内城居住区绝大部分是有贫困、有剥夺的地域。"① 下面将分析贫困阶层与非贫困阶层在居住社区方面的差异性特征。(见表4-8)

表4-8　　　　　　　　贫困阶层与居住社区的交互分析

	绝对贫困阶层	相对贫困阶层	非贫困阶层	总计
未经改造的街坊型社区	17.49 (113)	14.39 (124)	11.85 (209)	13.63 (446)
单一或混合的单位社区	18.11 (117)	17.87 (154)	17.98 (317)	17.98 (588)
保障性住房社区	4.49 (29)	1.86 (16)	1.93 (34)	2.42 (79)
普通商品房小区	43.19 (279)	52.90 (456)	56.10 (989)	52.71 (1724)
村改居社区(含"城中村")	12.23 (79)	11.02 (95)	9.64 (170)	10.52 (344)
其他	4.49 (29)	1.97 (17)	2.50 (44)	2.75 (90)
检验	Pearson chi2(12) = 53.52　　P = 0.000			

注：百分比，括号内为样本数。

由表4-8可以看出，贫困阶层与非贫困阶层在居住社区方面有差异，这种差异也达到了显著性水平（P<0.001）。居住在未经改造的街坊型社区样本中，绝对贫困阶层的比例最高，非贫困阶层的比例最低。居住在单位社区样本中，绝对贫困阶层的比例最高，但不同阶层差异较小。居住在保障性住房社区样本中，绝对贫困阶

---

① 袁媛、吴缚龙、许学强：《转型期中国城市贫困和剥夺的空间模式》，《地理学报》2009年第6期。

层的比例最高；居住在普通商品房小区样本中，非贫困阶层的比例最高，绝对贫困阶层的比例最低。居住在村改居社区（含"城中村"）样本中，绝对贫困阶层的比例最高，非贫困阶层的比例最低。非贫困阶层以居住在普通商品房小区和单位社区为主，而贫困阶层则居住在街坊型社区和村改居社区（含"城中村"）。

在老旧社区居住的城市居民家庭空间较为狭小。

> 屋里就两张床，我爸一床，我一床。十几岁的时候跟着我爸过的。过到 18 岁那一年的时候，我们不是在火车站那边住，而在布厂街那边住，那边原来不是豫丰小区，原来全都是平房，扒了。我们租的房，单间。等到 1995 年的时候房子盖好了，我们是房产科的房子，给我们分了两室一厅的房子。分的两室一厅的房子，我跟我爸住了。（BD003）

> 我们跟办公室啥的，这一类人不太接触，几乎是没有接触，是一个隔断，断层的。他们有他们的生活，我们有我们的生活，从来都没有来往。打不到交道，去哪打交道啊，像我们生活的都市村庄，人家郑州本市的房东都不在那住，人家都在小区里住，都有房子。他们都把房子租给我们，然后我们在那里住的都是刚毕业的大学生啊，进城务工的，就像我们这一类的。（WD001）

> 俺住那一块基本上都是外出的，都是外出务工的，都很正常，跟周围邻居接触的也很少，因为工作时间在这搁着呢，都很正常，因为大部分都是租房，出来务工的。（WD007）

城市农民工一般在城中村居住，他们周围的邻居也往往是进城的打工者，与城市居民来往较少，这就出现了威尔逊意义上的"社会孤立"现象。

（五）阶层地位

贫困与底层是两个相关度很高的学术概念。尽管贫困与底层两个概念不完全等同，但我们不可否认贫困阶层都处于底层的事实。"'底层'这一概念所捕捉到的特征是弱势、边缘与下层等概念所表达无法表述的。具体来说，弱势、下层和边缘突出的是社会各部分同在一个社会结构之中，只不过地位或位置有强弱、上下、中心与边缘之分。而底层关涉被甩出结构之外的那部分群体，意在揭示他们与主流经济社会组织相断裂的特征。"① 社会阶层是人们在社会上所占有的资源和机会的表现。占有的资源决定着人们的社会生活水平和社会交往状况；占有的机会则影响着个体的发展和阶层的流动状况。

表4-9为贫困阶层和非贫困阶层对五年前与当前社会阶层地位的判断，我们从中可以透视不同阶层的流动机会。

表4-9　城市居民对五年以前和当前阶层地位判断的交互分析

五年以前 \ 现在		中上层	中层	中下层	下层
中上层	绝对贫困阶层	33.33 (6)	50.0 (9)	11.11 (2)	5.56 (1)
	相对贫困阶层	51.72 (15)	27.59 (8)	13.79 (4)	6.90 (2)
	非贫困阶层	53.19 (50)	34.04 (32)	12.77 (12)	0
	全体样本	50.35 (71)	34.75 (49)	12.77 (18)	2.13 (3)

---

① 贾玉娇：《从制度性底层到结构性底层——由威尔逊〈真正的穷人〉思考中国底层群体管理问题》，《社会》2009年第6期。

续表

五年以前＼现在		中上层	中层	中下层	下层
中层	绝对贫困阶层	6.40 (11)	77.91 (134)	12.21 (21)	3.49 (6)
	相对贫困阶层	4.76 (11)	81.39 (188)	11.69 (27)	2.16 (5)
	非贫困阶层	6.77 (51)	83.93 (632)	8.63 (65)	0.66 (5)
	全体样本	6.31 (73)	82.53 (954)	9.78 (113)	1.38 (16)
中下层	绝对贫困阶层	0.43 (1)	23.28 (54)	69.83 (162)	6.47 (15)
	相对贫困阶层	1.90 (7)	19.29 (71)	76.09 (280)	2.72 (10)
	非贫困阶层	1.49 (10)	30.61 (206)	66.42 (447)	1.49 (10)
	全体样本	1.41 (18)	26.0 (331)	69.84 (889)	2.75 (35)
下层	绝对贫困阶层	0.45 (1)	4.95 (11)	18.47 (41)	76.13 (169)
	相对贫困阶层	0	3.85 (9)	29.06 (68)	67.09 (157)
	非贫困阶层	0.42 (1)	10.0 (24)	37.92 (91)	51.67 (124)
	全体样本	0.29 (2)	6.32 (44)	28.74 (200)	64.66 (450)

注：百分比，括号内为样本数。

在认为五年以前地位处于中上层的样本中，绝对贫困阶层中有半数判断当前地位为中层，相对贫困阶层和非贫困阶层中都有超过半数判断当前地位仍处于中上层,进而得以保持住相对于绝对贫困阶层的优势地位。

在认为五年以前地位处于中层的样本中,绝对贫困阶层中有78%的个体判断自身当前地位为中层,这一比例低于相对贫困阶层和非贫困阶层,两个阶层中都有超过80%的个体判断自身仍处于中层。非贫困阶层在判断自身为中上层的样本比例是最高的。

在认为五年以前地位处于中下层的样本中,绝对贫困阶层中有23%的个体判断自身当前地位为中层,这一比例高于相对贫困阶层,但绝对贫困阶层认为自身地位下降的比例也是最高的。相对贫困阶层保持中下层的比例在样本中是最高的,而非贫困阶层实现向上流动到中层的比例是最高的。

在认为五年以前地位处于下层的样本中,绝对贫困阶层有76%的人判断自身当前地位为下层,底层的地位没有得到改变。相对贫困阶层和非贫困阶层分别有29%和38%的人,认为自身地位为中下层,实现了地位向上流动。

表4-10为贫困阶层和非贫困阶层对五年前和当前社会阶层地位的判断,我们从中可以透视未来不同阶层的流动机会。

表4-10 城市居民对当前和五年以后阶层地位判断的交互分析

现在 \ 五年以后		中上层	中层	中下层	下层
中上层	绝对贫困阶层	94.74 (18)	5.26 (1)	0	0
	相对贫困阶层	93.94 (31)	3.03 (1)	0	3.03 (1)
	非贫困阶层	88.39 (99)	9.82 (11)	1.79 (2)	(0)
	全体样本	90.24 (148)	7.93 (13)	1.22 (2)	0.61 (1)

续表

五年以后　　现在		中上层	中层	中下层	下层
中层	绝对贫困阶层	36.06 (75)	62.98 (131)	0.96 (2)	0
	相对贫困阶层	27.54 (76)	69.57 (192)	2.17 (6)	0.72 (2)
	非贫困阶层	28.33 (253)	68.87 (615)	2.69 (24)	0.11 (1)
	全体样本	29.34 (404)	68.12 (938)	2.32 (32)	0.22 (3)
中下层	绝对贫困阶层	5.31 (12)	34.96 (79)	57.96 (131)	1.77 (4)
	相对贫困阶层	6.07 (23)	32.45 (123)	59.37 (225)	2.11 (8)
	非贫困阶层	7.97 (49)	30.57 (188)	58.54 (360)	2.93 (18)
	全体样本	6.89 (84)	31.97 (390)	58.69 (716)	2.46 (30)
下层	绝对贫困阶层	1.57 (3)	9.95 (19)	21.99 (42)	66.49 (127)
	相对贫困阶层	0.58 (1)	9.83 (17)	22.54 (39)	67.05 (116)
	非贫困阶层	2.88 (4)	19.42 (27)	20.86 (29)	56.83 (79)
	全体样本	1.59 (8)	12.52 (63)	21.87 (110)	64.01 (322)

注：百分比，括号内为样本数。

在认为当前地位处于中上层的样本中，绝对贫困阶层判断未来地位处于中上层的比例最高，非贫困阶层判断能够保持中上层地位的比例最低。值得注意是，非贫困阶层对地位未来可能向下流动的判断反映了这一群体对维持相对优势地位缺乏足够的信心。

在认为当前地位处于中层的样本中，绝对贫困阶层中有36%的人认为未来五年会流动到中上层，这反映这一群体对未来的发展有一定的信心。相对贫困阶层判断未来五年保持中层地位的比例最高，他们认为能够实现向上流动的比例也是最低的。非贫困阶层认为未来五年可能会向下流动到中下层的比例是最高的。

在认为当前地位处于中下层的样本中，绝对贫困阶层中有35%的人认为未来五年会流动到中层，这反映这一群体对未来的发展有一定的信心。相对贫困阶层判断未来五年保持中下层地位的比例最高。非贫困阶层认为未来五年能够实现向上流动的比例是最低的，与此同时他们认为未来五年可能会向下流动到下层的比例是最高的。

在认为当前地位处于下层的样本中，绝对贫困阶层有22%的人判断未来五年会流动到中下层，这一比例与相对贫困阶层基本持平。相对贫困阶层认为未来五年会保持下层地位的比例较高，这一比例也基本与绝对贫困阶层持平。非贫困阶层认为未来五年会保持下层地位的比例最低，认为未来五年会流动到中层的比例最高，他们有着较高的向上流动信心。

> 我感觉自己属于一个下层，连中下层都达不到。为啥呢，收入在那放着呢，像郑州收入高的人太多了。你看看，你到处看看，好像郑州没有一片瓦是你自己的，虽然你来这两年多了，可能五年以后还没有一片瓦是你自己的，郑州这么多房子，到处是房子，也没有一片瓦是自己的，你是租房子住。（WD001）

上面的分析显示，绝对贫困阶层中除了当前处于下层地位的居民外，其他地位的居民都对未来五年向上流动持有信心，而非贫困阶层中除了当前处于下层地位的居民认为会向上流动外，当前处于中上层、中层和中下层的居民中都有对地位降低的焦虑感。相对贫困阶层对向上流动和向下流动的判断比例都不高，这一群体的地位具有相对稳定性的特征。

（六）教育经历

教育是阶层地位再生产的重要机制之一。在教育发展和教育扩张的过程中，城乡居民所受教育程度在普遍提高，但这并没有满足社会公众对教育公平的期待。教育过程中的分流机制正是教育不平等的制造机制。这是因为"由于所接受教育的学校在教育经费、教学设施、师资配备等多方面的差异所导致的即使是具有相同文化程度的人，他们的文凭的'含金量'也会有所不同，而这种不同正在成为中国社会阶层再生产的重要机制之一"。[①] 教育分流从阶段上可以分为初中阶段分流、高中阶段分流和大学阶段分流，从形式上可以分为重点学校和非重点学校的分流、普通教育和职业教育的分流。这其中尤为重要的是在高中阶段重点学校和非重点学校的分流，因为就读重点高中有助于获得更高的教育地位和职业地位。

表4-11为本人和子女就读高中类型的交互分析，贫困阶层和非贫困阶层本人及子女在就读高中类型方面都有差异（P<0.05和P<0.001）。

就被调查者本人就读高中的类型而言，绝对贫困阶层、相对贫困阶层和非贫困阶层有就读重点高中经历的个体比例分别为19.93%、14.71%和23.61%，非贫困阶层的比例最高，相对贫困阶层的比例最低。进一步的分析显示，非贫困阶层就读省级重点高中、市级重点高中的比例最高，就读普通高中的比例最低。绝对贫困阶层就读县区重点高中和其他类型高中的比例最高，这包括中专和技校等职业教育。相对贫困阶层就读普通高中的比例最高。

---

① 王威海、顾源：《中国城乡居民的中学教育分流与职业地位获得》，《社会学研究》2012年第4期。

表 4 – 11　　　　　　贫困阶层与就读高中类型的交互分析

	省级示范高中	地市级示范高中	县区重点高中	普通高中	职业高中	私立高中	其他
绝对贫困阶层	4.89 (13)	6.02 (16)	9.02 (24)	56.02 (149)	8.27 (22)	0	15.79 (42)
相对贫困阶层	2.45 (9)	5.18 (19)	7.08 (26)	62.40 (229)	8.99 (33)	0.27 (1)	13.62 (50)
非贫困阶层	5.48 (69)	9.62 (121)	8.51 (107)	53.97 (679)	9.94 (125)	0.48 (6)	12.0 (151)
总计 (本人)	4.81 (91)	8.25 (156)	8.30 (157)	55.90 (1057)	9.52 (180)	0.37 (7)	12.85 (243)
检验	Pearson chi2(12) = 23.49　　P = 0.024						
绝对贫困阶层	7.80 (17)	11.47 (25)	11.01 (24)	59.17 (129)	9.17 (20)	0	1.38 (3)
相对贫困阶层	6.95 (26)	11.23 (42)	11.76 (44)	55.08 (206)	12.83 (48)	1.07 (4)	1.07 (4)
非贫困阶层	13.64 (84)	18.02 (111)	11.04 (68)	49.01 (302)	6.66 (41)	0.65 (4)	0.97 (6)
总计 (子女)	10.51 (127)	14.74 (178)	11.26 (136)	52.73 (637)	9.02 (109)	0.66 (8)	1.08 (13)
检验	Pearson chi2(12) = 37.27　　P = 0.000						

注：百分比，括号内为样本数。

　　就被调查者子女就读高中的类型而言，绝对贫困阶层、相对贫困阶层和非贫困阶层有就读重点高中经历的个体比例分别为30.28%、29.94%和42.7%，非贫困阶层的比例最高，超过其他两个阶层10个百分点，相对贫困阶层和绝对贫困阶层的比例基本持平。进一步的分析显示，非贫困阶层就读省级重点高中、市级重点高中的比例最高，就读普通高中和职业高中的比例最低。绝对贫困阶层就读普通高中的比例最高，相对贫困阶层就读职业高中的比例最高。

> 你看这边的学校都是好学校，外国语小学，外国语中学。外国语中学咱就不想了，孩子肯定是考不上了。因为现在五年级了，学习比较差，数学、语文、英语考得都不是很好。因为也有我们的错。孩子上初一、初二（应该是小学）的时候还能考到90多分，三年级以后，成绩一直下滑、下滑。外国语中学上不了，上个十九中，我想让孩子往更好的学校去，都去不成。经济方面不行，人家家长一说外国语中学进不去，都是掏钱，一掏就是10万、8万、20万，咱也掏不起，只能就近分，俺住那个地方就近分十九中。就是这样。（BD003）
>
> 我对她期望不大，因为我们是草根阶层，我对她的期望再大，那也是空想。为啥，俺没有关系。没有背景，也不是高干家庭，咱这是普通家庭，小孩毕业之后找个工作一样，没有过高要求，因为过高的愿望都是空想，达不到。（BD007）
>
> 我当然希望子女能够最起码跟别的孩子一样考上大学，但是那个时候家庭情况不是多好，我们也想着贷款也让他们上，但是家庭也影响着他们，他们想着条件不好，想着早点就业，不愿意再上。（WD002）

可见，贫困阶层对孩子的期望受到现实社会地位的影响，认为过高的期望只能是空想。

以上分析表明，在重点高中和非重点高中的教育分流中，非贫困阶层无论是本人还是其子女，曾就读重点高中的个体比例较高，在高中教育分流中处于优势地位。而绝对贫困阶层本人就读重点高中的比例高于相对贫困阶层，这说明政治干预一度打破教育分流体制，就读重点高中的经历并没有改变绝对贫困阶层的地位。在子女就读高中类型中，绝对贫困阶层和相对贫困阶层没有表现出明显的差异性。

（七）社会保障

在我国现有的制度设计中，社会保障包括社会救助、社会保险和社会福利三个层面。其中，"社会保险作为一种预防性社会保护措施，可以有效预防普通民众因为疾病、年老、伤残和失业等问题导致的贫困风险"。[①] 为应对市场化改革趋势，政府逐步建立起包括基本养老保险、基本医疗保险、工伤保险、失业保险和生育保险在内的社会保险制度，同时为应对住房改革中的风险，实施住房公积金制度，简称"五险一金"。社会保险制度的逐步完善，为防止和缓解城市居民的贫困风险发挥着重要的作用。

尽管以社会保险为核心的社会保障体系正在逐步完善，但制度分割是我国社会保障制度的典型特征。如在最为重要的基本医疗保险和基本养老保险制度领域，就存在面向不同对象的制度设计。在基本医疗保险领域，同时有着面向就业人群的城镇职工基本医疗保险、面向城市居民的城镇居民医疗保险和面向农村居民的新型农村合作医疗保险。在基本养老保险领域，则同时存在面向就业人群的城镇职工基本养老保险、面向城市居民的城镇居民社会养老保险和面向农村居民的新型农村养老保险。在城市就业和生活的农民工群体，一般被排除在职工养老和职工医疗保险之外，他们往往只能参加户籍地的"新农合"（新型农村合作医疗保险）和"新农保"（新型农村养老保险）。

由表4－12可以看出，在城市居民社会保险参与方面，基本养老保险和基本医疗保险都有了较高的覆盖面。但是，依然有13%的被调查者没有参加任何社会保险，他们社会保险缺失可能引发的贫困风险需要引起关注。除了由于户籍和就业身份造成的社会保障制度分割，贫困阶层与非贫困阶层的社会保险参与也存在差异性特征（P＜0.001）。

[①] 张秀兰：《城市扶贫开发问题》，载国务院扶贫开发领导小组办公室编《中国扶贫开发年鉴（2014年）》，团结出版社2014年版，第563页。

表4-12　　　　　　　　贫困阶层与参与社会保障类型的交互分析

		绝对贫困阶层	相对贫困阶层	非贫困阶层	总计
基本医疗保险	有	77.24（499）	79.92（689）	86.48（1522）	82.93（2710）
（含新农合）	无	22.76（147）	20.07（173）	13.52（238）	17.07（558）

Pearson chi2（2）= 35.87　P = 0.000

		绝对贫困阶层	相对贫困阶层	非贫困阶层	总计
基本养老保险	有	38.29（247）	58.12（501）	68.01（1195）	59.63（1943）
（含新农保）	无	61.71（398）	41.88（361）	31.99（562）	40.47（1321）

Pearson chi2（2）= 173.93　P = 0.000

		绝对贫困阶层	相对贫困阶层	非贫困阶层	总计
失业保险	有	8.22（53）	16.03（138）	37.36（656）	25.97（847）
	无	91.78（592）	83.97（723）	62.64（1100）	74.03（2415）

Pearson chi2（2）= 268.48　P = 0.000

		绝对贫困阶层	相对贫困阶层	非贫困阶层	总计
工伤保险	有	6.05（39）	15.33（132）	34.40（604）	23.76（775）
	无	93.95（606）	84.67（729）	65.60（1152）	76.24（2487）

Pearson chi2（2）= 255.17　P = 0.000

		绝对贫困阶层	相对贫困阶层	非贫困阶层	总计
生育保险	有	3.41（22）	7.67（66）	21.47（377）	14.26（465）
	无	623（96.59）	92.33（795）	78.53（1379）	85.74（2797）

Pearson chi2（2）= 167.41　P = 0.000

		绝对贫困阶层	相对贫困阶层	非贫困阶层	总计
住房公积金	有	5.89（38）	13.47（116）	37.30（655）	24.80（809）
	无	94.11（607）	86.53（745）	86.53（745）	62.70（1101）

Pearson chi2（2）= 330.02　P = 0.000

		绝对贫困阶层	相对贫困阶层	非贫困阶层	总计
以上都没有	是	19.81（127）	13.70（118）	10.23（179）	13.04（424）
	否	514（80.19）	86.30（743）	89.77（1570）	86.96（2827）

Pearson chi2（2）= 38.40　P = 0.000

注：百分比，括号内为样本数。

下岗失业工人在离开单位体制的同时，也失去了单位体制所享有的社会保障。

> 俺们这些工人，干了多少年了，啥都不管了，工人也没人管，也没人问。人家农民吧，城中村，房子一扒，给他们钱，还给他们房子，我们没有工作，我们工人退休，买断工龄之后推向社会，什么也不管，包括医保，包括养老。没人管也没人问。（BD007）

在基本医疗保险方面，非贫困阶层参与的比例最高，绝对贫困阶层参与的比例最低，相差近 10 个百分点。在基本养老保险方面，绝对贫困阶层的参与率与非贫困阶层的参与率相差 30 个百分点，基本养老保险仅仅覆盖绝对贫困阶层的 1/3 多，这将引发这部分群体的老年贫困问题。在失业保险方面，绝对贫困阶层的参与率仅仅为 8%，这固然与他们大部分在非正规部门就业有关，但由此引发失业后的贫困风险不容忽视。工伤保险的参与率方面也存在同样的问题，由于绝对贫困阶层大多从事技能要求低的体力劳动，因而该群体造成工伤的可能性高于其他群体，然而，这部分最需要工伤保护的群体却没有纳入工伤保险制度之内。住房公积金制度是一种向优势阶层倾斜的保障制度，但绝对贫困阶层住房公积金的参与率不到 6%，他们不仅无法享有这些制度所赋予的福利，反而因此受到了一定程度的剥夺。"参加社会保险的人群主要是正规部门的职工，非正规部门的劳动者参保率仍然很低。尽管五大社会保险的覆盖人数每年都在上升，但多数社会保险的覆盖面仍然不到一半。特别是大量非正规就业人员以及进城务工经商的农村劳动力没有参加社会保险，而这些没有社会保险的人是城镇相对贫困人口的主要来源。"[1] 绝对贫困阶层中没有参加任何社会保险的个体比例高达

---

① 姚建平：《中国转型期城市贫困与社会政策》，复旦大学出版社 2011 年版，第 109 页。

20%，超过非贫困阶层近 10 个百分点，社会保障的缺失使得这一群体更容易发生贫困，或者陷入贫困状况而无法摆脱，从而呈现出累积性循环特征。

二　城市贫困阶层再生产的文化因素

在现代社会里，父母优势社会地位的传递越来越采取了间接的方式。"经验研究所展现的代际职业地位之间的关联意味着，具有优势地位的家庭，可以通过子女教育、对子女初职的选择，以及其他可能的方式，间接地将其优势传递给下一代，或者说这种优势的传递具有潜在性、隐蔽性。"① 当前教育在阶层再生产中的作用愈加凸显，教育已成为阶层再生产日趋隐蔽的传递机制。在这样的背景下，有关教育与阶层的研究开始转向对教育过程本身的研究，而文化资本作为中介机制被纳入教育获得的研究中。在本研究中，贫困阶层再生产的文化因素主要指家庭文化资本、贫困地位内化和贫困价值认知等。其中，家庭文化资本又可分为家庭学习资源、家庭文化氛围、家庭亲子互动、课外学习活动、高雅文化活动等维度。

（一）家庭学习资源

家庭学习资源是父母能够提供给子女与学习有关的文化资本的一种形式。在调查中，我们以被调查者本人和其子女 14 岁以前"是否拥有地图、地图册、地球仪"、"是否拥有英文字典（包括电子字典）"、"是否拥有课外读物"这三项指标来测量家庭学习资源。（见表 4 – 13）

对于被调查者本人，贫困阶层和非贫困阶层在家庭学习资源方面的差异达到显著性水平（P < 0.001）。在地图（含地图册、地球

---

① 方长春：《趋于隐蔽的再生产：从职业地位获得看阶层结构的生成机制》，《开放时代》2009 年第 7 期。

仪）的拥有情况方面，非贫困阶层的拥有比例最高，绝对贫困阶层
和相对贫困阶层家庭拥有的比例基本一致，低于非贫困阶层家庭
13 个百分点。在英文字典（含电子字典）的拥有方面，非贫困阶
层拥有的比例最高，相对贫困阶层拥有的比例最低，绝对贫困阶层
拥有的比例高于相对贫困阶层。在课外读物的拥有方面，非贫困阶
层拥有的比例最高，绝对贫困阶层和相对贫困阶层拥有的比例基本
持平，但贫困阶层与非贫困阶层相差 16 个百分点。

> 那时候我的作业本子，反正两面，一点空地方都没有。那
> 个铅笔，都用的小头头，人家丢了，我们就捡。一个铅笔头
> 头，用一个铅笔，就用一年差不多。本子都是反正面用，没有
> 一个空字的地方。（BD004）

对于被调查者子女而言，贫困阶层和非贫困阶层在家庭学习资
源方面的差异也达到了显著性水平（P < 0.001）。在地图（含地图
册、地球仪）的拥有情况方面，从绝对贫困阶层、相对贫困阶层、
非贫困阶层，呈现出拥有比例增加的趋势，绝对贫困阶层和非贫困
阶层比例相差 22 个百分点。在英文字典（含电子字典）的拥有方
面，绝对贫困阶层、相对贫困阶层、非贫困阶层，呈现出拥有比例
增加的趋势，绝对贫困阶层和非贫困阶层比例相差 23 个百分点。
在课外读物的拥有方面，绝对贫困阶层、相对贫困阶层、非贫困阶
层，呈现出拥有比例增加的趋势，绝对贫困阶层和非贫困阶层比例
相差 21 个百分点。

> 就要靠他们自习，因为经济条件在这放着嘞，没办法投
> 入，他要能上学了尽量去供他，政府也再帮助点，大了考上了
> 大专，政府一次性补助点钱，就是第一学期没拿钱，第二学期
> 学习好了有奖学金。得靠他自己。（BD012）

表4－13　　　　　　　　贫困阶层与家庭学习资源的交互分析

	地图（含地图册、地球仪）			英文字典（含电子字典）			课外读物		
本人	有	没有	不知道	有	没有	不知道	有	没有	不知道
绝对贫困阶层	28.17 (182)	70.74 (457)	1.08 (7)	25.12 (162)	74.26 (479)	0.62 (4)	40.16 (259)	59.07 (381)	0.78 (5)
相对贫困阶层	27.87 (240)	70.85 (610)	1.28 (11)	20.79 (179)	78.69 (677)	0.38 (5)	40.79 (350)	58.28 (500)	0.93 (8)
非贫困阶层	41.87 (736)	57.45 (1010)	0.68 (12)	33.79 (594)	65.59 (1153)	0.63 (11)	56.66 (996)	42.83 (753)	0.51 (9)
总计	35.47 (1158)	63.61 (2077)	0.68 (12)	28.65 (945)	70.74 (2309)	0.61 (20)	49.22 (1605)	50.11 (1634)	0.67 (22)
	Pearson chi2(4)=69.18 P=0.041			Pearson chi2(4)=52.91 P=0.000			Pearson chi2(4)=84.86 P=0.000		
子女	有	没有	不知道	有	没有	不知道	有	没有	不知道
绝对贫困阶层	49.89 (232)	47.98 (223)	2.15 (10)	49.68 (231)	48.39 (225)	1.94 (9)	64.52 (300)	33.12 (154)	2.37 (11)
相对贫困阶层	56.66 (399)	41.33 (286)	1.01 (7)	59.33 (410)	38.78 (268)	1.88 (13)	74.96 (518)	23.73 (164)	1.30 (9)
非贫困阶层	72.27 (941)	27.34 (356)	0.38 (5)	72.73 (944)	26.81 (348)	0.46 (6)	85.63 (1114)	14.14 (184)	0.23 (3)
总计	63.93 (1572)	35.18 (865)	0.89 (22)	64.59 (1585)	34.27 (841)	1.14 (28)	78.63 (1932)	20.43 (502)	0.94 (23)
	Pearson chi2(4)=96.62 P=0.000			Pearson chi2(4)=95.63 P=0.000			Pearson chi2(4)=104.62 P=0.000		

注：百分比，括号内为样本数。

从上面的分析可以看出，家庭学习资源在贫困阶层与非贫困家庭的分布具有差异性，非贫困阶层具有更多的家庭学习资源。从代际的比较可以看出，家庭学习资源随着经济社会发展有整体增加的趋势，但父代之间的差异小于子女之间的差异。这说明父代家庭学习资源的分布相对均衡一些，而在阶层日益固化的趋势下，子代之间的家庭学习资源分布更加不平等。这是由于我国社会结构处于变动之中，至少 20 世纪 80 年代以来，整个社会都是从经济、文化资本的赤贫阶段转向原始积累阶段。①

（二）家庭文化氛围

家庭文化氛围可部分地反映子女成长的文化环境。作为一个软性指标，家庭文化氛围能够通过父母的言传身教以及文化熏陶，促进子女的学业成就。国内有关教育分流的经验研究发现，"不同的家庭还可以借助非物质性的条件的不同来影响子女的能力和学业的获得，进而影响其教育分流的结果。这种非物质性因素在不太精确的意义上，可以被理解为家庭所提供或营造的文化条件。而处在不同的社会经济地位上的家庭所能提供或营造的文化条件是不同的"。② 在调查中，我们以本人和子女 14 岁以前"父母看书或阅报"、"父母练书法或绘画"、"父母听音乐或唱歌"这三项指标来测量家庭文化氛围。

对于被调查者子女而言，贫困阶层和非贫困阶层在家庭文化氛围方面的差异达到显著性水平（P＜0.001）。在父母看书或阅报情况方面，非贫困阶层的回答"经常"和"偶尔"的比例最高，相对贫困阶层的比例次之，绝对贫困阶层的比例最低，回答"没有"的比例则是从绝对贫困阶层、相对贫困阶层和非贫困阶层依次递减。在父母练书法或绘画情况方面，回答"经常"和"偶尔"的比例，从绝对贫困阶层、相对贫困阶层到非贫困阶层的比例依次递增，回答"没有"的比例则依次递减，不同阶层间的差异具有趋势性特征。在父母听音乐或唱歌情况方面，回答"经常"和"偶尔"的比例，从绝对贫困阶层、相对贫困阶层到非贫困阶层的比例依次递增，回答"没有"的

---

① 参见朱国华《权力的文化逻辑——布迪厄的社会学诗学》，复旦大学博士后研究工作报告，2003 年 5 月，第 79 页。
② 方长春：《家庭背景与教育分流——教育分流过程中的非学业因素分析》，《社会》2005 年第 4 期。

比例则依次递减，不同阶层间的差异具有趋势性特征。在被调查者14岁以前家庭文化氛围方面，绝对贫困阶层和相对贫困阶层的差异得以体现，绝对贫困阶层的家庭文化氛围处于最低端。（见表4-14）

表4-14　　　　　贫困阶层与家庭文化氛围的交互分析

本人	父母看书或阅报			父母练书法或绘画			父母听音乐或唱歌		
	经常	偶尔	没有	经常	偶尔	没有	经常	偶尔	没有
绝对贫困阶层	20.12 (130)	21.67 (140)	58.20 (376)	5.74 (37)	10.06 (65)	84.21 (544)	8.36 (54)	21.67 (140)	69.97 (452)
相对贫困阶层	20.09 (173)	23.93 (206)	55.98 (482)	5.46 (47)	10.69 (92)	83.86 (722)	8.71 (75)	21.60 (186)	69.69 (600)
非贫困阶层	27.78 (491)	28.72 (506)	43.42 (765)	7.78 (137)	14.93 (263)	77.30 (1362)	11.41 (201)	25.54 (450)	63.05 (1111)
总计	24.29 (794)	26.06 (852)	49.65 (1623)	6.76 (221)	12.85 (420)	80.39 (2628)	10.09 (330)	23.74 (776)	66.17 (2163)
检验	Pearson chi2(4) = 61.45 P = 0.000			Pearson chi2(4) = 23.38 P = 0.000			Pearson chi2(4) = 17.40 P = 0.002		
子女	经常	偶尔	没有	经常	偶尔	没有	经常	偶尔	没有
绝对贫困阶层	22.52 (104)	39.39 (182)	38.10 (176)	7.58 (35)	16.45 (76)	75.97 (351)	20.09 (93)	32.40 (150)	47.52 (220)
相对贫困阶层	35.60 (246)	35.89 (248)	28.51 (197)	10.30 (71)	21.34 (147)	68.36 (471)	25.80 (178)	34.93 (241)	39.28 (271)
非贫困阶层	48.50 (632)	34.69 (452)	16.81 (219)	17.82 (232)	26.80 (349)	55.38 (721)	36.56 (476)	37.79 (492)	26.65 (334)
总计	39.98 (982)	35.91 (882)	24.10 (592)	13.78 (338)	23.32 (572)	62.90 (1543)	30.43 (747)	35.97 (883)	33.60 (825)
检验	Pearson chi2(4) = 136.22 P = 0.000			Pearson chi2(4) = 79.19 P = 0.000			Pearson chi2(4) = 98.04 P = 0.000		

注：百分比，括号内为样本数。

从代际的差异比较看，子代相对于父代家庭文化氛围有整体改善的趋势，这反映了人们文化水平的整体提升。但相对而言，非贫困阶层的提升程度更为明显，因而绝对贫困阶层和非贫困阶层的差距进一步拉大。绝对贫困阶层和相对贫困阶层在被调查者本人 14 岁以前家庭文化氛围表现出同质性，但调查者子女 14 岁以前家庭文化氛围差异性出现，说明在阶层分化过程中，绝对贫困阶层与相对贫困阶层的区分日益显著，绝对贫困阶层的劣势地位更加突出。

（三）家庭亲子互动

亲子互动代表着父代和子代间的关系，也常常体现出家庭教育子女的方式。拉鲁曾把家庭教育子女分为协作培养和自然成长两种模式。协作培养当然是中产阶级家庭所采用的方式，而自然成长一般为工人阶级和贫困家庭的教育方式。"和与他们对等的中产阶级孩子不同，这些工人阶级出身的孩子和贫困家庭的孩子没有那些固定的由成年人为他们安排的活动，他们对自己业余活动的特性有更多的控制权。"[1] 换言之，中产阶级家庭会有更多的父母与子女之间的互动，而工人阶级和贫困家庭在这方面是缺失的。在调查中，我们用被调查者本人和其子女 14 岁以前"父母辅导或陪伴学习"、"父母讲故事或做游戏"这两个指标来测量家庭内的亲子互动情况。

对于被调查者本人而言，贫困阶层和非贫困阶层在家庭亲子互动方面的差异达到了显著性水平（P < 0.001）。在父母辅导或陪伴学习方面，非贫困阶层和相对贫困阶层回答"经常"的比例基本一致，相对贫困阶层回答"偶尔"的比例最低，综合起来相对贫困阶层回答"没有"的比例是最高的，而非贫困阶层回答"没有"的比例最低。在父母讲故事或做游戏方面，非贫困阶层回答"经常"和"偶尔"的比例都是最高的，绝对贫困阶层和相对贫困阶层回答"经常"、"偶尔"的比例差异不大，非贫困阶层回答"没有"的比

---

① ［美］安妮特·拉鲁：《不平等的童年》，张旭译，北京大学出版社 2010 年版，第 2 页。

例最低，相对贫困阶层回答"没有"的比例最高。在被调查者14岁以前家庭亲子互动方面，相对贫困阶层没有表现出与绝对贫困阶层的差异，其相对于绝对贫困阶层的优势并不明显，但非贫困阶层在家庭内有着较高的亲子互动。（见表4－15）

表4－15　　　　　贫困阶层与家庭亲子互动的交互分析

本人	父母辅导或陪伴学习			父母讲故事或做游戏		
	经常	偶尔	没有	经常	偶尔	没有
绝对贫困阶层	8.53 (55)	23.10 (149)	68.37 (441)	11.30 (73)	29.88 (193)	58.82 (380)
相对贫困阶层	10.35 (89)	17.91 (154)	71.74 (617)	11.02 (95)	27.61 (238)	61.37 (529)
非贫困阶层	10.84 (191)	29.68 (523)	59.48 (1048)	12.0 (229)	34.07 (600)	52.92 (932)
总计	10.25 (335)	25.28 (826)	64.46 (2106)	12.14 (397)	31.54 (1031)	56.32 (1841)

Pearson chi2（4）=51.08　　　　　　Pearson chi2（4）=18.94
P=0.000　　　　　　　　　　P=0.001

子女	经常	偶尔	没有	经常	偶尔	没有
绝对贫困阶层	25.05 (116)	28.94 (134)	46.0 (213)	24.19 (112)	39.09 (181)	36.72 (170)
相对贫困阶层	31.24 (214)	32.70 (224)	36.06 (247)	28.34 (195)	39.83 (274)	31.83 (219)
非贫困阶层	44.22 (570)	33.44 (431)	22.34 (288)	43.11 (557)	39.32 (508)	17.57 (227)
总计	36.93 (900)	32.38 (789)	30.69 (748)	35.37 (864)	39.42 (963)	616 (25.21)

Pearson chi2（4）=115.46　　　　　　Pearson chi2（4）=114.09
P=0.000　　　　　　　　　　P=0.000

注：百分比，括号内为样本数。

父亲忙于工作没时间辅导，母亲文化程度低辅导不了。

> 爸爸忙着工作，我妈小学毕业，她有啥文化？她不会，没法辅导我。（BD007）
>
> 父母都没有能力辅导。父母辅导不了，都是文盲。（BD010）
>
> 父母会看着孩子做作业。就是放学了有作业了，看着你让你做做作业，农村人种着地呢他们也忙，也没啥投入。有时间看着你，不写作业不让你出去玩。（WD004）

对于被调查者子女而言，贫困阶层和非贫困阶层在家庭亲子互动方面的差异达到了显著性水平（P<0.001）。在父母辅导或陪伴学习方面，从绝对贫困阶层、相对贫困阶层到非贫困阶层回答"经常"和"偶尔"的比例依次递增，而回答"没有"的比例依次递减。在父母讲故事或做游戏方面，从绝对贫困阶层、相对贫困阶层到非贫困阶层回答"经常"的比例依次递增，但绝对贫困阶层、相对贫困阶层和非贫困阶层回答"偶尔"的比例基本一致，但回答"没有"的比例三者依次递减。子女14岁以前家庭亲子互动方面，非贫困阶层的优势较为明显，相对贫困阶层与绝对贫困阶层之间的差异也变得突出。

> 就是每天看他们写作业，早上给他们做饭吃。他就是学习不好嘛。刚开始初一的时候，我陪着他，每天晚上两个孩子都陪着。这个陪了陪那个。每天都十一二点才睡觉。结果，那时候我压力还挺大的，一般三四点我就醒了。醒了没事了，起来我就给他们做饭。等把他们送到学校了，我再去其他地方找个工作，干一下。他上初一的时候，他的学习我管了，他呢还听，那个时候我还懂得一些，等到初二的时候，他认为你都没上过初二，你根本就不懂。你说他，他根本就不听。（BD004）
>
> 我们太忙，没有时间教育他们，好久都没有时间与他们沟

通。我们很早就来市场，不见他们，上高中一周回来一次吧，他们还没起床，我们已经在市场上工作了，他们在家睡到八九点，来市场上，一吃饭，就该上学走了，不想那么多。（WD010）

我们也没有能力辅导他们，他们都是自学，儿子从开始上学都是自学，没有人辅导他一点，全部都是自学，也没有给他请过家教什么的，也没有其他什么。（WD010）

以上案例显示，贫困阶层父代的遭遇在子代那里被重复着。可见，贫困阶层忙于生计，没有时间辅导孩子，无法在工作和家庭辅导之间取得平衡。

从代际的比较看，子代相对于父代在 14 岁之前的家庭亲子互动有了改善，不参与亲子互动的比例大幅度降低，说明家庭对子代教育和养育的重视程度普遍提高。但是数据也显示，不同阶层之间的差异也更加明显，绝对贫困阶层和非贫困阶层之间的亲子互动差距达到或接近 20%。在阶层分化的过程中，家庭亲子互动的阶层化特征也开始显现。"尽管来自不同社会地位的家庭在一些重要方面有共同之处，但社会地位却给孩子们的日常生活常规带来了重大的差异。"[①] 由此可见不平等的再生产从童年、从家庭内部已经开始。

（四）课外学习活动

课外学习活动既可以使学生获得学校所学习的知识，也可以培养他们的学习兴趣。在调查中，我们以被调查者本人和其子女 14 岁以前"参加各类补习班"、"参加各类科普活动"、"参加各类艺术班"这三项指标来测量课外学习活动。（见表 4 - 16）

---

① ［美］安妮特·拉鲁：《不平等的童年》，张旭译，北京大学出版社 2010 年版，第 237 页。

表 4 – 16　　　　　　贫困阶层与课外学习活动的交互分析

本人	各类补习班(请补习老师)			各类科普活动			各类艺术班		
	经常	偶尔	没有	经常	偶尔	没有	经常	偶尔	没有
绝对贫困阶层	2.79 (18)	8.37 (54)	88.84 (573)	0.62 (4)	5.88 (38)	93.50 (604)	4.95 (32)	11.15 (72)	83.90 (542)
相对贫困阶层	1.97 (17)	5.92 (51)	92.11 (794)	0.23 (2)	4.64 (40)	95.13 (820)	2.67 (23)	12.53 (108)	84.80 (731)
非贫困阶层	3.12 (55)	11.41 (201)	85.47 (201)	1.48 (26)	10.91 (192)	87.61 (1542)	4.83 (85)	18.69 (329)	76.48 (1346)
总计	2.75 (90)	9.36 (306)	87.89 (2873)	0.98 (32)	8.26 (270)	90.76 (2966)	4.28 (140)	15.38 (509)	80.14 (2619)
	Pearson chi2(4) = 25.25　P = 0.000			Pearson chi2(4) = 47.53　P = 0.000			Pearson chi2(4) = 37.84　P = 0.000		
子女	经常	偶尔	没有	经常	偶尔	没有	经常	偶尔	没有
绝对贫困阶层	8.11 (37)	26.54 (121)	65.35 (298)	2.44 (11)	8.65 (39)	88.91 (401)	8.37 (38)	17.40 (79)	74.23 (337)
相对贫困阶层	8.53 (59)	27.60 (191)	63.87 (442)	2.18 (15)	16.30 (112)	81.51 (560)	11.01 (76)	22.32 (154)	66.67 (460)
非贫困阶层	17.0 (220)	34.47 (446)	48.53 (628)	4.45 (57)	22.19 (284)	73.36 (939)	17.92 (231)	27.31 (352)	54.77 (706)
总计	12.94 (316)	31.04 (758)	56.02 (1368)	3.43 (83)	17.99 (435)	78.58 (1900)	14.18 (345)	24.04 (585)	61.78 (1503)
	Pearson chi2(4) = 73.29　P = 0.000			Pearson chi2(4) = 55.13　P = 0.000			Pearson chi2(4) = 67.61　P = 0.000		

注：百分比，括号内为样本数。

对于被调查者本人而言，贫困阶层和非贫困阶层在课外学习活动方面的差异达到了显著性水平（P < 0.001）。在参加补习班（或请补习老师）方面，非贫困阶层回答"经常"和"偶尔"的比例都是最高的，相对贫困阶层回答"经常"和"偶尔"的比例最低，

综合看来，非贫困阶层回答"没有"的比例最低，绝对贫困阶层和相对贫困阶层回答"没有"的比例也相差不大。在参加各类科普活动方面，非贫困阶层回答"经常"和"偶尔"的比例都是最高的，相对贫困阶层回答"经常"和"偶尔"的比例最低，综合看来，相对贫困阶层回答"没有"的比例是最高的，而非贫困阶层回答"没有"的比例最低。在参加各类艺术班方面，绝对贫困阶层和非贫困阶层回答"经常"的比例基本一致，非贫困阶层回答"偶尔"的比例最高，绝对贫困阶层回答"偶尔"的比例最低，非贫困阶层回答"没有"的比例最低，绝对贫困阶层和相对贫困阶层回答"没有"的比例基本一致。在被调查者 14 岁以前课外学习活动参与方面，课外学习活动参与的总体情况较少，如没有参与最低的比例也达到 76% 。尽管不同贫困阶层与非贫困阶层之间有所差异，但绝对贫困阶层和相对贫困阶层的差异并不明显。

　　该交的书杂费交，该交的学费交，其他的没啥投入。俺上学的时候不像现在这样报啥班，俺那时候啥也没有，因为资源有限。（WD007）

对于被调查者子女而言，贫困阶层和非贫困阶层在课外学习活动方面的差异达到显著性水平（P < 0.001）。在参加补习班（或请补习老师）方面，非贫困阶层回答"经常"和"偶尔"的比例都是最高的，绝对贫困阶层和相对贫困阶层回答"经常"和"偶尔"的比例基本一致，综合起来绝对贫困阶层回答"没有"的比例是最高的，而非贫困阶层回答"没有"的比例最低。在参加各类科普活动方面，非贫困阶层回答"经常"的比例最高，绝对贫困阶层和相对贫困阶层回答"经常"的比例基本一致，绝对贫困阶层、相对贫困阶层和非贫困阶层回答"偶尔"的比例依次递增，回答"没有"的比例依次递减。在参加各类艺术班方面，绝对贫困阶层、相对贫困阶层、非贫困阶层回答"经常"和"偶尔"的比例依次递增，回答"没有"的比例依次递减。在被调查者子女 14 岁以前课外学

习活动参与方面，子代课外学习活动参与的总体情况增加，如没有参与最低的比例已经降到48%。在参加补习班方面，绝对贫困阶层和相对贫困阶层的差异不明显，这说明贫困阶层也较为重视孩子的补习和培训。在科普活动和艺术班的参与方面，不同阶层之间的差异较为突出，参与活动的情况在三个阶层之间呈现出单调递增的趋势，这说明随着家庭条件的提高，家庭越来越重视孩子参加科普和艺术之类的课外活动。

尽管在当前的教育过程中，课外补习已经成为一种普遍化的趋势，但贫困阶层的子女们受限于家庭条件，在参与课外补习方面面临着一些限制。

> 都是别人介绍，老师在家里，二三百块钱那样。人家好的，一学期都一千多，一两千那样。家里不行，一学期二三百。（BD001）

> 没有人家投入得多，因为我的条件限制，我也很想投入，有些书，这些特长班我也想给他报。说实话条件不允许。（BD009）

> 不管经济方面不管物力条件，尽最大的能力，可是有些时候确实达不到，因为家庭条件问题确实达不到。（BD010）

> 这些限制除了物质条件外，还包括在时间方面的投入。下班时间就带着孩子去上补习班，然后补习班下课的时候，可多家长在门口等着孩子，接孩子回家。像我们干的工作，不分上下班，没有时间供着孩子，一心一意扑到孩子身上，没有这个时间。所以，对孩子身上投入不多。我也感觉挺少的，但是我觉得人家外国人也不像中国人那样补习啊，补习啊，但是咱国国情不一样，不能跟人家比，只能说我们投入得少。（WD001）

> 我感觉现在为了孩子上好学，每个家庭都愿意付出，我感觉都差不多，只要学生需要，都全力以赴地去做，现在都很重视这个教育。（WD008）

从代际比较看，子代相对于父代在课外活动参与方面有了显著提升，尤其是补习班的参与率提高了21个百分点。"中国家庭也很重视通过课外辅导等形式为子女创造学校教育之外的学习机会，他们认为可以通过这种形式提高孩子在学校里的学习成绩。"[1] 子代参加科普活动和艺术班的比例较父代提高了10个百分点左右。同时，在课外学习活动整体提高的情况下，阶层差异也进一步显著化。贫困程度高的家庭，在课外学习活动方面的参与较低。

(五) 高雅文化活动

依据经典的文化资本理论，"文化资本是指人们对上层所占有高雅文化的掌握程度，这种高雅文化既表现在非物质层面，也表现在物质层面，借以区隔于其他阶层，标识其社会地位，或者成为一种工具或手段，有助于取得较高的教育成就"。[2] 文化活动参与是家庭高雅文化品位的象征，在社会地位处于上层的家庭的孩子因为经常跟随父母一些参与文化活动，比那些地位处于下层的家庭的孩子更熟悉主流文化，这有利于前者提高在学校的学业表现。在调查中，我们以父代和子代14岁以前"现场观看童话剧"、"参观艺术展览"、"参观博物馆"这三项指标来测量高雅文化活动。（见表4-17）

对于被调查者本人而言，贫困阶层和非贫困阶层在高雅文化活动方面的差异达到了显著性水平（$P < 0.001$）。在现场观看童话剧方面，绝对贫困阶层、相对贫困阶层、非贫困阶层回答"经常"和"偶尔"的比例依次递增，回答"没有"的比例依次递减。在参观艺术展览方面，非贫困阶层回答"经常"和"偶尔"的比例都是最高的，绝对贫困阶层和相对贫困阶层回答"经常"的比例基本一致，相对贫困阶层回答"偶尔"的比例高于绝对贫困阶层，综合看

---

① 张月云、谢宇：《家庭背景、课外辅导与儿童的学业成绩》，《北京大学中国家庭追踪调查研究报告（WP14—0044）》，2014年10月16日。
② 仇立平、肖日葵：《文化资本与社会地位获得——基于上海市的实证研究》，《中国社会科学》2011年第6期。

表4-17　　　　　贫困阶层与高雅文化活动的交互分析

本人	现场观看童话剧			参观艺术展览			参观博物馆		
	经常	偶尔	没有	经常	偶尔	没有	经常	偶尔	没有
绝对贫困阶层	2.79 (18)	14.55 (94)	82.66 (534)	1.08 (7)	13.16 (85)	85.76 (554)	2.63 (17)	15.94 (103)	81.42 (526)
相对贫困阶层	3.36 (29)	17.52 (151)	79.12 (682)	1.04 (9)	14.15 (122)	84.80 (731)	1.04 (9)	18.45 (159)	80.51 (694)
非贫困阶层	4.09 (72)	24.63 (434)	71.28 (1256)	2.10 (37)	19.13 (337)	78.77 (1388)	2.61 (46)	25.99 (458)	71.40 (1258)
总计	3.64 (119)	20.76 (679)	75.60 (2472)	1.62 (53)	16.64 (544)	81.74 (2673)	2.20 (72)	22.02 (720)	75.78 (2478)
	Pearson chi2(4)=41.53 P=0.000			Pearson chi2(4)=24.03 P=0.000			Pearson chi2(4)=45.32 P=0.000		
子女	经常	偶尔	没有	经常	偶尔	没有	经常	偶尔	没有
绝对贫困阶层	3.28 (15)	23.41 (107)	73.30 (335)	3.06 (14)	25.38 (116)	71.55 (327)	4.15 (19)	29.04 (133)	66.81 (306)
相对贫困阶层	5.48 (38)	29.73 (206)	64.79 (449)	3.61 (25)	34.24 (238)	62.05 (430)	4.04 (28)	42.71 (296)	53.25 (369)
非贫困阶层	8.96 (116)	30.53 (395)	60.51 (783)	6.51 (84)	40.20 (519)	53.29 (688)	7.73 (100)	48.03 (621)	44.24 (572)
总计	6.91 (169)	28.97 (708)	64.12 (1567)	5.04 (123)	35.75 (873)	59.20 (1445)	6.01 (147)	42.96 (1050)	51.02 (1247)
	Pearson chi2(4)=33.41 P=0.000			Pearson chi2(4)=53.49 P=0.000			Pearson chi2(4)=76.61 P≤0.000		

注：百分比，括号内为样本数。

来，绝对贫困阶层回答"没有"的比例最高，而非贫困阶层回答"没有"的比例最低。在参观博物馆方面，绝对贫困阶层和非贫困阶层回答"经常"的比例基本一致，非贫困阶层回答"偶尔"的比例最高，绝对贫困阶层回答"偶尔"的比例最低，非贫困阶层回答"没有"的比例最低，绝对贫困阶层和相对贫困阶层回答"没有"的比例基本一致。在被调查者 14 岁以前参与高雅文化活动方面，父代参与高雅文化活动的总体情况较少，参与率最高也仅为 25%。尽管不同贫困阶层与非贫困阶层之间有所差异，但绝对贫困阶层和相对贫困阶层的差异还不明显。

对于被调查者子女而言，贫困阶层和非贫困阶层在高雅文化活动方面的差异达到显著性水平（P < 0.001）。在现场观看童话剧方面，绝对贫困阶层、相对贫困阶层、非贫困阶层回答"经常"和"偶尔"的比例依次递增，回答"没有"的比例依次递减。在参观艺术展览方面，非贫困阶层回答"经常"和"偶尔"的比例都是最高的，绝对贫困阶层和相对贫困阶层回答"经常"的比例基本一致，相对贫困阶层回答"偶尔"的比例高于绝对贫困阶层，综合看来，绝对贫困阶层、相对贫困阶层和非贫困阶层参观艺术展览的比例依次递增。在参观博物馆方面，绝对贫困阶层和相对贫困阶层回答"经常"的比例基本一致，非贫困阶层回答"偶尔"的比例最高，绝对贫困阶层回答"偶尔"的比例最低，综合看来，绝对贫困阶层、相对贫困阶层和非贫困阶层参观博物馆的比例依次递增，绝对贫困阶层和非贫困阶层的差距达 22 个百分点。

从代际比较看，在被调查者子女 14 岁以前参与高雅文化活动方面，父代参与高雅文化活动的总体情况增强，参与率分别提高了 10 个、22 个和 24 个百分点。与此同时，不同阶层之间的差异较为突出，尤其是绝对贫困阶层和非贫困阶层在参观艺术展览、博物馆方面的差距均超过 20 个百分点。正如拉鲁所观察到的，"中产阶级孩子学会了巴洛克式音乐和古典音乐的区别。他们学会了表演。他们学会了表现自己"。[1] 处于优势地位的非贫困阶层参与的高雅文化活动较多，他们从小培养着孩子们对主流文化的熟悉感。

---

① ［美］安妮特·拉鲁：《不平等的童年》，张旭译，北京大学出版社 2010 年版，第 237 页。

（六）贫困地位内化

在贫困的文化解释路径中，情景适应理论关注的是处于特定结构的个体如何适应自己的地位。"情境适应理论认为每个人在面对结构的变迁及新的结构机会时，几乎都有一个调整、适应的问题，作为非主流文化的一部分，贫困者适应的快慢，或不适应而招致的反叛，都可能构成贫困圈内特有的文化。"[①] 除了家庭继承的文化资源不平等外，贫困阶层在适应社会结构的过程中，还逐步把地位规范加以内化。下面我们通过社会挫折感、社会孤立感和社会弱势感这三项指标来测量贫困阶层的地位内化状况。（见表4－18）

表4－18 贫困阶层与社会挫折感的交互分析

	感到未来没有希望			感到再努力也无法达成目标			感到生活没有意义		
	从没有	有时有	经常有	从没有	有时有	经常有	从没有	有时有	经常有
绝对贫困阶层	62.85 (406)	32.35 (209)	4.80 (31)	52.71 (340)	40.47 (261)	6.82 (44)	71.78 (461)	24.03 (155)	4.19 (27)
相对贫困阶层	67.13 (578)	28.80 (248)	4.07 (35)	59.51 (513)	34.69 (299)	5.80 (50)	76.45 (659)	19.84 (171)	3.71 (32)
非贫困阶层	71.53 (1261)	25.87 (456)	2.61 (46)	63.51 (1119)	33.54 (591)	2.95 (52)	81.17 (1431)	17/19 (303)	1.64 (29)
总计	68.65 (2245)	27.82 (913)	3.43 (112)	60.32 (1972)	35.21 (1151)	4.47 (146)	78.07 (2553)	19.24 (629)	2.69 (3270)
检验	Pearson chi2(4) = 21.05 P = 0.000			Pearson chi2(4) = 36.27 P = 0.000			Pearson chi2(4) = 17.40 P = 0.002		

注：百分比，括号内为样本数。

---

① 潘泽泉、岳敏：《城市贫困的社会建构与再生产：中国城市发展30年》，《学习论坛》2009年第10期。

当问及是否"感到未来没有希望"时，贫困阶层与非贫困阶层的差异达到了显著性水平（P<0.001）。绝对贫困阶层认为"从没有"的比例最低，非贫困阶层认为"从没有"的比例最高，两者相差9个百分点。绝对贫困阶层认为"有时有"和"经常有"的比例最高，非贫困阶层认为"有时有"和"经常有"的比例最低。由此可见，经济地位越低，对未来越感到没有希望。

当问及是否"感到再努力也无法达成目标"时，贫困阶层与非贫困阶层的差异达到了显著性水平（P<0.001）。绝对贫困阶层认为"从没有"的比例最低，非贫困阶层认为"从没有"的比例最高，两者相差10个百分点。绝对贫困阶层认为"有时有"和"经常有"的比例最高，非贫困阶层认为"有时有"和"经常有"的比例最低。由此可见，经济地位越低，对经过努力实现目标越感到无力。

当问及是否"感到生活没有意义"时，贫困阶层与非贫困阶层的差异达到了显著性水平（P<0.01）。绝对贫困阶层认为"从没有"的比例最低，非贫困阶层认为"从没有"的比例最高，两者相差9个百分点。绝对贫困阶层认为"有时有"和"经常有"的比例最高，非贫困阶层认为"有时有"和"经常有"的比例最低。由此可见，经济地位越低，越感到生活没有意义。

当问及是否"感到被人轻视"时，贫困阶层与非贫困阶层的差异达到了显著性水平（P<0.001）。绝对贫困阶层认为"从没有"的比例最低，非贫困阶层认为"从没有"的比例最高，两者相差10个百分点。绝对贫困阶层认为"有时有"和"经常有"的比例最高，非贫困阶层认为"有时有"和"经常有"的比例最低。由此可见，经济地位越低，越容易感到生活中被人轻视。

当问及是否"感到被社会抛弃"时，贫困阶层与非贫困阶层的差异达到了显著性水平（P<0.001）。绝对贫困阶层认为"从没有"的比例最低，非贫困阶层认为"从没有"的比例最高，两者相差10个百分点。绝对贫困阶层认为"有时有"的比例最高，非贫困阶层认为"有时有"和"经常有"的比例最低，绝对贫困阶层和相对贫困阶层认为"经常有"的比例差异较小。由此可见，经

济地位越低，越容易感到生活中被社会抛弃。（见表 4 – 19）

表 4 – 19 　　　　　贫困阶层与社会孤立感的交互分析

	感到被社会遗弃			感到被人轻视		
	从没有	有时有	经常有	从没有	有时有	经常有
绝对贫困阶层	75.04 (484)	20.93 (135)	4.03 (645)	78.02 (504)	17.49 (113)	4.49 (29)
相对贫困阶层	80.28 (692)	16.71 (144)	3.02 (26)	81.79 (705)	13.57 (117)	4.64 (40)
非贫困阶层	85.59 (1509)	12.99 (229)	1.42 (25)	88.09 (1553)	10.44 (184)	1.47 (26)
总计	82.11 (2685)	15.54 (508)	2.35 (77)	84.44 (2762)	12.66 (414)	2.90 (95)
检验	Pearson chi2(4) = 42.95 P = 0.000			Pearson chi2(4) = 52.96 P = 0.000		

注：百分比，括号内为样本数。

2002 年 3 月《政府工作报告》中首次使用"弱势群体"一词，该词由此成为流行一时的概念。"城市社会弱势群体一般是指在城市社会性资源分配上具有经济利益的贫困性、生活质量的低层次性和承受力的脆弱性的特殊城市社会群体。"[1] 弱势群体和贫困阶层两个概念不完全等同，但贫困阶层无疑属于弱势群体。当被问及"自己是否属于弱势群体"时，贫困阶层和非贫困阶层的弱势感差异达到了显著性水平（P < 0.001）。绝对贫困阶层认为"非常弱势"的比例最高，非贫困阶层认为"非常弱势"的比例最低。绝对贫困阶层和相对贫困阶层认为"比较弱势"的比例基本一致。绝对贫困阶层认为"不太弱势"的比例高于相对贫困阶层，但绝对贫

---

① 金太军、张劲松：《城市变迁中弱势群体权益的公共政策保障》，《城市管理》2006 年第 5 期。

困阶层认为"一点也不弱势"的比例最低。尽管贫困阶层与非贫困阶层的弱势感有差异，但绝对贫困阶层和相对贫困阶层对于自己是否弱势群体的判断趋于一致，两者认为属于弱势群体的比例都超过半数，说明在既定的社会结构约束下，贫困阶层对于自己的弱势感有着较为一致的判断。（见表4－20）

表4－20　　　　　　贫困阶层与社会弱势感的交互分析

	非常弱势	比较弱势	说不清	不太弱势	一点也不弱势
绝对贫困阶层	14.57 （94）	39.69 （256）	22.17 （143）	19.53 （126）	4.03 （26）
相对贫困阶层	10.56 （91）	39.79 （343）	25.75 （222）	17.75 （153）	6.15 （53）
非贫困阶层	4.09 （72）	29.97 （528）	28.89 （509）	27.30 （481）	9.76 （172）
总计	7.86 （257）	34.48 （1127）	26.74 （874）	23.25 （760）	7.68 （251）
检验	Pearson chi2(8) = 159.04　　P = 0.000				

注：百分比，括号内为样本数。

（七）贫困价值认知

在贫困文化的研究脉络中，贫困与一种价值观相联系，贫困者与非贫困者在价值观方面表现出差异性。"保守、懒散和安于现状的态度在他们中间盛行，结果便形成一种传统或习惯，发展起来了一种价值观。这种习惯价值观要求穷人适应现实的贫困的条件，这种价值观又世代相传，使贫困不断延续下去。"[①]在调查中，我们以"贫困归因"和"改变现实的信心"来测量贫困价值认知。

当被问及"是否同意教育机会缺乏是贫困原因"时，贫困阶层

---

① 樊怀玉：《贫困论：贫困与反贫困的理论与实践》，民族出版社2002年版，第23页。

和非贫困阶层的判断有差异性（P＜0.05）。绝对贫困阶层回答"很同意"的比例最高，非贫困阶层回答"很同意"的比例最低。把"比较同意"和"很同意"两项合起来，绝对贫困阶层的比例最高（63.05%），相对贫困阶层（61.37%）和非贫困阶层（61.43%）比例基本一致，这说明绝对贫困阶层更认为教育机会缺乏是贫困的原因。但是，数据也显示，不同阶层回答"同意"的比例都超过60%，这说明城市居民认为教育机会缺乏导致贫困已基本成为共识。（见表4－21）

表4－21　　　　　　　　贫困归因为缺乏教育机会的分布

	很不同意	不太同意	比较同意	很同意	不了解
绝对贫困阶层	4.50 (29)	29.04 (187)	45.81 (295)	17.24 (111)	3.42 (22)
相对贫困阶层	5.10 (44)	30.74 (265)	46.75 (403)	14.62 (126)	2.78 (24)
非贫困阶层	3.74 (66)	32.90 (580)	49.12 (866)	12.31 (217)	1.93 (34)
总计	4.25 (139)	31.57 (1032)	47.84 (1564)	13.89 (454)	2.45 (80)
检验	Pearson chi2(8)＝20.0　　P＝0.010				

注：百分比，括号内为样本数。

　　政府的政策既有助于减轻或消除贫困，又可能带来新的不平等或贫困问题。"政策制定本身、政策执行失误或不当都将引起不平等进而导致贫困。"[①] 当被问及"是否同意政府政策失误是贫困原因"时，贫困阶层和非贫困阶层对此的判断有差异性（P＜0.01）。绝对贫困阶层和非贫困阶层回答"很同意"的比例较高，相对贫困

---

①　周怡：《贫困研究：结构解释与文化解释的对垒》，《社会学研究》2002年第3期。

140

阶层回答"很同意"的比例低一些。把"比较同意"和"很同意"两项合起来,非贫困阶层的比例最高(53.40%),绝对贫困阶层(50.47%)和相对贫困阶层(50.52%)比例基本一致,这说明非贫困阶层更认为政府政策失误是导致本阶层贫困的原因。但是,数据也显示,绝对贫困阶层和相对贫困阶层回答"不了解"的比例也较高,这说明他们对政府政策的知晓度并不高。(见表4-22)

表4-22 贫困归因为政府政策失误的分布

	很不同意	不太同意	比较同意	很同意	不了解
绝对贫困阶层	5.88 (38)	30.96 (200)	37.93 (245)	12.54 (81)	12.69 (82)
相对贫困阶层	4.07 (35)	33.68 (290)	38.91 (335)	11.61 (100)	11.73 (101)
非贫困阶层	3.01 (53)	34.62 (610)	40.86 (720)	12.54 (221)	8.97 (158)
总计	3.85 (126)	33.65 (1100)	39.77 (1300)	12.30 (402)	10.43 (341)
检验	Pearson chi2(8) = 22.02　　P = 0.005				

注:百分比,括号内为样本数。

　　既然叫我买断了,我不是自己主动退休的,是让我强制性退休的,应该把我的养老金交了,对不对?你把我强制推向社会,我没有工作,我就是有工作,一个月1500,再交交统筹,一个月光交统筹500多,还吃不吃了。(BD007)

在访谈中,有被访者曾经历过下岗事件,其认为是政府的养老金政策失误导致了自己陷入贫困。

当被问及"是否同意穷人不愿努力工作是贫困原因"时,贫困阶层和非贫困阶层对此的判断有微弱的差异性(P<0.1)。把"很不

同意"和"不太同意"两项合起来，非贫困阶层的比例最高
（66.66%），绝对贫困阶层（65.79%）和相对贫困阶层（65.54%）
比例基本一致，这说明无论是贫困阶层，还是非贫困阶层，大部分
都不认为穷人不愿努力工作是贫困的原因。这说明贫困被归因于政
府政策，而不是贫困者自身原因。（见表4-23）

表4-23　　　　　贫困归因为穷人不愿努力工作的分布

	很不同意	不太同意	比较同意	很同意	不了解
绝对贫困阶层	15.48 (100)	50.31 (325)	24.30 (157)	6.97 (45)	2.94 (19)
相对贫困阶层	14.50 (125)	51.04 (440)	26.33 (227)	6.15 (53)	1.97 (17)
非贫困阶层	12.32 (217)	54.34 (957)	25.26 (443)	6.81 (120)	1.36 (24)
总计	13.52 (442)	52.68 (1722)	25.30 (827)	6.67 (218)	1.84 (60)
检验	Pearson chi2(8) = 14.03　　P = 0.081				

注：百分比，括号内为样本数。

　　贫困的代际再生产和代内再生产是贫困治理的难点。"当贫困
社群对自身底层社会角色从被动适应到主动认同时，他们将丧失改
善自身社会位置的动力，以外力介入的各种反贫困措施很可能将遭
遇贫困亚文化的解构，那样的话，反贫困将更为艰巨。"[1] 当被问
及"是否认为通过努力改变社会地位"时，贫困阶层与非贫困阶层
的回答具有差异性（P<0.001）。绝对贫困阶层和相对贫困阶层认
为"不太可能"和"非常不可能"的比例高于非贫困阶层，认为
"非常有可能"和"有可能"的比例低于非贫困阶层。但是，数据

---

[1]　徐琴：《城市体制外贫困社群的生产与再生产》，《江海学刊》2006年第5期。

也显示，绝对贫困阶层和相对贫困阶层认为通过努力改变社会地位的可能性超过了75%。（见表4-24）

表4-24　　　　　　通过努力改变社会地位的分布

	非常有可能	有可能	一般	不大可能	非常不可能
绝对贫困阶层	21.86 （141）	57.05 （368）	8.22 （53）	11.32 （73）	1.55 （10）
相对贫困阶层	19.95 （172）	56.73 （489）	9.28 （80）	11.95 （103）	2.09 （18）
非贫困阶层	24.57 （433）	61.75 （1088）	7.43 （131）	5.56 （98）	0.68 （12）
总计	22.82 （746）	59.50 （1945）	8.08 （264）	8.38 （274）	1.22 （40）
检验	Pearson chi2（8）=57.96　P=0.000				

注：百分比，括号内为样本数。

你比方说有时候，一个做销售的工友，他就是感觉运气挺好的吧，人家同俺一块去做销售，人家都赚的可多了。然后我就……我就不赚老赔。有时候就是看命，这个人家也勤奋。（BD0014）

我再努力现在也已经年纪大了，能再努力也没有用啊，对不对？人家都不要你啊，单位一看，多大了，四五十了，会什么，什么也不会，你就是会什么，人家现在也不用你啊。（BD0016）

以上被访者把自己的状况难以改变或者归因于自己运气不好，或者归因于年龄过大。由于年龄过大而认命的被访者不在少数，他们认为是年龄使自己在就业市场上已没有竞争力。

当被问及"对未来生活改善的信心"时，贫困阶层与非贫困阶

143

层具有的回答差异性（P < 0.001）。相对贫困阶层"有信心"的比例最低（52.44%），绝对贫困阶层次之（54.35%），非贫困阶层的比例最高（61.63%）。但是，数据也显示，绝对贫困阶层和相对贫困"没有信心"的比例也较为一致。这说明尽管贫困阶层认为能够通过努力改变社会地位，但对其未来生活改善还是缺乏足够的信心。（见表4－25）

表4－25　　　　　　　对未来生活改善的信心的分布

	没有信心	信心较弱	一般	信心较强	信心非常强
绝对贫困阶层	3.11 (20)	18.63 (120)	23.91 (154)	36.80 (237)	17.55 (113)
相对贫困阶层	3.26 (28)	18.84 (162)	25.47 (219)	37.56 (323)	14.88 (128)
非贫困阶层	1.43 (25)	13.51 (237)	23.43 (411)	44.30 (777)	17.33 (304)
总计	2.24 (73)	15.93 (519)	24.06 (784)	41.04 (1337)	16.73 (545)
检验	Pearson chi2(8) = 38.55　P = 0.000				

注：百分比，括号内为样本数。

50 的人了，还有机会吗？又不是二三十岁，我可以拼搏，快 50 的人了，你拼搏到什么地方？没有机会了，找个工作就不好找，只能干保安，干保安超过 50 还不用你。俺这干到 3 月份就结束。（BD007）

我就不敢有希望，因为我没有家庭背景、社会背景，没什么期望值，不敢有希望，我就没什么期望值，只要孩子感觉心里能过得去，我就满意。没有社会背景，我不可能帮助他们，没有能力。（BD010）

以上被访者也是认为自己已超过 50 岁，在劳动力市场上的选择机会已经很少。还有被访者认为自己没有家庭背景，已不抱什么期望，只希望自己的孩子有更好的未来。

三 贫困阶层再生产的机制比较

城市贫困阶层再生产中的结构因素和文化因素可以相应地归为家庭地位和文化资本。其中，以父亲受教育程度和职业地位测量的家庭地位属于结构性因素，而文化资本属于文化性因素。本课题将通过构建回归模型，对不同因素在贫困再生产中的作用进行比较。

（一）贫困再生产中的文化资本及其影响因素

本研究在设计文化资本的测量指标时，共设计了 12 项指标。由于不同的指标之间具有一定的相关性，本研究通过因子分析探索指标之间的结构，对其进行了简化。在因子分析之前，本研究先对 12 项指标之间的相关性进行了分析，结果发现大部分指标之间的相关性较好，去掉一项不显著的，其余都达到了显著性（P < 0.001）。

我们用主成分分析法进行了因素萃取，并以最大方差法（Varimax）进行因素转轴。因子分析结果如表 4 – 26 所示。经检测，因子分析的 KMO 值为 0.870，因子分析效果为好①。经过因子分析后，三个因子累计解释总方差的 59.65%。根据因子负荷，因子一代表了家庭文化氛围的 5 个指标，为家庭文化氛围因子；因子二代表了家庭学习资源的 3 个指标，为家庭学习资源因子；因子三代表了课外学习活动的 3 个指标，为课外学习活动因子。文化资本总量指标则是用每个因子的负荷值乘以其公共方差加总所得。

---

① KMO 指标比较观测变量之间的简单相关系数和偏相关系数的相对大小，其值的变化范围从 0 到 1。KMO 值较小时，表明观测变量不适合作因子分析。研究者通常按以下标准解释 KMO 值的大小：0.9 以上，非常好；0.8 以上，好；0.7，一般；0.6，差；0.5，很差；0.5 以下，不能接受。参见郭志刚《社会统计分析方法》，中国人民大学出版社 2001 年版，第 93 页。

表4-26 文化资本因子值提取

	因子一 （家庭文化氛围）	因子二 （家庭学习资源）	因子三 （课外学习活动）
a_1	0.1866	0.8020	0.1135
a_2	0.1266	0.7706	0.2735
a_3	0.2048	0.8074	0.1087
a_4	0.1921	0.2489	0.6697
a_5	0.1346	0.2175	0.7213
a_6	0.0953	0.1108	0.7249
a_7	0.6820	0.3784	0.0548
a_8	0.6915	0.1624	0.0276
a_9	0.6397	0.1804	0.2327
a_10	0.7172	0.2342	0.2204
a_11①	0.7297	0.0702	0.1803
因子特征值	2.556	2.272	1.733
解释方差	23.24%	20.66%	15.75%
KMO	0.870		

为了检验家庭背景与文化资本之间的关系，我们分别构建了文化资本总量、家庭文化氛围、家庭学习资源和课外学习活动的回归模型。在回归模型中，以年龄为控制变量，以父亲受教育程度和父

---

① 问题分别是：a_1：您14岁以前家里是否有地图、地图册、地球仪；a_2：您14岁以前家里是否有英文字典（包括电子字典）；a_3：您14岁以前家里是否有课外读物；a_4：您14岁以前参加各类艺术班情况；a_5：您14岁以前参加各类补习班或请补习老师情况；a_6：您14岁以前参加各类科普活动情况；a_7：您14岁以前父母看书或阅报情况；a_8：您14岁以前练书法或绘画情况；a_9：您14岁以前听音乐或唱歌情况；a_10：您14岁以前父母辅导或陪伴学习情况；a_11：您14岁以前父母讲故事或做游戏情况。

亲职业地位为自变量。（见表 4 – 27）

表 4 – 27　　　　　家庭地位对文化资本影响的回归分析

	模型 1 文化资本总量	模型 2 家庭文化氛围	模型 3 家庭学习资源	模型 4 课外学习活动
年龄[a] 36—60 岁	- 0.156 *** (0.012)	0.0318 (0.042)	- 0.394 *** (0.040)	- 0.523 *** (0.042)
61 岁及以上	- 0.235 *** (0.017)	- 0.177 *** (0.058)	- 0.573 *** (0.056)	- 0.477 *** (0.059)
受教育程度[b]：初中	0.124 *** (0.014)	0.212 *** (0.048)	0.372 *** (0.046)	- 0.0117 (0.048)
高中（含中专）	0.218 *** (0.016)	0.494 *** (0.055)	0.389 *** (0.053)	0.145 *** (0.056)
大学专科及以上	0.435 *** (0.024)	0.829 *** (0.082)	0.662 *** (0.078)	0.672 *** (0.083)
职业地位[c]： 管理人员	0.248 *** (0.022)	0.498 *** (0.075)	0.529 *** (0.072)	0.142 * (0.077)
技术人员	0.194 *** (0.020)	0.448 *** (0.067)	0.418 *** (0.064)	0.0246 (0.068)
自雇人员	0.156 *** (0.028)	0.0406 (0.094)	0.540 *** (0.090)	0.223 ** (0.095)
办事人员	0.237 *** (0.024)	0.425 *** (0.079)	0.559 *** (0.076)	0.147 * (0.081)
一般工人	0.142 *** (0.013)	0.111 *** (0.042)	0.370 *** (0.040)	0.255 *** (0.043)
常数项	- 0.0796 *** (0.013)	- 0.307 *** (0.042)	- 0.157 *** (0.040)	0.154 *** (0.043)
F 值	176.0 ***	49.64 ***	76.20 ***	35.27 ***
自由度	10	10	10	10

续表

	模型 1 文化资本总量	模型 2 家庭文化氛围	模型 3 家庭学习资源	模型 4 课外学习活动
样本量	2854	2854	2854	2854
Adj – R^2	0.380	0.145	0.208	0.107

注：非标准化回归系数①，括号内为标准误。! P<0.1、* P<0.05、** P<0.01、*** P<0.001。a：参照项为 35 岁及以下；b：参照项为小学及以下；c：参照项为农业劳动者。

变量文化资本总量模型显示，模型的整体解释力为 38%，在控制住年龄变量后，父亲受教育程度和职业地位的影响得到验证。就年龄变量而言，年龄越小的样本，14 岁以前家庭文化资本总量越丰富。在受教育程度方面，父亲受过初中、高中（含中专）、大学专科及以上教育的样本，家庭文化资本相对于父亲受过小学教育的更为丰富。随着父亲受教育程度的提高，家庭的文化资本总量也在增加。在职业地位方面，父亲职业为管理人员、技术人员、自雇人员、办事人员和一般工人的样本，家庭文化资本相对于农业劳动者家庭更为丰富。其中，管理人员和办事人员家庭的文化资本优势更为明显，自雇人员和一般工人家庭的文化资本优势相对弱一些。

家庭文化氛围模型显示，模型的整体解释力为 14.5%，在控制住年龄变量后，父亲受教育程度和职业地位的影响得到验证。就年龄变量而言，36—60 岁样本相对于 35 岁及以下的无差异，61 岁及以上样本家庭文化资本低于 35 岁及以下的样本。在受教育程度方面，父亲受过初中、高中（含中专）、大学专科及以上教育的样

---

① 关于标准化回归系数和非标准化回归系数的使用问题，谢宇认为，尽管标准化系数可在标准化尺度上进行比较，但非标准化回归系数更好，因为它提供了更多关于数据的信息，并且提供了实际单位的自变量对因变量的效应。在回归分析中到底是使用非标准化系数还是使用标准化系数主要取决于所需要回答的研究问题。参见谢宇《社会学方法与定量研究》，社会科学文献出版社 2010 年版，第 208 页。本研究主要分析的是自变量对因变量的效应，因而一般采用非标准化回归系数。

本，相对于父亲受过小学教育的家庭文化氛围更好。随着父亲受教育程度的提高，家庭的文化氛围也在增强。在职业地位方面，父亲职业为管理人员、技术人员、办事人员和一般工人的样本，家庭文化氛围相对于农业劳动者家庭更好。父亲为自雇人员的样本，家庭文化氛围与农业劳动者样本无显著差异。

家庭学习资源模型显示，模型的整体解释力为 20.8%，在控制住年龄变量后，父亲教育程度和职业地位的影响得到验证。就年龄变量而言，随着出生年份后移，样本 14 岁以前的家庭学习资源越多，反映了随着社会变化家庭学习资源总体增加的趋势。在受教育程度方面，父亲受过初中、高中（含中专）、大学专科及以上教育的样本，相对于父亲受过小学教育的家庭学习资源更丰富。随着父亲受教育程度的提高，样本 14 岁以前家庭学习资源在增加。在职业地位方面，父亲职业为管理人员、技术人员、自雇人员、办事人员和一般工人的样本，14 岁以前家庭学习资源都多于农业劳动者家庭。其中，父亲为管理人员、自雇人员和办事人员的 14 岁以前家庭学习资源更为丰富。

课外学习活动模型显示，模型的整体解释力为 10.7%，在控制住年龄变量后，父亲教育程度和职业地位的影响得到验证。就年龄变量而言，36 岁及以上的样本，14 岁以前的课外学习活动参与都低于 35 岁及以下样本。在受教育程度方面，父亲受过高中、大学专科及以上教育的样本，相对于父亲受过小学教育的课外学习活动更多一些。但父亲受教育程度为初中的样本，与小学及以下样本相比较无显著差异。在职业地位方面，父亲职业为管理人员、自雇人员、办事人员和一般工人的样本，14 岁以前课外学习活动都多于农业劳动者家庭，技术人员的优势不明显。其中，父亲为自雇人员和一般工人的样本，14 岁以前文化活动参与的优势更为明显，而管理人员和办事人员的优势弱一些。

从上面的分析可以发现，父亲的受教育程度和职业地位对家庭文化资本都有影响。文化资本不是一项整体性资源，其亚分布结构具有不同的特征。以往的研究都是把文化资本作为一个指标，我们则通过家庭文化氛围、家庭学习资源、课外学习活动三项指标来测量文化资本。对于管理人员、技术人员、办事人员家庭，他们一般拥有较好的文化氛围和较多的学习资源，这种家庭内部的文化资本较为丰富，而自雇人员和一般工人家庭则往往通过外部的文化活动参与来弥补家庭内部文化资本的不足。

（二）家庭地位、文化资本与教育获得

本部分将通过建立回归模型，分析家庭地位、文化资本对子女教育获得的影响。其中，因变量为子女地位获得，自变量包括家庭地位和文化资本两类变量。家庭地位以父亲受教育程度和职业地位测量。子女教育获得以教育年限来测量，符合线性回归模型的要求，因而我们通过建立线性回归模型来进行分析。为了简化模型，父亲受教育程度也以教育年限表示，父亲职业地位以父亲职业的国际经济社会地位指数表示。在具体的分析中，我们还通过分别建立贫困阶层样本模型和非贫困阶层样本模型，探讨了文化资本在贫困阶层与非贫困阶层样本中对地位获得影响的差异性。

模型 1 以父亲受教育程度为自变量，模型的决定系数为 20.6%，父亲受教育程度对子女教育获得的作用得到验证。城市居民 14 岁以前，父亲受教育年限越长，子女的受教育年限也越长。

模型 2 以父亲职业地位为自变量，模型的决定系数为 5.4%，父亲职业地位对子女教育获得的作用得到验证。城市居民 14 岁以前，父亲职业地位越高，子女的受教育年限也越长。

模型 3 以家庭文化资本为自变量，模型的决定系数为 22.4%，家庭文化资本对子女教育获得的作用得到验证。城市居民 14 岁以前，家庭文化资本总量越多，子女的受教育年限也越长。

通过对 3 个模型决定系数的比较进一步发现，在全体样本模型中，家庭文化资本对子女教育地位获得的影响最大，然后是父亲受教育程度，父亲职业地位对子女教育获得的影响较弱。因此，家庭文化资本和父亲受教育程度能够显著提高子女的受教育程度。

模型 4 主要为贫困阶层样本，以父亲受教育程度为自变量，模型的决定系数为 20.8%，父亲受教育程度对子女教育获得的作用

得到验证。贫困阶层 14 岁以前，父亲受教育年限越长，子女的受教育年限也越长。（见表 4 - 28）

表 4 - 28　　　　家庭地位、文化资本与教育获得的回归分析

	全部样本			贫困阶层样本			非贫困阶层样本		
	模型 1	模型 2	模型 3	模型 4	模型 5	模型 6	模型 7	模型 8	模型 9
父亲受教育年限	0.369 *** (0.013)			0.372 *** (0.019)			0.293 *** (0.016)		
父亲职业地位		0.036 *** (0.004)			0.033 *** (0.006)			0.027 *** (0.004)	
文化资本总量			4.758 *** (0.155)			5.214 *** (0.238)			3.656 *** (0.190)
常数项	8.486 *** (0.102)	10.34 *** (0.164)	10.95 *** (0.054)	7.472 *** (0.138)	9.353 *** (0.249)	9.959 *** (0.079)	9.901 *** (0.140)	11.56 *** (0.198)	11.89 *** (0.069)
F 值	842.35	102.29	936.37	391.83	31.79	478.16	327.27	43.12	369.77
自由度	1	1	1	1	1	1	1	1	1
样本量	3228	1761	3251	1485	749	1498	1743	1012	1753
Adj - R^2	0.206	0.054	0.224	0.208	0.040	0.242	0.158	0.040	0.174

注：非标准化回归系数，括号内为标准误。! $P < 0.1$、* $P < 0.05$、** $P < 0.01$、*** $P < 0.001$。

模型 5 主要为贫困阶层样本，以父亲职业地位为自变量，模型的决定系数为 4.0%，父亲职业地位对子女教育获得的作用得到验证。贫困阶层 14 岁以前，父亲职业地位越高，子女的受教育年限也越长。

模型 6 主要为贫困阶层样本，以家庭文化资本为自变量，模型的决定系数为 24.2%，家庭文化资本对子女教育获得的作用得到验证。贫困阶层 14 岁以前，家庭文化资本总量越多，子女的受教育年限也越长。

模型 7 主要为非贫困阶层样本，以父亲受教育程度为自变量，

模型的决定系数为 15.8%，父亲教育程度对子女教育获得的作用得到验证。非贫困阶层 14 岁以前，父亲受教育年限越长，子女的受教育年限也越长。

模型 8 主要为非贫困阶层样本，以父亲职业地位为自变量，模型的决定系数为 4.0%，父亲职业地位对子女教育获得的作用得到验证。非贫困阶层 14 岁以前，父亲职业地位越高，子女的受教育年限也越长。

模型 9 主要为非贫困阶层样本，以家庭文化资本为自变量，模型的决定系数为 17.4%，家庭文化资本对子女教育获得的作用得到验证。非贫困阶层 14 岁以前，家庭文化资本总量越多，子女的受教育年限也越长。

通过对贫困阶层样本和非贫困阶层样本的模型对比发现，在家庭文化资本和父亲受教育程度对子女教育获得的影响方面，贫困阶层样本大于非贫困阶层样本，在父亲职业地位的影响方面没有变化。这说明贫困阶层在教育获得过程中，更依赖于家庭文化资本和父亲受教育程度，而非贫困阶层则更可能借助于其他优势，如经济资本、社会资本等，实现阶层地位的再生产。

（三）家庭地位、文化资本与职业获得

职业地位分为初始职业地位和当前职业地位。在具体分析中，职业地位根据国际经济社会地位指数来测量，符合线性回归模型的要求，因而我们通过建立线性回归模型来进行分析。在分析模型中，我们分别纳入了父亲教育程度、父亲职业地位和文化资本总量。模型分为全部样本模型、贫困阶层样本模型和非贫困阶层样本模型。表 4 - 29 为初始职业地位的回归分析，表 4 - 30 为当前职业地位的回归分析。

模型 1 以父亲受教育程度为自变量，模型的决定系数为 6.1%，父亲受教育程度对子女初始职业地位获得的作用得到验证。城市居民 14 岁以前，父亲受教育年限越长，子女的初始职业地位越高。

模型 2 以父亲职业地位为自变量，模型的决定系数为 4.8%，

父亲职业地位对子女初始职业地位获得的作用得到验证。城市居民14 岁以前，父亲职业地位越高，子女的初始职业地位也越高。

模型 3 以家庭文化资本为自变量，模型的决定系数为 7.3%，家庭文化资本对子女初始职业地位获得的作用得到验证。城市居民14 岁以前，家庭文化资本总量越多，子女的初始职业地位越高。

通过对 3 个模型决定系数的比较进一步发现，在全体样本模型中，家庭文化资本对子女初始职业地位获得的影响最大，然后是父亲受教育程度，父亲职业地位对子女初始职业获得的影响较弱。因此，家庭文化资本和父亲受教育程度能够显著地提高子女的初始职业地位。

表 4 - 29　　　　家庭地位、文化资本与初职获得的回归分析

	全部样本			贫困阶层样本			非贫困阶层样本		
	模型 1	模型 2	模型 3	模型 4	模型 5	模型 6	模型 7	模型 8	模型 9
父亲受教育年限	1.065 *** (0.113)			0.640 *** (0.150)			1.079 *** (0.159)		
父亲职业地位		0.197 *** (0.0311)			0.188 *** (0.0444)			0.163 *** (0.0406)	
文化资本总量			13.90 *** (1.339)			7.950 *** (1.988)			14.01 *** (1.768)
常数项	28.50 *** (0.942)	30.31 *** (1.474)	35.85 *** (0.456)	26.97 *** (1.133)	25.37 *** (1.966)	31.45 *** (0.609)	31.24 *** (1.404)	34.95 *** (1.998)	38.66 *** (0.639)
F 值	88.74	40.21	107.70	18.11	17.97	16.0	46.11	16.14	62.81
自由度	1	1	1	1	1	1	1	1	1
样本量	1353	778	1358	545	289	549	808	489	809
Adj - R²	0.061	0.048	0.073	0.031	0.056	0.027	0.052	0.030	0.071

注：非标准化回归系数，括号内为标准误。! P < 0.1、* P < 0.05、** P < 0.01、*** P < 0.001。

模型 4 主要为贫困阶层样本，以父亲受教育程度为自变量，模型的决定系数为 3.1%，父亲受教育程度对子女初始职业地位获得的作用得到验证。贫困阶层 14 岁以前，父亲受教育年限越长，子女的初始职业地位越高。

模型 5 主要为贫困阶层样本，以父亲职业地位为自变量，模型的决定系数为 5.6%，父亲职业地位对子女初始职业获得的作用得到验证。贫困阶层 14 岁以前，父亲职业地位越高，子女的初始职业地位也越高。

模型 6 主要为贫困阶层样本，以家庭文化资本为自变量，模型的决定系数为 2.7%，家庭文化资本对子女初始职业地位获得的作用得到验证。贫困阶层 14 岁以前，家庭文化资本总量越多，子女的初始职业地位越高。

模型 7 主要为非贫困阶层样本，以父亲受教育程度为自变量，模型的决定系数为 5.2%，父亲受教育程度对子女初始职业地位获得的作用得到验证。非贫困阶层 14 岁以前，父亲受教育年限越长，子女的初始职业地位越高。

模型 8 主要为非贫困阶层样本，以父亲职业地位为自变量，模型的决定系数为 3.0%，父亲职业地位对子女初始职业地位获得的作用得到验证。非贫困阶层 14 岁以前，父亲职业地位越高，子女的初始职业地位也越高。

模型 9 主要为非贫困阶层样本，以家庭文化资本为自变量，模型的决定系数为 7.1%，家庭文化资本对子女初始职业地位获得的作用得到验证。非贫困阶层样本 14 岁以前，家庭文化资本总量越多，子女的初始职业地位越高。

通过对贫困阶层样本和非贫困阶层样本的模型对比发现，在家庭文化资本和父亲受教育程度对子女初始职业地位获得的影响方面，非贫困阶层样本大于贫困阶层样本，在父亲职业地位的影响方面，则是贫困阶层大于非贫困阶层。贫困阶层和非贫困阶层在初始职业地位获得方面具有不同的特征。这说明贫困阶层在初始职业地位获得过程中，由于父亲受教育程度普遍较低，家庭文化资本缺乏，更依赖父亲的职业地位，而非贫困阶层在父亲职业地位较高的情况下，更依赖家庭文化资本和父亲受教育程度。

表4-30　　　家庭地位、文化资本与现职获得的回归分析

	全部样本			贫困阶层样本			非贫困阶层样本		
	模型1	模型2	模型3	模型4	模型5	模型6	模型7	模型8	模型9
父亲教育地位	1.064*** (0.080)			0.806*** (0.098)			0.819*** (0.112)		
父亲职业地位		0.180*** (0.023)			0.105*** (0.031)			0.150*** (0.030)	
文化资本总量			15.28*** (0.978)			13.65*** (1.272)			11.72*** (1.303)
常数项	33.77*** (0.653)	35.49*** (1.074)	40.95*** (0.338)	28.39*** (0.720)	30.56*** (1.316)	33.98*** (0.408)	40.54*** (0.967)	41.82*** (1.458)	46.03*** (0.472)
F值	175.94	60.70	244.40	67.34	11.65	115.03	53.79	25.16	80.91
自由度	1	1	1	1	1	1	1	1	1
样本量	2829	1618	2850	1173	631	1185	1656	987	1665
Adj-R^2	0.058	0.036	0.079	0.054	0.017	0.088	0.031	0.024	0.046

注：非标准化回归系数，括号内为标准误。$!P<0.1$、$*P<0.05$、$**P<0.01$、$***P<0.001$。

模型1以受父亲教育程度为自变量，模型的决定系数为5.8%，父亲受教育程度对子女当前职业地位获得的作用得到验证。城市居民14岁以前，父亲受教育年限越长，子女的当前职业地位越高。

模型2以父亲职业地位为自变量，模型的决定系数为3.6%，父亲职业地位对子女当前职业地位获得的作用得到验证。城市居民14岁以前，父亲职业地位越高，子女的当前职业地位也越高。

模型3以家庭文化资本为自变量，模型的决定系数为7.9%，家庭文化资本对子女当前职业地位获得的作用得到验证。城市居民

14 岁以前，家庭文化资本总量越多，子女的当前职业地位越高。

通过对 3 个模型决定系数的比较进一步发现，在全体样本模型中，家庭文化资本对子女当前职业地位获得的影响最大，然后是父亲受教育程度，父亲职业地位对子女当前职业获得的影响较弱。因此，家庭文化资本和父亲受教育程度能够显著地提高子女的当前职业地位，这点与初始职业地位相同。

模型 4 主要为贫困阶层样本，以父亲受教育程度为自变量，模型的决定系数为 5.4%，父亲受教育程度对子女当前职业地位获得的作用得到验证。贫困阶层 14 岁以前，父亲受教育年限越长，子女的当前职业地位越高。

模型 5 主要为贫困阶层样本，以父亲职业地位为自变量，模型的决定系数为 1.7%，父亲职业地位对子女当前职业获得的作用得到验证。贫困阶层 14 岁以前，父亲职业地位越高，子女的当前职业地位也越高。但这种影响是较为微弱的，低于父亲职业地位对子女初始职业地位的影响。

模型 6 主要为贫困阶层样本，以家庭文化资本为自变量，模型的决定系数为 8.8%，家庭文化资本对子女当前职业地位获得的作用得到验证。贫困阶层 14 岁以前，家庭文化资本总量越多，子女的当前职业地位越高。这种影响高于家庭文化资本对初始职业地位的影响，说明文化资本对职业获得的作用发挥需要一个过程，而且这种影响具有延续性特征。

模型 7 主要为非贫困阶层样本，以父亲受教育程度为自变量，模型的决定系数为 3.1%，父亲受教育程度对子女当前职业地位获得的作用得到验证。非贫困阶层 14 岁以前，父亲受教育年限越长，子女的当前职业地位越高。这种影响大于贫困阶层样本的影响。

模型 8 主要为非贫困阶层样本，以父亲职业地位为自变量，模型的决定系数为 2.4%，父亲职业地位对子女当前职业地位获得的作用得到验证。非贫困阶层 14 岁以前，父亲职业地位越高，子女的当前职业地位也越高。这种影响稍大于贫困阶层样本的影响。

模型 9 主要为非贫困阶层样本，以家庭文化资本为自变量，模型的决定系数为 4.6%，家庭文化资本对子女当前职业地位获得的作用得到验证。非贫困阶层 14 岁以前，家庭文化资本总量越多，子女的当前职业地位越高。这些影响小于贫困阶层样本的影响。

通过对贫困阶层样本和非贫困阶层样本的模型对比发现，在家庭文化资本和父亲受教育程度对子女当前职业地位获得的影响方面，贫困阶层样本大于非贫困阶层样本，在父亲职业地位的影响方面，则是非贫困阶层样本大于贫困阶层样本。贫困阶层和非贫困阶层在当前职业地位获得方面具有不同的特征。这说明不同于初始职业地位获得，贫困阶层在当前职业地位获得过程中，更依赖家庭文化资本和父亲教育程度获取较高的当前职业地位。因此，从长远来看，家庭文化资本丰富和父代教育地位较高更有利于贫困阶层获得较高的职业地位。

（四）家庭地位、文化资本与贫困获得

本部分将通过建立回归模型，分析家庭地位、文化资本对子女贫困获得的影响。其中，因变量为子女贫困获得，自变量包括家庭地位和文化资本两类变量。家庭地位以父亲教育程度和职业地位测量。子女贫困获得为类别变量，建立 Logistic 回归模型。当贫困获得分为贫困与非贫困两分变量时，建立 BinaryLogistic 回归模型；当贫困获得分为绝对贫困、相对贫困、非贫困三分变量时，建立 MultiLogistic 回归模型。父亲教育程度也以教育年限表示，父亲职业地位以父亲职业的国际经济社会地位指数表示。表 4 – 31 为贫困地位获得的 BinaryLogistic 模型，表 4 – 32 为贫困地位获得的 MultiLogistic 模型。

模型 1 以父亲教育年限为自变量，模型的伪决定系数为 2.3%，父亲教育年限回归系数显著。城市居民 14 岁以前，父亲受教育年限越长，子女非贫困地位获得的可能性越高，进而降低了贫困风险。

模型 2 以父亲职业地位为自变量，模型的伪决定系数为 1.4%，父亲职业地位回归系数显著。城市居民 14 岁以前，父亲职业地位

越高，子女非贫困地位获得的可能性越高，进而降低了贫困风险。

模型 3 以家庭文化资本为自变量，模型的伪决定系数为 2.0%，家庭文化资本回归系数显著。城市居民 14 岁以前，家庭文化资本总量越多，子女非贫困地位获得的可能性越高，进而降低了贫困风险。

表 4 - 31　家庭地位、文化资本与贫困地位获得的 Logistic 分析

	模型 1	模型 2	模型 3
	非贫困/贫困	非贫困/贫困	非贫困/贫困
父亲教育年限	0.0846 *** (0.008)		
父亲职业地位		0.0143 *** (0.003)	
文化资本总量			0.977 *** (0.107)
常数项	− 0.409 *** (0.067)	− 0.290 ** (0.113)	0.164 *** (0.036)
样本数	3228	1761	3251
卡方	103.58	33.58	88.35
Pseudo − R^2	0.023	0.014	0.020
自由度	1	1	1
− 2ll	− 2175.3685	− 1184.1288	− 2199.2338

注：括号内为标准误。! $P < 0.1$、* $P < 0.05$、** $P < 0.01$、*** $P < 0.001$。

对比 3 个模型的伪决定系数，父亲教育年限对子女贫困获得影响最大，家庭文化资本次之，父亲职业地位的影响最小。

模型 1 和模型 2 都以父亲教育年限为自变量，模型的伪决定系数为 1.6%，父亲教育年限回归系数显著。城市居民 14 岁以前，父亲受教育年限越长，子女绝对贫困和相对贫困地位获得的可能性越低，进而降低了贫困风险。

表4-32 家庭地位、文化资本与贫困地位获得的
MultiLogistic 分析

	模型1	模型2	模型3	模型4	模型5	模型6
	绝对贫困/非贫困	相对贫困/非贫困	绝对贫困/非贫困	相对贫困/非贫困	绝对贫困/非贫困	相对贫困/非贫困
父亲教育年限	-0.079*** (0.011)	-0.089*** (0.010)				
父亲职业地位			-0.012*** (0.003)	-0.016*** (0.003)		
文化资本总量					-0.907*** (0.141)	-1.031*** (0.129)
Constant	-0.484*** (0.085)	-0.116 (0.077)	-0.616*** (0.148)	-0.223* (0.135)	-1.008*** (0.0467)	-0.728*** (0.0425)
样本数	3228	3228	1761	1761	3251	3251
卡方	104.27	104.27	34.34	34.34	88.92	88.92
Pseudo-R^2	0.016	0.016	0.010	0.010	0.014	0.014
自由度	2	2	2	2	2	2
-2ll	-3187.234	-3187.234	-1696.618	-1696.618	-3221.947	-3221.947

注：括号内为标准误。! $P<0.1$、* $P<0.05$、** $P<0.01$、*** $P<0.001$。

模型3和模型4都以父亲职业地位为自变量，模型的伪决定系数为1.0%，父亲职业地位回归系数显著。城市居民14岁以前，父亲职业地位越高，子女获得绝对贫困和相对贫困地位的可能性越低，进而降低了贫困风险。

模型5和模型6都以家庭文化资本为自变量，模型的伪决定系数为1.4%，家庭文化资本回归系数显著。城市居民14岁以前，家庭文化资本总量越多，子女获得绝对贫困和相对贫困地位的可能性越低，进而降低了贫困风险。

对比3个模型的伪决定系数，父亲教育年限对子女贫困获得影

响最大，家庭文化资本次之，父亲职业地位的影响最小。

（五）文化资本对贫困获得作用的差异

文化资本在不同的家庭背景下投资回报具有差异性。有研究者基于对上海市的经验研究曾发现，"文化资本存量越高，越有可能获得较高社会地位；文化资本对中上层、中层、中下层、下层地位获得解释力呈现为次高、最高、最低然后再回升到第二次高的曲线"。① 前面的分析表明文化资本对于贫困地位获得有影响，那么文化资本对于不同阶层地位家庭的贫困获得影响是否具有差异性？不同类型的文化资本在贫困获得中的影响是否具有差异性？下面将通过构建回归模型检验文化资本在不同阶层地位家庭子代贫困获得中的作用，并检验不同类型文化资本在不同阶层地位家庭子代贫困获得中的作用。研究者关于家庭阶层地位的划分种类有很多，但基本以职业地位为参考，加入其他的相关因素，如教育因素、权力因素等。考虑到本研究中父代教育程度低者占多数的事实，我们在这里直接以职业地位测量父亲阶层地位，把管理人员、技术人员作为上层，把办事人员、自雇人员和一般工人②作为中层，把农业劳动者作为下层。（见表4－33）

模型1为上层家庭样本，以文化资本总量为自变量。文化资本总量回归系数不显著，在上层家庭中，家庭文化资本对子代贫困获得的影响没有得到验证。

模型2为上层家庭样本，以家庭文化氛围、家庭学习资源和课外学习活动为自变量。家庭学习资源和课外学习活动的回归系数显著，在上层家庭中，子代14岁以前家庭学习资源和课外学习活动丰富能够降低子代陷入贫困的风险。

① 仇立平、肖日葵：《文化资本与地位获得——基于上海市的实证研究》，《中国社会科学》2011年第6期。
② 在一般的划分中，工人都是与农业劳动者一起作为下层，我们认为，工人阶级的社会地位在新中国成立后一个时期内都不是处于下层，工人阶级地位降低是20世纪90年代以后的事情，工人阶层的地位是远非农业劳动者可以比拟的，因而把两者分开归为两类。

表 4 - 33　　　　　家庭地位不同居民文化资本与贫困地位
获得的 Logistic 分析

	地位上层		地位中层		地位下层	
	模型 1	模型 2	模型 3	模型 4	模型 5	模型 6
	非贫困/贫困	非贫困/贫困	非贫困/贫困	非贫困/贫困	非贫困/贫困	非贫困/贫困
文化资本总量	0.348 (0.248)		0.921*** (0.167)		0.913*** (0.249)	
家庭文化氛围		-0.108 (0.078)		0.167*** (0.059)		0.166** (0.077)
家庭学习资源		0.212** (0.094)		0.356*** (0.059)		0.235*** (0.070)
课外学习活动		0.210*** (0.080)		0.038 (0.053)		0.132 (0.101)
常数项	0.551*** (0.104)	0.613*** (0.108)	0.109* (0.059)	0.094 (0.060)	0.081 (0.070)	0.084 (0.071)
样本数	524	524	1192	1192	1175	1175
卡方	1.99	15.14**	31.50***	44.22***	13.77**	14.77**
Pseudo - R²	0.002	0.022	0.019	0.027	0.009	0.009
自由度	1	3	1	3	1	3
-2ll	-338.019	-331.442	-806.770	-800.388	-807.042	-806.541

注：括号内为标准误。!$P<0.1$、*$P<0.05$、**$P<0.01$、***$P<0.001$。

模型 3 为中层家庭样本，以文化资本总量为自变量。文化资本总量回归系数显著，家庭文化资本对贫困获得的影响得到验证。在中层家庭中，14 岁以前家庭文化资本越多的家庭，子代陷入贫困的可能性越低。

模型 4 为中层家庭样本，以家庭文化氛围、家庭学习资源和课外学习活动为自变量。家庭文化氛围和家庭学习资源回归系数显著，在中层家庭中，子代 14 岁以前家庭文化氛围和家庭学习资源丰富能够降低子代陷入贫困的风险。

模型 5 为下层家庭样本,以文化资本总量为自变量。文化资本总量回归系数显著,家庭文化资本对贫困获得的影响得到验证。在下层家庭中,子代 14 岁以前家庭文化资本越多的家庭,子代陷入贫困的可能性越低。

模型 6 为下层家庭样本,以家庭文化氛围、家庭学习资源和课外学习活动为自变量。家庭文化氛围和家庭学习资源回归系数显著,在下层家庭中,子代 14 岁以前家庭文化氛围和家庭学习资源丰富能够降低子代陷入贫困的风险。

对比家庭地位不同样本的模型,家庭文化资本在中层家庭的作用最大,下层家庭次之,上层家庭作用最小。这说明中下层的家庭更可能借助于文化资本使子代避免贫困地位获得。通过对文化资本亚类型的检验发现,上层家庭依赖家庭学习资源和课外学习活动使得子代避免贫困,而中下层家庭则依赖家庭文化氛围和家庭学习资源使得子代避免陷入贫困。

在表 4 - 34 中,模型 1 和模型 2 以文化资本总量为自变量,文化资本总量的回归系数不显著。在上层家庭中,家庭文化资本对于子代的贫困地位获得影响没有得到验证。模型 3 和模型 4 以家庭文化氛围、家庭学习资源和课外学习活动为自变量,个别回归系数显著。在上层家庭中,家庭学习资源和课外学习活动有助于避免子代陷入绝对贫困地位,而课外学习活动有助于避免子代陷入相对贫困地位。

表 4 - 34   上层居民文化资本与贫困地位获得的 MultiLogistic 分析

	模型 1	模型 2	模型 3	模型 4
	绝对贫困/ 非贫困	相对贫困/ 非贫困	绝对贫困/ 非贫困	相对贫困/ 非贫困
文化资本总量	- 0.549 (0.334)	- 0.182 (0.307)		

	模型 1	模型 2	模型 3	模型 4
	绝对贫困/ 非贫困	相对贫困/ 非贫困	绝对贫困/ 非贫困	相对贫困/ 非贫困
家庭文化氛围			0.107 (0.102)	0.108 (0.097)
家庭学习资源			-0.330*** (0.125)	-0.112 (0.116)
课外学习活动			-0.252** (0.113)	-0.179* (0.098)
常数项	-1.295*** (0.135)	-1.197*** (0.131)	-1.378*** (0.142)	-1.251*** (0.137)
样本数	524	524	524	524
卡方	2.82	2.82	17.59**	17.59**
Pseudo - R^2	0.003	0.003	0.019	0.019
自由度	2	2	6	6
-211	-463.835	-463.835	-456.500	-456.500

注：括号内为标准误。! $P<0.1$、* $P<0.05$、** $P<0.01$、*** $P<0.001$。

在表 4-35 中，模型 1 和模型 2 以文化资本总量为自变量，文化资本总量的回归系数显著。在中层家庭中，家庭文化资本对于子代的贫困地位获得影响得到验证。模型 3 和模型 4 以家庭文化氛围、家庭学习资源和课外学习活动为自变量，模型 3 中课外学习活动的回归系数不显著。在中层家庭中，家庭文化氛围和家庭学习资源有助于避免子代陷入绝对贫困地位，家庭文化氛围、家庭学习资源和课外学习活动有助于避免子代陷入相对贫困地位。

表 4 – 35 中层居民文化资本与贫困地位获得的 MultiLogistic 分析

	模型 1	模型 2	模型 3	模型 4
	绝对贫困/ 非贫困	相对贫困/ 非贫困	绝对贫困/ 非贫困	相对贫困/ 非贫困
文化资本总量	- 0. 561 *** (0. 215)	- 1. 219 *** (0. 208)		
家庭文化氛围			- 0. 192 ** (0. 079)	- 0. 151 ** (0. 070)
家庭学习资源			- 0. 241 *** (0. 077)	- 0. 448 *** (0. 071)
课外学习活动			0. 0719 (0. 064)	- 0. 148 ** (0. 070)
常数项	- 0. 972 *** (0. 078)	- 0. 667 *** (0. 070)	- 0. 976 *** (0. 079)	- 0. 647 *** (0. 071)
样本数	1192	1192	1192	1192
卡方	38. 06 ***	38. 06 ***	58. 04 ***	58. 04 ***
Pseudo – R^2	0. 016	0. 016	0. 024	0. 024
自由度	2	2	6	6
- 2ll	– 1177. 731	– 1177. 731	– 1167. 741	– 1167. 741

注：括号内为标准误。!P < 0. 1、* P < 0. 05、** P < 0. 01、*** P < 0. 001。

在表 4 – 36 中，模型 1 和模型 2 以文化资本总量为自变量，文化资本总量的回归系数显著。在下层家庭中，家庭文化资本对于子代的贫困地位获得影响得到验证。模型 3 和模型 4 以家庭文化氛围、家庭学习资源和课外学习活动为自变量，模型 3 中课外学习活

动不显著，模型4中只有家庭学习资源显著。在下层家庭中，家庭
文化氛围和家庭学习资源有助于避免子代陷入绝对贫困地位，家庭
学习资源有助于避免子代陷入相对贫困地位。

表4-36　　　下层居民文化资本与贫困地位获得的 MultiLogistic 分析

	模型1	模型2	模型3	模型4
	绝对贫困/ 非贫困	相对贫困/ 非贫困	绝对贫困/ 非贫困	相对贫困/ 非贫困
文化资本总量	-1.277 *** (0.350)	-0.685 ** (0.285)		
家庭文化氛围			-0.218 ** (0.105)	-0.133 (0.089)
家庭学习资源			-0.344 *** (0.097)	-0.166 ** (0.080)
课外学习活动			-0.172 (0.145)	-0.109 (0.116)
常数项	-1.037 *** (0.099)	-0.572 *** (0.081)	-1.042 *** (0.101)	-0.574 *** (0.082)
样本数	1175	1175	1175	1175
卡方	16.19 ***	16.19 ***	17.86 **	17.86 **
Pseudo - R^2	0.007	0.007	0.007	0.007
自由度	2	2	6	6
-2ll	-1215.672	-1215.672	-1214.840	-1214.840

注：括号内为标准误。! $P<0.1$、* $P<0.05$、** $P<0.01$、*** $P<0.001$。

四　结构规定与文化内化：贫困阶层
再生产的机制

前面分别研究了结构因素和文化因素在贫困阶层再生产过程中

的作用，并比较了结构因素和文化因素的差异性特征，以及文化资本在贫困阶层和非贫困阶层地位获得中的作用差异，在上述基础上，实现了提炼贫困阶层再生产机制的研究目标。接下来将在经验分析的基础上，对城市贫困阶层再生产这一社会现象从社会学层面进行解读。

第一，城市贫困阶层再生产是在既定的结构约束下进行的，因此结构性因素对阶层再生产形成限制条件。

贫困再生产本质是一种地位再生产，是指父代的地位代际传递到了子代。地位属于结构性因素，是父代在社会结构中所处的位置影响了子代的地位获得。"社会结构的组成部门被抽象为由个人所组成的群体或阶级。更确切地说，这些组成部门就是指不同群体或阶层的人们所占据的位置。"① 不同的个体由于在社会结构中所处的位置不同，因而所占有的资源也有差异性。在不平等的代际传递中，一方面父代将优势地位传递给子代，另一方面，处于劣势地位的父代也将其地位传递给了子代，实现了底层地位的再生产。贫困再生产与优势再生产是不平等再生产一个问题的两个方面。社会学的想象力启示我们，在思考个人困扰的时候要把其置于所处的社会经济环境当中。"我们在各种特定环境中所经历的事情往往是由结构性的变化引起的。"② 因此，我们要理解贫困地位的再生产，首要的是分析这种再生产面临的结构性因素。

城乡二元体制下的户籍制度延续到了社会主义市场经济时期。从封闭性社会到开放性社会的转型之中，户籍制度的束缚并没有得到有效破解。除了一些通过升学和随迁等渠道获得城市户籍的个体外，那些从农村流动到城市就业和生活的务工人员，依然会被贴上"农民工"这一非农非工、亦农亦工的标签。而一些基于户籍才能享有的基本公共服务，包括对贫困群体的社会救助，当然地把农民

---

① ［美］彼特·布劳：《不平等和异质性》，王春光、谢圣赞译，中国社会科学出版社1991年版，第8页。
② ［美］莱特·米尔斯：《社会学的想象力》，陈强、张永强译，生活·读书·新知三联书店2005年版，第9页。

工群体排斥在外。农民工群体基于理性选择的逻辑进城务工，但是，他们只能被分配到次级劳动力市场，进入低端的就业岗位，成为潜在的或事实上的贫困群体。

城市贫困也带有空间特征，一些特定的空间成为贫困人口聚居区域。尽管我国城市社会中尚没有形成"断裂"的内城区，但贫困分布的空间色彩日益凸显。在一些未经改造的街坊型社区、单位社区和村改居社区中，贫困人口较为集中。虽然城市改造过程中新的居住空间不断被生产出来，但这些新空间往往由非贫困群体占据，贫困群体被排斥在外。贫困阶层在家庭结构方面也具有独特性，他们的子女数量多于非贫困阶层的子女数量，而子女数量过多也会造成资源的稀释效应。

当下，我国社会总体处于流动之中，尤其是城市居民的流动性更高一些。从五年前和现在、现在和五年后的阶层地位看，中下层、下层对流动的判断要远远低于中上层和中层，前两者有向上流动的美好愿望，却缺乏向上流动的机会。在教育经历方面，"家庭背景因素对个人教育获得影响程度的高低变化，充分体现了政府政策及意识形态变化对教育机会分配机制的强烈影响"。① 尽管在政治干预下，绝对贫困阶层和相对贫困阶层就读重点高中的比例差异不显著，但贫困阶层和非贫困阶层在这方面的差别不容忽视。

社会保障有助于预防和缓解贫困，尤其是社会保险承担着预防贫困的重任。我国当前正在致力于构建完善的城乡社会保障体系，社会保险的覆盖率也在逐年提升。但是前面的经验分析发现，贫困阶层与非贫困阶层在社会保险参与率方面差异较大。即使包括新农合和新农保，贫困阶层对基本医疗保险和基本养老保险的参与程度也低于贫困阶层。没有参加任何社会保险的贫困阶层高达20%，比非贫困阶层高10个百分点。这些更需要社会保险的贫困群体，却没有参与到社会保险体系之中，无法依靠社会保险来应对贫困

---

① 李春玲：《社会政治变迁与教育机会不平等——家庭背景及制度因素对教育获得的影响（1940—2001）》，《中国社会科学》2003年第3期。

风险。

第二，城市贫困阶层再生产往往与文化再生产相关联，而文化资本分布的差异导致了地位不平等。

以往的研究表明，"阶层再生产的主要影响因素在学界得到了很多共识，家庭背景和教育程度分别作为先赋性因素和自致性因素，共同影响着子代的地位获得"。① 在现代工业社会，教育作为一种自致性因素对于个体职业地位获得的影响日益显著，似乎消除了家庭背景这一先赋性因素的影响，使职业地位获得呈现出平等化趋势。殊不知教育在消除不平等的同时，可能也在制造着新的不平等。"当教育系统将社会区隔转化为学术区隔的时候，它也就将社会区隔合法化了，也就是说，通过在技术中立性掩盖下所强加的认知分类，教育系统再生产了现存的社会分类。教育再生产通过文化再生产实现了社会再生产的功能。"② 教育机构的相对自主性，使其在形式上远离了家庭背景的影响，但实质是家庭背景在学校里重现。因为教育机构"强化而不是重新分配文化资本的不平等分布。它同时还发挥一种社会再生产的作用"。③ 教育机构作为承担文化再生产的场所，客观上促进着社会再生产。

研究者对文化资本的测量，经历了从布迪厄意义上的狭义文化资本到广义文化资本的演进。"文化资本不再被简化为对高雅文化活动的知识和参与，父母为子女提供良好的教育氛围，如参加补习班，加强家庭和学校之间的关系，重视学习价值等也被视为一种文化资本。"④ 广义的文化资本不再为上层家庭专属，中下层甚至下层的居民也会拥有某种类型的文化资本。经验研究显示，非贫困阶

① 边燕杰、芦强：《阶层再生产与代际资源传递》，《人民论坛》2014 年 1 月（中）。

② 朱国华：《文化再生产与社会再生产：图绘布迪厄教育社会学》，《华东师范大学学报》（哲学社会科学版）2005 年第 5 期。

③ ［美］戴维·斯沃茨：《文化与权力——布尔迪厄的社会学》，陶东风译，上海译文出版社 2006 年版，第 219 页。

④ 仇立平、肖日葵：《文化资本与社会地位获得——基于上海市的实证研究》，《中国社会科学》2011 年第 6 期。

层在文化资本的各亚类别中都占有优势，但绝对贫困阶层和相对贫困阶层的差别并不明显。这说明即使是绝对贫困阶层家庭，也在家庭学习资源、家庭文化氛围、家庭亲子互动、课外学习活动和高雅文化活动方面有一定的拥有量和参与性。但是，研究也表明，在子代文化资本的占有方面，不同阶层之间的差异更为显著，呈现出绝对贫困阶层、相对贫困阶层、非贫困阶层单调递增的趋势。这说明自 20 世纪 90 年代以来，社会阶层界限日益明显，阶层固化的特征逐步显现。

如果说家庭文化资本有助于家庭地位的维持，让社会地位较高家庭的后代继续保持地位，让社会地位低家庭的后代依然成为贫困阶层，那么子代在适应各自社会地位的过程中，也形成了文化认知方面的差异。"穷人由于长期生活在贫困之中，从而形成了一套特定的生活方式、行为规范、价值观念体系等，一旦此种'亚文化'形成，就会对周围人特别是后代产生影响，从而导致代际传递。"[1]贫困阶层在社会挫折感、社会孤立感、社会弱势感等方面，都与非贫困阶层有明显差异。尽管贫困阶层认为通过努力可以改变命运，但他们对改变自身地位的信心低于非贫困阶层。贫困者面临的结构性规定和日常生活经历，使他们逐渐形成与地位相适应的贫困价值观。

第三，贫困再生产的结构因素和文化因素可相互转化，城市贫困阶层在社会适应中把结构因素逐步内化为文化规范。

研究者都希望在结构因素与文化因素中做出一种选择，正如布劳所言，"我是一个结构决定论者，我相信人们分布在其上的客观社会位置对社会生活的影响要比文化价值和规范的影响大"。[2] 问题的关键是结构因素如何发挥作用。在社会与个体的关联之中，文化是重要的一环或者机制。社会结构作用于个体行动的过程，就是

---

[1]　胡联等：《贫困的形成机理：一个分析框架的探讨》，《经济问题探索》2012 年第 2 期。
[2]　[美]彼特·布劳：《不平等和异质性》，王春光、谢圣赞译，中国社会科学出版社 1991 年版，第 2 页。

社会结构内在化的过程。"虽然结构性规定是体制外贫困发生的根源，但外在的结构规定完全有可能转化为内在的文化规定，从而生产一种群体性的贫困亚文化，导致贫困的不断再生产。"① 当结构性因素造成既定的贫困之后，贫困往往成为一种内化的价值观，一种持续性的或较为长期的文化现象。社会结构的生成是主观现实的客观化过程，文化因素的外在化和客观化则会生产和再生产出社会结构。既定的贫困文化会继续影响社会阶层地位的再生产，制造新的贫困。

在前面的经验分析中，我们发现贫困阶层再生产的基本过程是"父代社会地位低——家庭文化资本少——子代教育程度低——子代职业地位低——子代陷入贫困"。贫困阶层的父代一般从事体力劳动，教育程度处于初中以下，由此导致的结果是家庭文化资源缺乏、家庭文化氛围较差、子女课外学习较少，家庭文化资本总量有限。子代在无法从家庭积累文化资本的情况下，只能依靠学校重新获取文化资本。子代在学业竞争中处于不利地位，在教育竞争中过早地被淘汰或分流。子代较低的教育程度使其在人力资本有限状况下，在劳动力市场上就业继续处于不利地位，或者进入正规就业市场而在其后经历下岗失业，或者直接被分流到不稳定的次级劳动力市场。子代的社会职业地位继续处于较低的位置，也限制了其劳动报酬的获取，并因此在收入较低的状况下陷入贫困地位。在整个贫困阶层再生产的过程中，文化因素是连接社会结构和个体地位的一个环节。正因为文化因素的介入，贫困阶层再生产也趋于隐蔽化，在表面公平公正的情况下实现了劣势地位的代际传递。家庭文化资本正是这种文化因素的一种重要形式。

贫困阶层的再生产会继续延续或拓展到子代的子代，即本研究中被调查者的子女。从被访者子女 14 岁以前的家庭文化资本状况的分布看，相对于被访者 14 岁以前，其子女的家庭文化资本在贫困阶层与非贫困阶层之间的分布差异更为显著。这是由于我国在经

---

① 徐琴：《城市体制外贫困社群的生产与再生产》，《江海学刊》2006 年第 5 期。

历社会经济变迁后，社会阶层结构的分化趋于稳定，社会结构重新趋于定型化，社会阶层固化特征出现。① 在社会阶层固化的背景下，不仅贫困阶层与非贫困阶层的价值观有差异，其家庭文化资本的分布也趋于差异化和阶层化，其潜在后果就是贫困阶层地位的进一步代际传递，在贫困家庭内部出现"贫三代"，甚至"贫四代"。

第四，结构规定和文化内化是城市贫困阶层的再生产机制，结构规定是一种限制机制，文化内化是一种选择机制，两种机制共同制造着城市的贫困阶层。

在子代地位获得过程中，家庭地位一方面可直接作用于子女，另一方面也可以通过一定的中介机制发挥作用。家庭地位对子代的影响包括直接影响和间接影响两个部分，也称之为直接再生产和间接再生产。社会阶层划分的本质是对资源的占有和使用问题，因而社会阶层的再生产本质是资源占有的代际传递。"优势阶层试图维持自身的身份地位，并不仅仅是将身份地位传递下去，而且是将自身的资源传递给子代。资源占有在父代身上就已经呈现出相当程度的不平等了，只要他们在资源占有上存在不平等，这个社会就形成了某种阶层结构。"② 由于国家的政治干预，城市居民的经济资源分布在新中国成立后至改革开放前基本平等，政治资源由于人事制度变革也不再具有世袭性特征。家庭中以客观形式存在的文化资源可能也遭到破坏，以精神和身体持久的"性情"形式存在的文化资本，以及以体制化的教育文凭存在的文化资本在家庭中得以保留。这些家庭得以传递的只有文化资本，尤其是具体化的文化资本和体制化的文化资本。③ 阶层再生产在一个时期内表现为间接再生产。

---

① 孙立平认为阶层定型化的标志有四点：阶层之间的边界开始形成；内部认同的形成；阶层之间的流动开始减少；社会阶层的再生产。参见孙立平《中国社会结构的变迁及其分析模式的转换》，《南京社会科学》2009 年第 5 期。

② 边燕杰、芦强：《阶层再生产与代际资源传递》，《人民论坛》2014 年 1 月（中）。

③ 布迪厄把文化资本分为具体的、客观的和体制化的三种形式。参见［法］皮埃尔·布迪厄《资本的形式》，武锡申译，载薛晓源、曹荣湘主编《全球化与文化资本》，社会科学文献出版社 2005 年版，第 6 页。

在改革开放后，随着经济资源的重新积累，以及经济资源向文化资本、政治资源的转化，阶层再生产呈现为直接再生产和间接再生产并存的特征。在直接再生产和间接再生产同时发挥作用的背景下，结构规定和文化内化是阶层再生产的两种机制。

社会阶层是一种结构性因素，处于不同阶层的个体拥有不同的政治资源、经济资源和文化资源，也就是说，地位差异的本质是资源的差异。地位差异作为一种结构规定，往往是难以被逾越的。"成为社会上层的人能够控制资源，而他们又希望将资源传递下去，他们的子代又成为了控制资源的人，资源依然集中在社会上层。非优势阶层的子代想要进入上层非常困难；之所以困难是因为他们难以获得优势阶层所拥有的资源。"① 贫困阶层的父代们一般缺少这些资源，这使子代在社会地位竞争中继续处于劣势地位，因为子代难以获取这些资源。围绕资源产生的竞争与排斥关系，即优势阶层维持和传递资源，保持子代的优势地位，劣势阶层竞争和缺少资源，使子代延续父代的劣势地位，就是结构规定下的阶层再生产过程。

贫困阶层再生产在特定的社会结构规定下进行，同时也有助于社会结构的维持和延续。但是，这种维持和延续过程若想被社会所接受，则需要一定的形式加以伪装，而自我期望和文化资本正是理想的形式。社会结构不仅形塑社会阶层的客观机会，也塑造社会阶层的自我认知和期望。"一般情况下，在主体希望与客观机会之间存在高度的对应。一个孩子对于教育与职业的雄心与期待是父母与其他相关群体的教育经验与文化生活的产物，这是一种结构地决定的产物。"② 社会结构被贫困阶层内化后，会继续影响他们的行为选择和价值认知。在贫困阶层的子女教育和职业选择方面，甚至没有接受教育选择和职业选择的过程中他们已经做出自我选择，以一

---

① 边燕杰、芦强：《阶层再生产与代际资源传递》，《人民论坛》2014 年 1 月（中）。

② ［美］戴维·斯沃茨：《文化与权力——布尔迪厄的社会学》，陶东风译，上海译文出版社 2006 年版，第 219 页。

种自我淘汰的选择被分流到另一种轨道。因此，结构规定是文化内化的基础。结构规定是一种限制性机制，文化内化是一种选择性机制，尽管是一种结构限制下的无奈选择。

第五，文化资本积累为破解贫困阶层再生产提供了可能性，那些占有文化资本的中下层家庭有可能摆脱贫困循环的宿命。

文化资本从狭义向广义拓展，处于下层的家庭也可以拥有特定类型的文化资本，从而为其子代实现地位突破、摆脱贫困提供条件。"文化投资、家庭文化氛围等对地位获得具有积极作用，社会地位较低的家庭通过文化资本积累，可以实现子女向上流动。"① 究其原因，文化资本概念和再生产理论是基于西方工业社会经验而提出的。西方工业社会经过几百年的转型与发展，阶层结构已经相对固化，不同阶层之间的代际流动和代内流动都大为减少。不同于西方工业社会的稳定性，我国正处于社会转型之中，而且由于社会政治环境变迁，社会资源配置模式经历了几次大的、方向性的转变。② 社会资源配置模式变化，在改变家庭文化资本在社会阶层间的分布状况的同时，也影响着文化资本在社会再生产中的作用。

文化资本的概念出现在稳定的工业社会，根植于社会上的"等级文化"（status culture）③。等级分层依据的则是社会声望的分配，因而其更适用于稳定的社会，社会经济变迁会打破社会声望的分配。"每当经济的变革进程缓慢立即就会导致'等级的'形成的增长，社会的'荣誉'又会恢复其重要性。"④ 我国社会经济急剧的变迁破坏了等级文化存在的深层土壤，也影响了家庭文化资本的分

① 仇立平、肖日葵：《文化资本与社会地位获得——基于上海市的实证研究》，《中国社会科学》2011 年第 6 期。

② 孙远太：《文化资本与不平等的代际传递——上海居民初中以上教育获得》，《甘肃行政学院学报》2010 年第 2 期。

③ status culture 也可翻译为"地位文化"，这一词来自韦伯对 class 和 status 的划分。在《经济与社会》的中文版中，林荣远从德语版《经济与社会》把韦伯的这两个概念译为阶级与等级，故这里遵照这一译法。

④ ［德］马克斯·韦伯：《经济与社会》，林荣远译，商务印书馆 1997 年版，第260 页。

布状况及其在贫困再生产中的功能发挥，从而有利于贫困阶层。

家庭文化资本经历社会阶层分化到社会阶层定型化的转变过程，并没有形成整体性的分布格局，而随着社会经济变迁而在不同社会阶层的家庭得以重新分配。再生产包括简单再生产和扩大再生产，前者出现在阶层固化的社会，而转型社会更有利于阶层的扩大再生产。在阶层扩大再生产中，"优势传递并不一定能够表明地位结构按原来的模式在同样复制"。① 我国社会经济的变迁使得社会流动的可能性增大，阶层结构在一定时期内没有趋于定型化，这使处于下层的家庭借助文化资本能够实现向上流动的目标。

社会结构的变迁带来了家庭地位流动的可能性，而家庭地位流动则使得文化资本的分布状况发生变化。② 作为资本存在的一种形式，文化资本的价值是与其存在的社会空间相联系的，文化资本的价值也不是恒定不变的，其与其他资本的价值一样依赖于社会对其的界定。"依据主要制度之间的关系状况以及社会群体之间的斗争状况不同，对于作为文化资本的特定符号性质的价值评价是随历史而变化的。"③ 文化资本的价值还依赖于自身的两个条件：一是家庭文化资本总体状况；二是家庭文化资本的分布差异。在家庭文化资本总量较少的情况下，其自然无法凭借家庭文化资本去竞争优势地位。当家庭文化资本在家庭之间分布较为平等时，家庭文化资本无法作为社会区分的工具。只有当家庭之间的文化资本的分布差异较大时，文化资本才能够充当竞争社会地位的工具。

前面的经验分析显示，社会地位不同的家庭会运用不同的文化

---

① 刘精明：《国家、社会阶层与教育——教育获得的社会学研究》，中国人民大学出版社 2005 年版，第 125 页。

② 由于"文化大革命"的影响，传统意义上的贵族阶层，哪怕是所谓的文化精英阶层，如果说还有一些硕果仅存，但是无论在数量上还是在质量上都失去了其影响力。至少 20 世纪 80 年代以来，整个社会都是从经济、文化资本的赤贫阶段转向原始积累阶段，这个过程远未结束。参见朱国华《权力的文化逻辑》，复旦大学博士后出站报告，2003 年 5 月，第 79 页。

③ ［美］J. 柯林斯、F. 汤普森：《家庭、学校和文化资本》，载［澳大利亚］L. J. 萨哈主编《教育社会学》，刘慧珍译，西南师范大学出版社 2011 年版，第 10 页。

资本策略来竞争社会优势地位，以避免子代陷入贫困地位。上层家庭在家庭文化氛围普遍较好的情况下，进而投资学习资源和开展文化活动；中层和下层家庭居民，则通过投资学习资源、创造文化氛围来推动子代向上流动。家庭文化资本在地位较低家庭的作用在于在地位较高家庭的作用。处于社会中下层的家庭也拥有某种类型的家庭文化资本，他们也能够借助文化资本的力量，推动子代实现向上流动，进而摆脱贫困地位再生产的宿命，实现突破。在这样的情况下，家庭文化资本已经超越再生产的功能，充当着促进流动的工具。

第五章 城市贫困治理政策及其反思

我国的城市贫困既带有明显的转型性特征，也呈现出制度性贫困特点。"制度性贫困，主要表现为因缺乏制度保障和支持的制度匮乏和不合理制度产生的制度剥夺而导致的贫困现象。"[①] 贫困治理政策既是消除贫困的有效工具，也有可能是制造贫困的根源。贫困治理政策在制定和执行过程中有可能基于制度排斥一部分群体，或者忽视贫困者的社会权利，进而导致贫困治理政策本身成为制造社会不平等的途径。农村贫困源于发展不足而引发的普遍性贫困，但是城市的贫困却与社会转型与制度建设滞后相关。因此，我国城市贫困治理一开始就极为重视制度建设，重视从政策层面消除贫困。本章将评估城市贫困治理政策的实施绩效，探讨现有政策之于切断贫困再生产的功能，从制定和执行两个层面反思现有贫困治理政策。

一　城市贫困治理的政策体系

自 20 世纪 90 年代以来，随着城市贫困问题的日益凸显，我国政府出台了一系列制度和政策来应对相关问题。这些政策基本可以分为三大类：预防型政策、救助型政策和促进型政策。[②] 这套政策体系的建立表明我国城市近年来开展的贫困治理，已经从过去临时

---

① 张小军、裴晓梅：《城市贫困的制度思维》，《江苏社会科学》2005 年第 6 期。
② 张磊：《中国扶贫开发政策演变（1949—2005）》，中国财政经济出版社 2007 年版，第 232 页。

性举措逐步走向制度化。本研究将从以最低工资和社会保险为核心的预防型政策、以最低生活保障为核心的救助型政策和以就业为核心的促进型政策三个方面，阐述城市贫困治理政策。

（一）贫困治理的预防型政策

贫困意味着最低生活得不到维持和保障，而相应的贫困治理就要防范这种风险的发生。对于城市贫困治理而言，政府为贫困者打造的第一道防线就是贫困治理的预防型政策。贫困治理的预防型政策主要用于防止发生或降低贫困发生的风险。这些政策不是针对特定的贫困者，而是为所有社会成员所提供的普遍性的制度体系。当前的预防型政策主要包括最低工资制度和社会保险制度。其中，社会保险根据应对的风险不同，分为养老保险、医疗保险、失业保险和工伤保险。

1. 最低工资规定

最低工资规定是属于一种预防型的贫困治理政策。"最低工资制度之所以被人们用来解决工作贫困者问题有很多原因，其中最主要的是在减少贫困的同时能够保持工作动机。"[1] 基于天津住户调查数据的实证研究也表明，"最低工资标准有助于减少工作贫困现象"。[2] 我国最低工资规定制度的发展经历了三个阶段：最低工资制度的建立（1984—1994 年）；最低工资制度的发展（1995—2004年）；最低工资制度的调整（2005 年至今）。

中国现行的最低工资制度是 2003 年颁布、从 2004 年开始实施的《最低工资规定》。《最低工资规定》的核心内容是确定劳动者的最低工资标准，以避免劳动者在就业过程中因工资过低而难以维持生活，并进而降低他们陷入工作者贫困风险。（见表 5 - 1）

---

[1] 姚建平：《中国城镇工作贫困者：概念、成因及对策》，《理论与现代化》2009年第 5 期。

[2] 胡永健：《最低工资制度能否减少工作贫困现象？——基于住户调查数据的研究》，载《科学发展·协同创新·共筑梦想——天津市社会科学界第十届学术年会优秀论文集（中）》，天津人民出版社 2014 年版。

表 5 - 1   最低工资规定的发展历程

时间	事件
1993 年 11 月	劳动部颁布《企业最低工资规定》、《关于实施最低工资保障制度的通知》、《工资支付规定》
1994 年 7 月	新制定的《劳动法》第五章第四十八条规定："国家实行最低工资保障制度。"
1994 年 10 月	劳动部发布《关于实施最低工资保障制度的通知》
2003 年 12 月	劳动和社会保障部通过《最低工资规定》
2004 年 1 月	劳动和社会保障部颁布实施《最低工资规定》和《集体合同规定》
2007 年 6 月	劳动和社会保障部发布《关于进一步健全最低工资制度的通知》
2008 年 8 月	《关于进一步做好失业保险和最低工资有关工作的通知》要求：各地区要继续调整并严格执行最低工资标准
2013 年 12 月	2013 年以来，全国共有 27 个地区调整了最低工资标准，平均调增幅度为 17%；有 17 个地区制定了工资指导线，基准线普遍在 14% 左右

资料来源：笔者自行整理。

最低工资规定的目标及对象。根据世界各国通行的原则，最低工资保障的是劳动者个体及其家庭成员的基本生活。我国最低工资保障的对象是在行政机关、企事业单位就业的劳动者，这种政策实施对象为就业的劳动者。

最低工资规定的形式。在现代社会中，就业形式已趋于多样化，适应就业形式的这种特征，最低工资标准采用月最低工资标准和小时最低工资标准两种形式。前者的适用对象是全日制就业者，后者的适用对象是非全日制就业者。

最低工资标准的确定。最低工资标准由各地方政府结合实际情况确定。最低工资标准的确定以满足劳动力再生产的基本需要为前提，同时也将维持劳动力家庭的基本生活考虑在内。我国当前的最低工资标准的确定除了把居民生活费用纳入考虑外，也考虑到了社会保险以及当地的经济发展水平等因素。最低工资标准确定的通用方法包括比重法[①]和恩格尔系数法[②]。

2. 基本养老保险

基本养老保险制度是政府为那些因年龄大而退出劳动岗位的劳动者提供的一种基本生活保障。建立养老保险制度是当前世界各国保障老年人生活的基本做法。中国的基本养老保险制度是以宪法为依据的，"中华人民共和国公民在年老、疾病或者丧失劳动能力的情况下，有从国家和社会获得物质帮助的权利"。[③] 基本养老保险制度分为收入关联型、强制储蓄型和普惠福利型等，我国的基本养老保险采取"社会统筹＋个人账户"的混合型模式。面向城市居民的基本养老保险制度按照人口类型可分为城镇职工养老保险和城镇居民社会养老保险。

城镇职工养老保险。根据《社会保险法》，职工的基本养老保险由用人单位和职工共同缴费。无固定单位的非全日制从业人员以及其他灵活就业人员以个人缴纳为主，政府给予部分人员基本养老保险补贴。目前单位缴纳的比例是职工工资的20%，职工个人缴纳比例为8%，个人缴纳部分按照比例计入个人账户。职工达到法定退休年龄时累计缴费满15年的，退休后可以按月领取基本养老金。

城镇居民社会养老保险。城镇居民养老保险采取的也是社会统筹和个人账户相结合，并坚持个人缴费和政府补贴相结合的原则。城镇居民社会养老保险从2011年开始试点，基本覆盖了原有的城镇职工基本养老保险难以覆盖的群体。城镇居民社会养老保险主要面向年满16周岁的非从业居民，但实际上一些灵活就业人员和城

---

① 比重法即根据城镇居民家计调查资料，确定一定比例的最低人均收入户为贫困户，统计出贫困户的人均生活费用支出水平，乘以每一就业者的赡养系数，再加上一个调整数。参见《最低工资规定》，中国政府网（http://www.gov.cn/gongbao/content/2004/content_62936.htm），2004年1月20日。

② 恩格尔系数法即根据国家营养学会提供的年度标准食物谱及标准食物摄取量，结合标准食物的市场价格，计算出最低食物支出标准，再除以恩格尔系数，得出最低生活费用标准，再乘以每一就业者的赡养系数，再加上一个调整数。参见《最低工资规定》，中国政府网（http://www.gov.cn/gongbao/content/2004/content_62936.htm），2004年1月20日。

③《中华人民共和国宪法》，法律图书馆网（http://www.law-lib.com/law/law_view.asp?id=82529），2004年3月14日。

市农民工群体也往往参与了这一保险。尽管城镇居民社会养老保险金的标准当前处于较低水平，但实施基本养老保险制度无疑是我国应对老龄社会危机，走向适度普惠型福利社会的关键一步。

3. 基本医疗保险

基本医疗保险是为补偿劳动者因疾病风险造成的经济损失而建立的一项社会保险制度，其目的是避免职工因疾病而出现难以承担就医费用的风险。城市基本医疗保险分为城镇职工基本医疗保险和城镇居民医疗保险。

城镇职工基本医疗保险。这一制度覆盖对象为各种形式的就业人员。全日制就业人员的基本医疗保险费用由单位和个人缴纳，非全日制和灵活就业人员的费用由个人缴纳。"职工个人缴纳的基本医疗保险费，全部计入个人账户。用人单位缴纳的基本医疗保险费分为两部分，一部分用于建立统筹基金，一部分划入个人账户。"① 参保者达到法定缴费年限的，退休后不再缴纳费用；未达到的一直缴纳至法定年限为止。

城镇居民基本医疗保险。这一制度覆盖对象为不属于职工基本医疗保险覆盖范围的城镇居民，包括各阶段学生、少年儿童和非从业居民。"城镇居民基本医疗保险基金主要用于支付参保居民的住院和门诊大病、门诊抢救医疗费。"② 城镇居民基本医疗保险填补了职工基本医疗保险制度遗漏的空白，为实现"全民医保"的制度目标奠定基础。

4. 失业保险

在社会保险体系中，失业保险"通过补偿个人失业期间的收入损失来避免个人失业时陷入贫困的境地"。③ 在新中国成立后一个

---

① 《国务院关于建立城镇职工基本医疗保险制度的决定》，中国政府网（http：// www. gov. cn/banshi/2005 – 08/04/content_ 20256. htm），2005 年 8 月 4 日。

② 《国务院关于开展城镇居民基本医疗保险试点的通知》，中国政府网（http：// www. gov. cn/zhuanti/2015 – 06/13/content_ 2878973. htm），2015 年 6 月 13 日。

③ 姚建平：《中国转型期城市贫困与社会政策》，复旦大学出版社 2011 年版，第 103 页。

时期内，我国城市以低工资为代价建立了充分就业政策，失业问题并不显著。改革开放以来，随着社会主义市场经济体制的建立和完善，国有企业经营制度的不断变化，原来"单位制"下的企业员工面临着下岗的危险，城市的失业人数不断增加，失业问题逐渐引起人们的关注，如何保障失业人员的生活成为政策制定者面临的现实问题。我国失业保险的发展经历了四个阶段：失业保险制度建立（1984—1986 年）；失业保险制度调整（1987—1993 年）；失业保险制度发展（1994—2009 年）；失业保险制度定型（2010 年至今）。（见表 5 - 2）

表 5 - 2　　　　　　　　失业保险制度的发展历程

时间	事件
1986 年 7 月	国务院颁布《国营企业职工待业保险暂行规定》
1987 年 1 月	财政部发布《关于加强国营企业职工待业保险基金和退休养老基金财务管理的暂行规定》
1988 年 8 月	劳动部发布《关于职工待业保险基金管理问题的通知》
1989 年 4 月	劳动部发布《国营企业职工待业保险基金管理办法》
1991 年 12 月	劳动部发布《关于对关停企业被精简职工实行待业保险的通知》
1992 年 10 月	劳动部发布《关于待业保险工作管理体制等问题的通知》
1993 年 4 月	国务院颁布《国有企业职工待业保险规定》
1993 年 5 月	劳动部发布《关于实施〈国有企业职工待业保险规定〉的意见的通知》
1998 年 10 月	劳动和社会保障部发布《关于调剂失业保险基金支付企业再就业服务中心有关问题的通知》
1999 年 1 月	国务院第十一次常务会议通过《失业保险条例》
1999 年 1 月	国务院常务会议通过《社会保险费征缴暂行条例》
2000 年 10 月	劳动和社会保障部发布《失业保险金申领发放办法》
2002 年 4 月	劳动和社会保障部发布《关于建立失业保险个人缴费记录的通知》

时间	事件
2004 年 9 月	劳动和社会保障部发布《关于建立失业登记和失业保险监测的通知》
2005 年 2 月	劳动和社会保障部发布《关于切实做好国有企业下岗职工基本生活保障制度向失业保险制度并轨有关工作的通知》
2006 年 1 月	劳动和社会保障部发布《关于适当扩大失业保险基金支出范围试点有关问题的通知》
2008 年 8 月	人力资源和社会保障部发布《关于进一步做好失业保险和最低工资有关工作的通知》
2008 年 11 月	人力资源和社会保障部发布《关于做好当前失业保险工作有关问题的通知》
2009 年 7 月	人力资源和社会保障部发布《关于延长东部 7 省（市）扩大失业保险基金支出范围试点政策有关问题的通知》
2010 年 9 月	人力资源和社会保障部发布《关于进一步提高失业保险统筹层次有关问题的通知》
2010 年 10 月	全国人大常委会审议通过《中华人民共和国社会保险法》
2011 年 4 月	人力资源和社会保障部发布《关于做好淘汰落后产能和兼并重组企业职工安置工作的意见》
2014 年 11 月	人力资源和社会保障部发布《关于失业保险支持企业稳定岗位有关问题的通知》

资料来源：笔者自行整理。

我国现行的失业保险制度是 1999 年建立的。建立该制度目的是保障非自愿失业人员失业期间的基本生活，促进再就业。失业保险金由单位和个人共同缴纳，单位缴纳标准为职工工资总额的2%，个人按照工资的 1% 缴纳。失业保险金的标准介于当地最低工资标准和最低生活保障标准之间。失业保险工作由各级劳动保障行政部门主管，劳动保障行政部门设立经办机构承办失业保险。

5. 工伤保险

工伤保险是指劳动者因工遭遇意外事故，造成伤残、重病、死亡等伤害，依法获得医疗救治和康复服务，从而保障劳动者及其家庭生活的一种社会保险制度。它包括两方面的含义：劳动者在工伤发生后可以获得经济赔偿和物质帮助；劳动者因工伤死亡后其家属可以获得经济赔偿和物质帮助。工伤保险的医疗救治和康复服务不同于医疗保险之处在于，职工享受工伤医疗待遇的前提是职工因工作遭受事故伤害或者患职业病。

职工可从工伤保险基金支付的情况包括：职工治疗工伤所需要的费用；职工因住院治疗工伤而产生的伙食补助费；工伤职工到签订过服务协议的医疗机构进行工伤康复的费用。工伤保险基金的具体支付标准由统筹地区人民政府规定。对于非工伤引发的疾病，按照基本医疗保险办法处理，不享受工伤医疗待遇。

（二）贫困治理的救助型政策

在现代社会中，社会救助通常发挥着社会安全网的功能，其为包括贫困群体在内的各类弱势群体提供了社会保护。"社会救助是现代社会保障体系的第一块基石，它解除的是困难群体的生存危机，从而是维护社会底线公平的制度安排，并具体体现政府的公共责任和社会的道德良知。"[①] 我国政府通过制定一系列社会救助制度，加强了对困难群体的社会救助，通过帮助他们摆脱困难，保障了公民的最基本生活，从而推动了社会和谐稳定发展。目前，根据满足的需求的不同，社会救助分为生存型救助和发展型救助。为了体现出需求层次的差异性，我们把生存型救助定位为贫困治理的救助型制度，把发展型救助定位为贫困治理的促进型制度。救助型制度主要为陷入贫困的家庭或个体提供帮助，以

---

① 郑功成：《中国社会保障改革与发展战略》，人民出版社 2011 年版，第 1 页。

维持其基本生存性需求。目前城市贫困治理的救助型制度包括最低生活保障制度、特困人员供养制度、受灾人员救助制度和住房救助制度。

1. 最低生活保障

最低生活保障是指国家对于难以维持基本生活的家庭给予的一定补助，从而保障家庭基本的生活所需。在城市贫困日益凸显的背景下，"鉴于原有的单位体制保障居民生活的功能日益弱化，传统的社会救济制度也弊端丛生，新型社会保障体系又不健全，一些地方开始探索社会救助制度的改革，以有效保障贫困居民的基本生活需求。"[1] 相对于传统生活救济，最低生活保障也被称为新型社会救助。我国对新型社会救助的探索出现在上海，1993 年，上海开始试点最低生活保障制度，1999 年，民政部在全国开始推广最低生活保障制度。城市贫困治理中的社会救助政策早期主要侧重于生活救助，主要通过最低生活保障为因各种原因陷入贫困的群体构建"最后的安全网"。（见表 5 - 3、表 5 - 4）

表 5 - 3　　各直辖市和省会城市最低生活保障制度创建时间

序号	城市	低保建立时间	序号	城市	低保建立时间
1	北京	1996 年 7 月	17	武汉	1996 年 3 月
2	天津	1998 年 1 月	18	长沙	1997 年 7 月
3	石家庄	1996 年 1 月	19	广州	1995 年 7 月
4	太原	1997 年 7 月	20	南宁	1995 年 9 月
5	呼和浩特	1997 年 1 月	21	海口	1995 年 1 月
6	沈阳	1995 年 3 月	22	成都	1997 年 7 月
7	长春	1996 年 7 月	23	重庆	1996 年 7 月
8	哈尔滨	1997 年 4 月	24	贵阳	1998 年 1 月

---

① 洪大用：《转型时期中国社会救助》，辽宁教育出版社 2004 年版，第 79 页。

续表

序号	城市	低保建立时间	序号	城市	低保建立时间
9	上海	1993 年 6 月	25	昆明	1996 年 7 月
10	南京	1996 年 8 月	26	拉萨	1997 年 1 月
11	杭州	1997 年 1 月	27	西安	1998 年 1 月
12	合肥	1996 年 7 月	28	兰州	1998 年 1 月
13	福州	1995 年 1 月	29	西宁	1997 年 8 月
14	南昌	1997 年 1 月	30	银川	1998 年 1 月
15	济南	1996 年 7 月	31	乌鲁木齐	1998 年 1 月
16	郑州	1996 年 8 月			

资料来源：民政部网站。

表 5 - 4　　　　**城市居民最低生活保障制度的发展历程**

时间	事件
1993 年 6 月	上海市政府宣布建立"城市居民最低生活保障线制度"
1994 年 5 月	在第十次全国民政工作会议上，民政部明确提出了此后五年的工作目标是逐步推行城市低保制度，并部署在东南沿海地区进行试点
1997 年 9 月	国务院决定在全国建立城市居民最低生活保障制度，并下发《关于在全国建立城市居民最低生活保障制度的通知》
1999 年 9 月	国务院于 1999 年颁布《城市居民最低生活保障条例》
1999 年 4 月	劳动和社会保障部、民政部、财政部联合发出《关于做好国有企业下岗职工基本生活保障失业保险和城市居民最低社会保障制度的衔接工作的通知》
2001 年 11 月	国务院办公厅下发《关于进一步加强城市居民最低生活保障的通知》
2002 年 10 月	民政部明确提出低保工作的一项长期工作和新的工作重点是"完善制度、规范管理"
2004 年 3 月	民政部成立最低生活保障司，专门负责城乡居民最低生活保障工作

续表

时间	事件
2008 年 7 月	民政部最低生活保障司更名为社会救助司
2008 年 8 月	国务院法制办公布《中华人民共和国社会救助法（征求意见稿）》
2008 年 10 月	民政部牵头制定发布了《城市低收入家庭认定办法》
2009 年 6 月	民政部下发《关于进一步完善城乡医疗救助制度的意见》
2010 年 8 月	民政部发出《民政部关于进一步加强城市低保对象认定工作的通知》
2011 年 5 月	民政部要求各地认真做好城乡低保标准的制定和调整工作
2013 年 11 月	中国共产党第十八届中央委员会第三次全体会议提出要"推进城乡最低生活保障制度统筹发展"
2014 年 2 月	国务院颁布《社会救助暂行办法》
2015 年 1 月	2015 年以来，上海、北京、南京等多地相继调整城乡居民最低生活保障标准，并实现了城乡低保标准的"并轨"

资料来源：笔者自行整理。

  城市居民最低生活保障制度自建立以来，已成为城市贫困治理的主要政策。尽管研究者对其功能定位一直存在着争议，但公认最低生活保障政策在应对因下岗失业而引发的城市贫困问题中发挥着不可替代的作用。"城市居民最低生活保障制度，是我国城市困难群众基本生活救助体系的核心组成部分。"[1] 城市居民享受最低保障需要满足两个条件：一是收入条件，家庭人均收入低于当地政府制定的最低生活保障标准；二是财产条件，家庭财产状况符合最低生活保障的相关规定。最低生活保障政策以户籍为基础，覆盖对象为低于当地最低生活保障标准的户籍人口，具体包括："三无"人员；在领取失业救济金后家庭人均收入低于标准的人员；家庭人均收入低于标准的在职人员。

---

[1] 彭华民：《制度主义视角下的中国反贫困政策研究》，《社会建设》2014 年第 1 期。

2. 特困人员供养

特困人员供养制度是一种面向特殊群体的救助制度，其覆盖对象主要是持有城市非农业户籍的"三无"人员，主要包括老年人、残疾人以及未满 16 周岁的未成年人群体。特困人员供养制度对供养的内容、标准、受理、方式、终止等都有着相关规定，具体内容见表 5－5。

表 5－5　　　　　　　　　　　特困人员供养制度

	具体内容
供养内容	生活条件、疾病治疗、办理丧葬、相应的照料
供养标准	与当地的基本生活保障等制度相衔接
供养受理	依申请受理、主动发现受理
供养方式	集中供养、分散供养
供养终止	不再符合供养条件的特困供养人员，及时终止

3. 住房救助

在市场化取向的改革中，我国原有的单位住房福利制度逐步被取消，以市场配置住房资源的模式建立了起来。城市居民在增加住房自主选择权利的同时，也有一部分家庭因收入等失去了获得住房的能力，成为事实上的住房贫困阶层。随着城市居民住房问题的出现，以及公民住房权利意识的增长，与住房市场化改革相配套的住房救助制度逐步建立起来。住房救助制度属于专项救助制度，是对住房方面需要进行救助的人员所采取的一种措施。"城市低收入住房困难家庭定义为城市和县人民政府所在地的镇范围内，家庭收入、住房状况等符合市、县人民政府规定条件的家庭，一般指领取最低生活保障金的家庭和其他特殊困难家庭。"[1] 住房救助制度覆

---

① 彭华民：《制度主义视角下的中国反贫困政策研究》，《社会建设》2014 年第 1 期。

盖对象主要为城市低保家庭和分散供养的特困人员。住房救助的方式是提供公共租赁住房和发放住房补贴。住房救助叠加在最低生活保障之上，致使住房困难的农民工群体依然没有被包括在内。

4. 临时救助

临时救助制度主要是用于应对居民突发性、紧迫性和临时性的生活困难的、一种过渡性救助制度。临时救助制度的功能定位是托底线、救急难，补上社会救助体系的短板。临时救助制度的覆盖对象分为家庭和个人两类。临时救助的家庭对象主要为：因意外、突发大病导致生活困难的家庭；因支出突然增加导致生活严重困难的低保家庭。临时救助的个人对象主要为：遭受火灾、事故、突发大病且无家庭支持陷入困难人员；因灾害、灾难、社会安全等突发公共事件紧急转移和生活救助人员。临时救助的工作机制坚持"一门受理、协同办理"，救助方式有发放临时救济金、发放实物、提供转介服务等。临时性救助主要用于应对居民的急难性贫困问题和支柱性贫困问题，并明确地把城市流动人口纳入救助范围。由此可见，临时救助制度对治理相对贫困问题和农民工群体的贫困有突出意义，也填补了现行社会救助制度的空白，其对于更好地应对贫困治理中的不确定对象和不确定性问题发挥着重要的作用。"我国全面建立临时救助不仅仅是在已有的社会救助体系中增加了一个项目，而是使整个社会救助体系的功能大幅度提升的一个重要发展。"[①]

（三）贫困治理的促进型政策

贫困治理的促进型制度是指消除贫困者的能力障碍，提升其发展能力的各项制度。农村贫困治理经历了从"输血"到"造血"的转型，而城市贫困治理中面对以失业为主的新贫困群体，一直较为注重其发展能力的塑造。"城市反贫困政策中属于此类的主要为

---

① 关信平：《关于全面建立临时救助制度应当注意的几个问题》，《中国民政》2015 年第 7 期。

再就业政策，该政策的主要目标是通过职业指导和培训、税费优惠、小额信贷等各种手段促进和帮助城市下岗失业人员实现再就业，依靠自己的劳动摆脱贫困的状况。"① 城市贫困治理的促进型政策，不仅包括有关促进就业的政策，还包括提升贫困者人力资本水平的教育救助和医疗救助。

1. 就业救助

失业是城市居民陷入贫困的重要原因之一。就业能力不足和就业机会有限是有劳动能力的城市居民陷入失业的症结所在。针对因失业而陷入贫困的现实，政府针对有劳动能力人员开展了以重新就业为目标的就业救助。对于最低生活保障的家庭，就业救助消灭"零就业"现象，以确保家庭成员中至少有一人就业。就业救助的方式包括贷款贴息、社会保险补贴、岗位补贴、培训补贴、费用减免、公益性岗位安置等。为了克服"福利依赖"现象，对于有劳动能力的低保对象，如果其连续三次拒绝介绍与其能力相适应的就业机会，则停发最低生活保障金。

贫困在本质上是一个发展问题，是因社会发展不足或个体发展不足而导致的社会问题。但是，单纯把贫困视为社会问题是一种传统的消极治理观，积极的治理观则应把其视作发展中的问题，注重提升贫困人口的发展能力并为其提供发展机会。在以经济建设为中心的时代背景下，发展是第一要务，解决贫困问题离不开发展。适应全球贫困治理的大趋势，我国城市贫困治理也注重发挥其积极功能，即通过贫困治理促进贫困者个体的发展。城市贫困治理体系包括预防型制度、救助型制度和发展型制度，这三项制度共同为贫困人口筑起了不同的安全网。从实施"再就业工程"促进下岗职工的就业行为，到开展教育救助和医疗救助，城市贫困治理一直较为注重贫困人口的人力资本投资，提升他们的就业能力，实现人的全面发展。正是在这样的政策思路下，我国建立的城市贫困治理制度一

---

① 张磊：《中国扶贫开发政策演变（1949—2005 年）》，中国财政经济出版社 2007 年版，第 266 页。

般以促进就业为导向，在保障贫困者生活的同时建立就业激励机制，因而城市贫困人口并没有形成事实上的"福利依赖"。

2. 教育救助

"扶贫先扶智"，人力资本投资是贫困治理的主要途径之一，教育能够促进贫困消除。我国宪法第 46 条规定：中华人民共和国公民有受教育的权利和义务。这是发展教育事业和开展教育救助获得的最根本依据。教育救助属于专项救助内容，是政府对于不同教育阶段有困难的人员，满足其教育需求的手段。教育救助被视为贫困问题"源头治理"的举措，也是遏制贫困代际传递的最重要手段。教育救助制度的覆盖对象主要是城市低保家庭的未成年子女和就学阶段的特困人员。教育救助的方式包括减免部分费用、提供勤工助学岗位、发放助学金等，具体根据义务教育阶段和非义务教育阶段进行选择。目前我国各地教育系统已经建立了自上而下的学生资助服务中心，专门从事贫困学生资助事务。

3. 医疗救助

作为城市医疗保险的配套和补充制度，医疗救助"是指政府和社会对贫困人口患病而无经济能力进行治疗的人实施专项帮助和支持的行为。"① 医疗救助制度分为城市医疗救助制度和农村医疗救助制度。城市医疗救助制度覆盖对象主要是城市居民最低生活保障对象中缴纳基本医疗保险困难人员和享有基本医疗保险但个人负担较重的人员。与此相对应，医疗救助的方式包括资助参加医疗保险和直接医疗救助。此外，我国政府在医疗救助中引入慈善组织，积极探索医疗救助与慈善事业相衔接的工作机制，建立了需求导向机制、信息共享机制、统筹协调机制和激励扶持机制。"医疗救助制度因其面对的是贫困与弱势群体，这部分人群有很高的医疗需求，但不具备医疗费负担能力。对他们实施医疗救助，是建立和完善医

---

① 彭华民：《制度主义视角下的中国反贫困政策研究》，《社会建设》2014 年第 1 期。

疗保障体系，建构和完善社会救助体系的重要内容和措施。"①

二 城市贫困治理政策的实施

在城市贫困治理实践中，我国政府初步构建了由预防型政策、救助型政策和促进型政策组成的政策体系。这种类型的划分主要是为了研究方便，在贫困治理过程中很多政策往往是交织在一起综合发挥作用的。下面我们将对最低工资规定、社会保险政策和社会救助政策三大类最主要的贫困治理政策的实施状况进行分析。从类型上看，最低工资规定和社会保险政策都属于预防型政策，而社会救助政策作为一个大的类别，既包括救助型政策，也包括促进型政策。

（一）最低工资规定的实施

国务院 2013 年批转的《关于深化收入分配制度改革的若干意见》的通知要求，"到 2015 年绝大多数地区最低工资标准要达到当地城镇从业人员平均工资的 40% 以上"。② 数据显示，2011 年，全国共有 24 个省份调整了最低工资标准，平均增幅为 22%；2012年，全国共有 25 个省份调整了最低工资标准，平均增幅为 20.2%；2013 年，全国共有 27 个省份调整了最低工资标准，平均增幅为 17%；2014 年，全国共有 19 个省份调整了最低工资标准，平均增幅为 14.1%；截至 2015 年 10 月，全国共有 20 个省份调整了最低工资标准，其中，月最低工资标准最高的是广东省的深圳市，最低工资为 2030 元，小时最低工资标准最高的是北京市，最低工资标准为 18.7 元。（见表 5－6）

---

① 王保真、李琦：《医疗救助在医疗保障体系中的地位和作用》，《中国卫生经济》2006 年第 1 期。

② 《国务院批转发展改革委等部门关于深化收入分配制度改革若干意见的通知》，中国政府网（http://www.gov.cn/zwgk/2013－02/05/content_ 2327531.htm），2013 年 2月 5 日。

表 5 - 6　　　　　　　全国各地市最低工资标准　　　　（单位：元）

地区	2005 年	2010 年	2015 年	地区	2005 年	2010 年	2015 年
北京	580	960	1720	湖北	280—460	600—900	1100—1550
天津	590	920	1850	湖南	350—480	600—850	1030—1390
河北	420—520	690—900	1210—1480	广东	352—684	660—1030	1210—1895
山西	400—520	640—850	1320—1620	广西	320—460	564—820	1000—1400
内蒙古	380—420	680—900	1340—1640	海南	350—500	680—830	1120—1270
辽宁	350—450	650—900	900—1300	重庆	330—400	520—680	1150—1250
吉林	300—360	680—820	1120—1320	四川	280—450	650—850	1260—1500
黑龙江	234—390	600—880	850—1160	贵州	320—400	650—830	1400—1600
上海	690	1120	2020	云南	350—470	630—830	1180—1570
江苏	400—690	670—960	1270—1630	西藏	444—495	850—950	1400
浙江	490—670	800—1100	1380—1860	陕西	400—490	580—760	1190—1480
安徽	290—410	500—720	860—1260	甘肃	300—340	630—760	1320—1470
福建	320—470	600—900	1130—1500	青海	330—370	750—770	1250—1270
江西	270—360	500—720	1180—1530	宁夏	320—380	604—710	1320—1480
山东	350—530	600—920	1300—1600	新疆	300—480	500—960	1310—1670
河南	320—480	600—800	1130—1600				

资料来源：笔者自行整理。截至 2015 年 10 月，河北、辽宁、吉林、黑龙江、江苏、安徽、重庆、青海尚未调整最低工资标准。

　　最低工资政策对于从事低技能、体力劳动的就业者发挥着工资保护作用。"我国最低工资保障的对象和目标与部分西方国家相比有一定差异，还未达到提升失业者生活质量的高度，仅仅是助贫解困，满足其最基本生活需要的低层次目标。"[①] 因此，最低工资规定制度客观上能够防止这些劳动者陷入工作者贫困。

----

　　① 王晓玲：《关于中国实行最低工资保障制度的思考》，《经济与管理》2009 年第 11 期。

（二）社会保险政策的实施

1. 基本养老保险

自城镇职工基本养老保险建立以来，参保人数稳步增加。城乡居民养老保险更是发展迅速，短短 4 年时间，参保人数就超过 5 亿人。近年来无论是城镇职工基本养老保险，还是城乡居民社会养老保险，都有了很大发展。截至 2014 年底，两者参保人数合计达 8.4 亿人，基本实现了对目标群体的全覆盖。（见图 5－1）

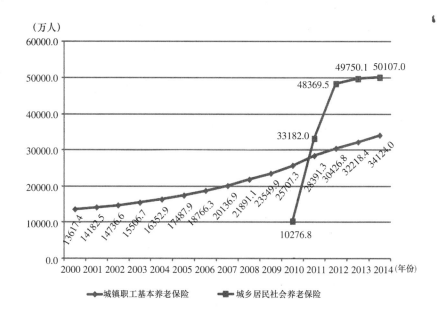

图 5－1　基本养老保险发展情况

资料来源：2000—2013 年数据来源于《中国统计年鉴（2014）》，2014 年数据来源于《2014 年度人力资源和社会保障事业发展统计公报》。

城市居民社会养老保险的建立，不仅改变了基本养老保险只覆盖城镇职工的现象，让灵活就业人员和非就业人员参与到养老保障之中，还破解了农民工参加基本养老保险的难题。农民工可以在城市居民社会养老保险和农村新型社会养老保险之间做出选择。当然，目前我国城乡居民基本养老保险待遇还处于较低的水平，但这一制度的实施毕竟在一定程度上增加了老年人的收入，有助于避免"老年贫困"现象。

2. 基本医疗保险

近年来，城镇职工医疗保险和城镇居民医疗保险的参保人数都增加较快。截至2014年底，参加城镇基本医疗保险的人数已接近6亿人，基本实现了"全民医保"的制度发展目标。（具体见图5-2）

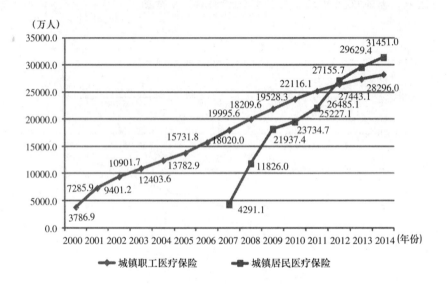

图5-2 城镇医疗保险发展情况

资料来源：2000—2013年数据来源于《中国统计年鉴（2014）》，2014年数据来源于《2014年度人力资源和社会保障事业发展统计公报》。

基本医疗保险致力于解决居民的"病有所医"问题，释放了居民的医疗需求，促进了他们的医疗消费。贫困阶层常常面临着"因病致贫"的困境，而基本医疗保险使得他们有了一定的保障，避免其因过高的医疗消费支出而陷入贫困。

3. 失业保险

近年来，失业保险参保人数呈递增趋势，而领取失业保险金人

数则呈现出稳中有降的趋势。截至 2014 年底，全国参加失业保险
人数达到 17043 万人，其中有 207 万人领取了失业保险金。[①]（具体
见图 5 - 3）

虽然当前我国失业保险的参与人数不断增加，失业保险的覆盖
面不断扩大，但失业保险是以在正规就业为前提的，那些灵活性就
业人员、自雇佣者等群体，由于没有单位为其缴费，他们无法享有
失业保险待遇。因而常常面临着失业的威胁。

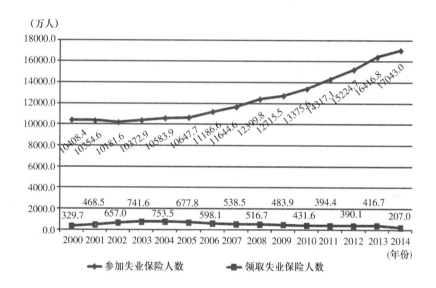

（万人）

图 5 - 3　失业保险发展情况

资料来源：2000—2013 年数据来源于《中国统计年鉴（2014）》，2014 年数据来源
于《2014 年度人力资源和社会保障事业发展统计公报》。

当下失业保险的政策设计使个体在面临失业的困境时，能够获得
因失业而造成的损失，保障失业期间的生活。失业保险是有领取期
限的。为此，一方面政府应加强失业保险与最低生活保障的衔接，

——————————

[①]《2014 年度人力资源和社会保障事业发展统计公报》，中华人民共和国人力资源
和社会保障部网（http：//www. mohrss. gov. cn/SYrlzyhshbzb/dongtaixinwen/buneiyaowen/
201505/t20150528_ 162040. htm），2015 年 5 月 28 日。

在领取失业救济金期限截止后，如果不能继续就业的，则可以转换为最低生活保障；另一方面，应强化对失业者的就业救助，通过为其提供技能培训和就业介绍等，促进这部分群体尽快重新就业。

4. 工伤保险

在工伤保险发展中，工伤保险参保人数呈递增趋势，而享受工伤保险待遇的人数则呈现出稳定的趋势。截至 2014 年底，全国参加工伤保险人数达到 20639 万人，其中有 198 万人享受工伤保险待遇。[①]（具体见图 5 - 4）

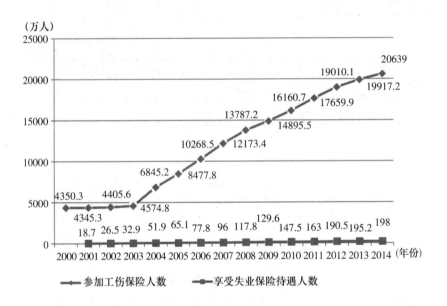

图 5 - 4　工伤保险发展情况

资料来源：2000—2013 年数据来源于《中国劳动保障年鉴（2014）》，2014 年数据来源于《2014 年度人力资源和社会保障事业发展统计公报》。

近年，工伤保险的参保人数和覆盖群体也呈现出逐年上升趋

①　《2014 年度人力资源和社会保障事业发展统计公报》，中华人民共和国人力资源和社会保障部网（http：//www. mohrss. gov. cn/SYrlzyhshbzb/dongtaixinwen/buneiyaowen/201505/t20150528_ 162040. htm），2015 年 5 月 28 日。

势，但是，工伤保险在发展过程中有一个根本性缺陷："工伤保险的参保者主要集中在国有企业，而安全生产相对薄弱的中小型企业，特别是集体企业、民营企业覆盖率反而很低。"[①] 正是这个缺陷影响着失业保险在城市贫困治理中的功能发挥。

（三）社会救助政策的实施

截至 2014 年底，全国共有城市低保对象 1026.1 万户、1877 万人。全年各级财政共支出城市低保资金 721.7 亿元，2014 年全国城市低保平均标准 411 元/人/月，比上年增长 10.1%；全国城市低保月人均补助水平 286 元，比上年增长 8.3%。[②]（见表 5-7）

表 5-7　　　　　　1996—2014 年城市居民最低生活
保障制度的人口覆盖情况

年份	低保人数（万人）	城镇人数（万人）	低保标准（元/人/月）
1996	84.9	37304	—
1997	87.9	39449	—
1998	194.1	41608	—
1999	265.9	43748	149.0
2000	402.6	45906	157.0
2001	1170.7	48064	147.0
2002	2064.7	50212	148.0
2003	2246.8	52376	159.0
2004	2205.0	54283	152.0
2005	2234.2	56212	156.0
2006	2240.9	58288	169.6

[①] 姚建平：《中国转型期城市贫困与社会政策》，复旦大学出版社 2011 年版，第 109 页。

[②] 中华人民共和国民政部：《民政部发布 2014 年社会服务发展统计公报》，民政部网（http://www.mca.gov.cn/article/zwgk/mzyw/201506/20150600832371.shtml），2015 年 6 月 10 日。

续表

年份	低保人数（万人）	城镇人数（万人）	低保标准（元/人/月）
2007	2270.9	60633	182.4
2008	2334.8	62403	205.3
2009	2345.6	64512	227.8
2010	2310.5	66978	251.2
2011	2267.8	69079	287.6
2012	2143.5	71182	330.1
2013	2064.2	73111	373.3
2014	1877.0	74916	411.0

资料来源：中华人民共和国民政部：《2015 中国民政统计年鉴》，中国统计出版社 2015 年光盘版；城镇人数来自历年《中国统计年鉴》。

从历年城市最低生活保障制度的覆盖情况看（如表 5-7 所示），低保人数在 2002 年有显著增加，因为这一年我国政府提出了城市居民最低生活保障"应保尽保"的目标。① 2003—2010 年，城市低保人数维持在一个相对稳定的水平，贫困发生率降到 4% 以下。自 2011 年开始，城市低保人数逐年下降，贫困发生率也随之降低。

在全国各省区市中，西藏的城市最低生活保障人数最少，四川的城市最低生活保障人数最多。从最低生活保障人数占城镇人口的比例看，新疆的比例最高，浙江的比例最低。（见表 5-8）

---

① 2001 年 11 月国务院办公厅下发《关于进一步加强城市居民最低生活保障工作的通知》，《通知》指出：要认真贯彻属地管理原则，要将中央、省属企业，尤其是远离城镇的军工、矿山等企业符合条件的贫困职工家庭纳入最低生活保障范围里，要把符合条件的城市贫困居民全部纳入最低生活保障制度的范围，切实做到应保尽保。

表5-8　　　　　　　　　各地区城市最低生活保障情况

地区	人数（万人）	占城镇人口比例（%）	省份	人数（万人）	占城镇人口比例（%）
北　京	10.4	0.57	湖　北	125.9	3.98
天　津	16.0	1.33	湖　南	143.5	4.47
河　北	72.8	2.06	广　东	34.0	0.47
山　西	85.0	4.46	广　西	49.4	2.34
内蒙古	78.4	5.34	海　南	14.5	3.07
辽　宁	96.1	3.29	重　庆	45.8	2.64
吉　林	85.0	5.70	四　川	183.6	5.04
黑龙江	143.8	6.53	贵　州	51.3	3.87
上　海	20.5	0.95	云　南	104.1	5.48
江　苏	33.8	0.66	西　藏	5.0	6.75
浙　江	7.2	0.20	陕　西	67.1	3.47
安　徽	78.3	2.71	甘　肃	87.5	8.44
福　建	15.8	0.69	青　海	22.5	8.03
江　西	97.8	4.43	宁　夏	18.0	5.28
山　东	48.7	0.93	新　疆	91.7	9.11
河　南	131.0	3.18			

资料来源:《中国统计年鉴（2014）》,中国统计出版社2014年光盘版。

自1996年以来,中国城市最低保障金投入逐年增加（见表5-9）,其实施效果也得到了贫困家庭的认可。据民政部政策研究中心2013年的调查,有58.1%的受访者认为低保金对解决家庭生活困难有很大的作用,有29.5%的受访者认为低保金对解决家庭生活困难有较大的作用,另有6.6%的受访者认为低保金的作用一般,仅有2.2%的受访者认为低保金的作用较小或者很小。[1]

---

[1]　参见民政部政策研究中心《中国城乡困难家庭社会政策支持系统建设数据分析报告（2013）》,中国社会出版社2014年版,第93页。

表 5－9　　　　　　1996—2014 年城市居民最低生活
保障资金投入情况

年份	低保资金（亿元）	比上年增长（%）	人均补助水平（元）
1996	3	—	35.34
1997	2.9	－3.33	32.99
1998	7.1	144.83	36.58
1999	13.8	94.37	51.90
2000	21.9	58.70	54.40
2001	41.6	89.95	35.53
2002	108.7	161.30	52.65
2003	153.1	40.85	68.14
2004	172.7	12.80	78.32
2005	191.9	11.12	85.89
2006	224.2	16.83	100.05
2007	277.4	23.73	122.15
2008	393.4	41.82	168.49
2009	482.1	22.55	205.53
2010	524.7	8.84	227.09
2011	659.9	25.77	290.99
2012	674.3	2.18	314.58
2013	756.7	12.22	366.58
2014	721.7	－4.63	384.50

资料来源：中华人民共和国民政部：《2015 中国民政统计年鉴》，中国统计出版社 2015 年光盘版。

有研究者利用中国家庭收入调查（CHIP）2002 年和 2007 年两次大型的微观调查数据，从家庭层面对中国城市低保的减贫效果进

行了全面分析。研究结果表明，"2002 年全国有 8.7% 的城镇家庭
在低保救助下摆脱了贫困，家庭的贫困深度和贫困强度分别下降了
9.7% 和 11.5%；2008 年全国有 59% 的城镇家庭在低保救助下摆脱
了贫困，家庭的贫困深度和贫困强度降幅分别达到 79.2% 和
87.8%，较 2002 年有大幅度提高。其中，单人户、夫妻二人户、
单亲家庭、有重度残疾者的家庭由于完全脱贫，贫困距和平方贫困
距的降幅达到 100%"。[①]

医疗救助。全国资助参加医疗保险人数从 2008 年的 642 万人，
增加到 2013 年的 1490 万人；直接医疗资助人数从 2008 年的 1203
万人，增加到 2013 年的 2126 万人；2014 年全国实施医疗救助
9119 万人次，其中，住院救助 1106.6 万人次，门诊救助 1288.7 万
人次，资助参保参合 6723.7 万人。[②]

教育救助。2014 年全国资助学前教育（幼儿）、义务教育、中
职学校、普通高中和普通高校学生 8543.78 万人次（不包括义务教
育免费教科书、营养改善计划资助），较上年增长约 6.86%；全国
累计资助金额 1421.28 亿元，比上年增加 236.13 亿元，增幅
19.92%。[③] 通过实施教育救助，"在义务教育阶段家庭经济困难学
生的上学问题得到较好解决的基础上，非义务教育阶段家庭经济困
难学生学习和生活困难问题也在一定程度上得到了缓解"。[④]

就业救助。自 2001 年开始，政府设立"就业援助月"。2014
年"就业援助月"专项活动，全国共走访残疾登记失业人员家庭
206538 户，登记失业残疾人员 324832 人，组织残疾人专场招聘会
3102 次，纳入年度培训计划残疾人 277946 人，帮助残疾登记失业
人员实现就业 57929 人（其中，社会用人单位按比例吸纳就业

[①]　文雯：《城市低保与家庭减贫——基于 CHIP 数据的实证分析》，《人口与经济》
2015 年第 2 期。

[②]　《民政部发布 2014 年社会服务发展统计公报》，民政部网（http://www.mca.gov.
cn/article/zwgk/mzyw/201506/20150600832371.shtml），2015 年 6 月 10 日。

[③]　中华人民共和国教育部：《2014 年中国学生资助发展报告》，中国政府网（ht-
tp://www.gov.cn/xinwen/2015-08/18/content_2914619.htm），2015 年 8 月 18 日。

[④]　郭根：《防止城乡阶层结构固化》，《中国社会报》2012 年 6 月 20 日第 5 版。

24195 人），帮助 188755 名残疾人享受专项扶持政策。[①]

临时救助。2014 年民政部门临时救助 650.7 万户次。其中，按户籍性质分类，受临时救助的城市家庭 333.5 万户次，农村家庭 317.2 万户次；按属地分类，受临时救助的当地常驻户口 631.5 万户次，非当地常驻户口 19.2 万户次；按救助类型分类，受临时救助的支出型临时救助 533.9 万户次，应急型临时救助 116.8 万户次。民政部门全年支出临时救助资金 57.6 亿元。[②]

城市贫困是多维度的，其同时包括经济维度和社会维度。城市贫困人口面临的困境是综合性的，不仅限于收入水平低下，也体现为包括经济权利、文化权利等在内的社会权利贫困。尤其是新贫困群体，他们往往有劳动能力，却因各种原因而无法实现充分就业，缺乏发展能力和参与机会。城市贫困治理政策体系与社会保障体系建设具有契合的地方，社会保障体系的建立与完善为贫困治理创造着基础和条件。随着包括社会救助制度、社会保险制度和社会福利制度的不断完善，适度普惠型的福利体系得以逐步确立。城市贫困治理也从选择性治理逐步走向普遍性治理。如果说早期中国的社会救助制度尚定位为生活救助，那么随着对城市贫困认识的深化，城市社会救助从单一的生活救助走向综合救助。在生活救助的基础上，我国逐步提高救助的层次，面向城市贫困群体开展教育救助、医疗救助、住房救助和就业救助等，实现了生存型救助和发展型救助的统一。

三　城市贫困治理政策的反思

我国贫困治理政策体系的建设不是一步到位的，其经历了由不完善到完善、由低层次到高层次的发展，当前仍在不断地发展。"我国贫困治理的历史沿革是一个根据制度环境变化进行渐进式变

---

① 中国残疾人联合会办公室：《2014 年就业援助月情况通报》，2014 年 3 月 18 日。
② 《民政部发布 2014 年社会服务发展统计公报》，民政部网（http://www.mca.gov.cn/article/zwgk/mzyw/201506/20150600832371.shtml），2015 年 6 月 10 日。

革的过程。"① 作为城市贫困治理的基础性制度，城市低保制度从开始地方探索到上升为全国性制度经历了 5 年多的时间，其是在充分试点后才加以推行的，充分考虑了地方差异性。渐进式改革也难以克服制度的路径依赖问题，尽管城市和农村都已建立了最低生活保障制度，但城市最低生活保障制度目前尚未向广大的农民工群体开放，低水平的制度排斥并没有消除。社会救助从生活救助到综合救助在政策层面经历了近 20 年的转型，但综合性救助在现实执行中尚没有出现突破性的进展。究其原因，城市贫困治理政策的发展离不开中国正处于社会主义初级阶段的现实基础，无法脱离社会生产力的发展状况这一制度环境而独自发展。基于贫困再生产反思城市贫困治理政策，现有贫困治理政策存在着以下问题：贫困代际传递关注不够、治理的分割性特征明显、边缘贫困群体瞄准不足、发展型需求回应性不高、资产建设积累政策缺失等。

（一）贫困代际传递关注不够

贫困再生产也可称之为贫困代际传递，从阶层流动的视角看，其一般是指父代较低的社会地位传递给子代的过程。"贫困代际传递就是指贫困以及导致贫困的相关条件和因素，在家庭内部由父母传递给子女，使子女在成年后重复父母的境遇——继承父母的贫困和不利因素并将贫困和不利因素传递给后代的这样一种恶性遗传链；也指在一定的社区或阶层范围内贫困以及导致贫困的相关条件和因素在父代与子代之间延续，使后代重复前代的贫困境遇。"② 在阶层再生产的转型社会中，贫困再生产作为代际不平等传递的一种方式，似乎不可避免。近年来随着"富二代"和"穷二代"概念的流行，贫困代际传递受到了广泛关注。特别是习近平总书记2015 年在全面深化改革领导小组第十一次会议上指出，"发展乡村

---

① 郭佩霞、邓晓丽：《中国贫困治理历程、特征与路径创新——基于制度变迁视角》，《贵州社会科学》2014 年第 3 期。

② 林闽钢：《缓解城市贫困家庭代际传递的政策体系》，《苏州大学学报》2013 年第 3 期。

教育，让每个乡村孩子都能接受公平、有质量的教育，阻止贫困现象代际传递，是功在当代、利在千秋的大事"。① 如何阻断贫困代际传递这一话题虽然在社会上引起了热议，但相关的政策干预措施却滞后于实践的发展需要。

首先，城市救助政策侧重于解决当代的贫困而忽视贫困代际传递问题。当下，我国针对城市贫困的专门性政策是《城市居民最低生活保障条例》，其规定：持有非农业户口的城市居民，凡共同生活的家庭成员人均收入低于当地城市居民最低生活保障标准的，均有从当地人民政府获得基本生活物质帮助的权利。这项政策面向的是城市居民的收入问题，其能提供的是物质帮助。2014 年颁布实施的《社会救助暂行办法》，既包括最低生活保障制度又包括教育救助、医疗救助、住房救助、就业救助等，成为社会救助的集大成者。《社会救助暂行办法》明确提出，社会救助的目的是"保障公民的基本生活，促进社会公平，维护社会和谐稳定"。尽管近年来我国社会救助政策已从生活救助逐步转向综合救助，但面向的依然是贫困者自身的问题，而没有对贫困者的子代问题作出专项规定。发达国家的社会救助经验显示，"在救助对象的选定上，不仅仅考虑现时收入的问题，而且为了避免出现贫穷的代际传递，非常注重对贫穷儿童的健康和教育的救助"。② 尽管我国已经开始在一些地方探索适度普惠型儿童福利制度，但尚处于试点阶段。

其次，我国当前城市救助政策的低水平导致无法阻断贫困代际传递。不少学者在研究和评估城市最低生活保障政策时都提出要警惕"低保依赖"或"福利依赖"问题，相应的测量方法则是计算低保对象享受待遇的年限。姑且不论城市最低生活保障政策在全国范围内推广是从 1999 年开始的，截至 2015 年仅有 16 年的历史；单从保障标准上看，2014 年全国最低生活保障标准是每人每月 411

---

① 《习近平"扶贫观"：扶贫先要扶志　阻止贫困现象代际传递》，人民网（http://cpc.people.com.cn/xuexi/n/2015/0402/c385475-26790586.html），2015 年 4 月 2 日。

② 冀慧珍：《可持续生计理念下的社会救助政策改革》，《中国行政管理》2012 年第 1 期。

元，仅为全国城镇居民人均可支配收入的17%。最低生活保障对于维持贫困家庭的生存问题尚且困难，更无法满足有就业能力低保人员的就业愿望。一项调查研究显示："个人和家庭原因造成了80%的低保对象找到了工作但是没有接受，60%的人找过但是没有找到工作。其中，大约1/3的人没有去寻找就业机会，是因为他们需要照顾家庭成员。"[①] 目前的城市贫困治理政策更多侧重于解决救助对象的温饱问题，在帮助对象走出贫困方面是无力的，这"致使某些家庭长期无法摆脱贫困状态，即使能享受到相关的保险和救助，由于相关保险救助水平过低，他们也很难在短时间内摆脱贫困状态，陷入长期贫困的可能性很大，这种状态也很有可能传递到子女身上。"[②]

最后，城市救助政策对贫困代际传递缺少干预。尽管我国的社会救助政策由生活救助在逐步走向综合救助，但相关的政策设计都是叠加在最低生活保障之上的。换言之，低保资格是享受教育救助、医疗救助、住房救助和就业救助的基本条件。但是，在现实生活中，城市居民陷入贫困的原因是复杂多样的，如因病致贫、因教致贫、因灾致贫，等等。在一些情况下，他们无法通过最低生活保障资格所需的收入审查和财产审查。如与贫困代际传递最直接相关的教育救助，《社会救助暂行办法》规定：国家对在义务教育阶段就学的最低生活保障家庭成员、特困供养人员，给予教育救助；对在高中教育（含中等职业教育）、普通高等教育阶段就学的最低生活保障家庭成员、特困供养人员，根据实际情况给予适当教育救助。可见，无论是义务教育救助，还是非义务教育救助，最低生活保障资格、特困人员资格是获得救助的前提条件。这样就把低收入家庭等一批潜在的贫困者排除在外，而由于缺少有效的政策干预，这部分家庭陷入贫困代际传递的风险也会增加。

---

① 张秀兰：《中国城市扶贫开发研究》，载国务院扶贫开发领导小组办公室编《中国扶贫开发年鉴（2013）》，团结出版社2013年版，第963页。
② 同上书，第940页。

（二）治理的分割性特征明显

我国城市贫困带有明显的制度型特征，城市贫困治理也是依托制度建设而开展的。"制度主义强调，贫困并非社会成员的个人问题，贫困是社会问题，是社会制度带来的问题。消除贫困最重要的是改革制度。"[①] 城市贫困问题是在体制改革过程中凸显的，其既包括国有企业经营制度改革中下岗引发的贫困，也包括市场配置劳动力资源中失业引发的贫困。为应对制度变迁所引发的贫困现象，政府在推动制度变革的同时通过各种制度供给保障贫困者的生活。不仅如此，政府还根据经济社会形势的变化而不断调整贫困治理制度，推动贫困治理制度变迁。城市贫困治理制度可以分为宏观的框架性制度和微观的具体化措施两类，两种制度的供给都是政府主导的，且由政府回应贫困治理需求而推动制度创新。[②] 在此基础上，城市贫困治理制度体系从无到有逐步建立起来，并随着社会生产力的发展而不断变迁。但是，在渐进式的制度建设和制度变革模式中，基于问题应对性的制度供给导致贫困治理带有明显的分割性特征。

首先，政府主导下贫困治理主体的分割。政府主导是我国城市贫困治理的典型特征，也是中国特色贫困治理的主要经验之一。"我国拥有完整的反贫困政府组织机构与管理体系，同时，把反贫困作为政府的一项重要工作和职责。"[③] 在我国，贫困治理被纳入了政府经济社会发展的总格局，政府在城市贫困治理中承担着道义性责任，并且把这种责任不断制度化。尽管在城市贫困治理中，政府也倡导社会组织的参与，但社会组织的功能是有限的，其发展也依赖于政府，并没有改变政府的主导地位。与此同时贫困治理活动

---

① 彭华民：《制度主义视角下的中国反贫困政策研究》，《社会建设》2014 年第 1 期。

② 参见郭佩霞、邓晓丽《中国贫困治理历程、特征与路径创新——基于制度变迁视角》，《贵州社会科学》2014 年第 3 期。

③ 林闽钢、陶鹏：《中国贫困治理三十年回顾与前瞻》，《甘肃行政学院学报》2008 年第 6 期。

涉及政府与个人、部门与部门、上级与下级之间的互动，这之间会产生大量的交易成本，即相互之间的协调沟通成本。在社会救助领域，政府一般成立以民政部门为主导的联席会议制度，协调整个社会救助事务的运作。但是，社会救助"没有统一的社会救助管理和监督部门，政出多头，救助政策碎片化"。① 如城乡低保、特困人员供养、受灾人员救助属于民政部门，教育救助、医疗救助、就业救助分别属于教育部门、卫生部门、人力资源和社会保障部门，等等。各种救助职能之间存在较为严重的条块分割，造成社会救助资源的不合理利用。此外，在贫困治理过程中，政府部门与社会组织的合作不够。政府在贫困治理体系中发挥着主导作用，其责任主要体现为政策和资源供给。但是，政府相对于分散化的贫困群体及他们个性化的需求，难免有覆盖不到的地方。在这种情况下，社会组织可以发挥其灵活性作用，进行相应的补充。但目前二者尚未形成整合性力量，因此降低了贫困治理效果。

其次，新二元体制下贫困治理对象的分割。农民工从农村向城市的流动并没有冲破户籍制度的束缚，反而使这种城乡二元体制在城市得到复制，形成了新的"城市二元体制"。"从体制上分析，原来的城乡差别在空间上是分开的，农民工常住到城里，我们对有户籍的市民实行一种政策，对农民工实行另一种政策，实际就成了城市内部的二元结构。"② 也有学者认为传统的二元结构不足以解释这种现象，因此将其称之为中国转型社会的"新三元结构"。③ 受户籍制度的结构性影响，城市的基本公共服务等制度安排都是以户籍为基础的，户籍人口与非户籍人口的鸿沟成为难以逾越的障碍。农民工从进入城市就业开始，到参加社会保障，再到子女接受

---

① 吴晓林、姜耀辉：《国内社会救助：问题归因、政策设计与研究展望》，《中州学刊》2013 年第 10 期。

② 陆学艺、杨桂宏：《破解城乡二元体制的当前对策》，《人民论坛》2013 年 7 月（下）。

③ 甘满堂：《城市农民工与转型期中国社会的三元结构》，《福州大学学报》（哲学社会科学版）2001 年第 4 期。

教育，都因户籍问题而遭受到权利剥夺。调查数据显示，在绝对贫困阶层中农业户口的样本占到39%，在相对贫困阶层中农业户口的样本占到32%，绝对贫困阶层和相对贫困阶层中农业户口的比例都高于非贫困阶层。但在现有的城市以户籍为基础的社会救助政策安排下，这部分群体并不是救助对象，因而无法享有接受社会救助的权利。农民工的社会保险也基本上以户籍地为主，他们大多参加农村的基本养老和基本医疗保险，或者不参加社会保险。

> 社会保险我觉得也没什么必要，我家里面有养老金，这是农村的。在这我什么也没交，就是想着今年干明年可能就不干了，一年还要交800多块钱，公司报销600，剩下200多自己出，我没交。（WD003）

> 因为我从老家出来了，老家的保险我不用了，等于是我放弃了。我要是想用的话，像平时看病、买药了，我都回老家买。我还顾不上车马劳顿的，就我那些路费啥的。而且我在这享受不了这里的保险。（WD001）

最后，贫困治理的过程分割。贫困者是贫困经历的体验者，他们最了解自己的需求。在全球贫困治理中，政府和非政府组织正越来越注意倾听贫困者的呼声，注重参与式治理。"当我们能够真正从穷人的视角和经验出发来提供帮助的时候，世界发展状况就会变得截然不同了。我们所面临的挑战就是要用穷人的眼睛和心灵来观察这个世界，从他们的现实出发考察、制定真正能够影响穷人生活的策略。"① 但是，我国的城市贫困治理却是一种自上而下的单维度运作过程，救助部门按照等级式的科层逻辑开展救助工作。"从扶贫实践中，可以发现作为主要工作对象的贫困户对项目的了解和

---

① ［美］迪帕·纳拉杨等：《谁倾听我们的声音》，付岩梅等译，中国人民大学出版社2001年版，第315页。

参与程度远远不足。"① 相对于农村动员社会力量参与贫困治理，城市贫困治理的参与性更弱一些。这种政府主导的贫困治理过程固然能够提高贫困治理的权威性和规范性，但也引发了贫困治理过程中救助主体和救助对象的分割，而供给方选择代替需求方选择，导致无法有效识别贫困者的需求，从而降低了贫困治理的效果。

（三）边缘贫困群体瞄准不足

当前我国贫困治理的专项政策主要是社会救助政策，而社会救助政策尽管已经由生活救助走向综合救助，但是对于非生活救助主要基于救助对象的最低生活保障资格，把非生活救助简单叠加到生活救助上面。这种救助政策受益面是很小的，城市最低生活保障对象是最主要的受益群体，也就是说，仅有那些收入和资产都能通过审查的居民才能够享有救助资格。"在当前我国城市贫困问题的社会支持问题上，主要做法是划定官方贫困线，然后对收入低于贫困线下的贫困者进行救助。但是仅考虑收入来确定社会政策的受益是远远不够，特别是对高于低保线的相对贫困者来讲，更加需要一个考虑各种需求的综合性评价方案。"② 当前我国城市中尚没有统一的城市贫困线，都是根据各自的经济发展和收入水平制定当地的城市最低生活保障标准。最低生活保障标准是以收入为基础计算的，反映的是收入贫困状况，并不能反映城市贫困的整体状况。对于当前的城市家庭，在收入相同的情况下，不同家庭面临的贫困风险则可能有很大不同。尤其是那些家庭收入刚过城市低保线，但生活依然困难的边缘贫困群体的救助问题往往容易被忽视。我们的调查也显示，在绝对贫困阶层中，享有最低生活保障的比例为 17.96%，在相对贫困阶层中这一比例仅为 7.44%，另外还有 3.92% 的非贫困群体享有最低生活保障，这说明最低生活保障在贫困阶层的覆盖

---

① 林闽钢、陶鹏：《中国贫困治理三十年回顾与前瞻》，《甘肃行政学院学报》2008 年第 6 期。

② 姚建平：《中国转型期城市贫困与社会政策》，复旦大学出版社 2011 年版，第176 页。

率较低，而对于非贫困阶层的瞄准也有偏差。（见表 5 - 10）

表 5 - 10   最低生活保障享有对象分布

		绝对贫困阶层	相对贫困阶层	非贫困阶层	总计
最低生活保障	是	17.96 (116)	7.44 (64)	3.92 (69)	7.63 (249)
	否	82.04 (430)	92.56 (796)	96.08 (1689)	92.37 (3264)
		Pearson chi2(2) = 132.05 P = 0.000			

注：百分比，括号内为样本数。

首先，低收入群体的贫困被忽视。关于低收入群体的界定，国家统计局课题组经过多方测算和比较，确定以最低 20% 收入阶层的人均消费支出为低收入群体的划分标准。[1] 在这个标准下的低收入群体由贫困人口及贫困边缘人口组成。贫困人口属于最低收入群体，而贫困边缘人口则是初步解决温饱，但基础还不稳固，随时可能返贫的低收入人口，他们属于没有纳入救助对象的低收入群体。"我国城市贫困除了有极端贫困人群的收入贫困外，还有低收入贫困人群在健康、教育医疗等多个维度的贫困。"[2] 低收入群体往往处于相对贫困者的地位，他们在遭遇一些关键事件时，就会陷入绝对贫困的地位。"一些关键生命事件是城市居民家庭生命历程中的重要的事件，会在一定程度上导致这些家庭致贫或生活改善，从而间接对生活其中的子女的未来产生影响，使得其贫困代际传递呈现阶段性特征。"[3] 如表 5 - 11 所示，如同绝对贫困阶层一样，相对贫困阶层遭遇重病（或重大意外事故）、失业（或下岗、生意失败）、家庭经济困难的比例都高于非贫困阶层。这些意外事件是致

---

① 国家统计局宏观经济分析课题组：《低收入群体保护：一个值得关注的现实问题》，《统计研究》2002 年第 12 期。

② 张秀兰：《城市贫困问题研究》，载国务院扶贫开发领导小组办公室编《中国扶贫开发年鉴（2015 年）》，团结出版社 2015 年版，第 722 页。

③ 祝建华：《缓解城市低保家庭贫困代际传递的政策研究》，《2011 年浙江省社会学学术年会论文》，2011 年 11 月，第 148 页。

贫的重要因素，无疑也会影响到相对贫困阶层家庭的生活。由于这些相对贫困阶层并不符合城市最低生活保障的救助标准，而政府目前尚未出台相应的其他救助政策，这使针对相对贫困阶层的救助成为贫困治理的空白点。

一些贫困边缘群体在申请最低生活保障时困难较大。

> 以前申请过。反正是怎么说呢，手续比较烦琐，那审查的也是比较严的，呃，就说是，一直申请申请，就是到现在还没有申请上呢。（BD019）

表 5 - 11　　　　　　　　　过去一年家庭经历的事件

		绝对贫困阶层	相对贫困阶层	非贫困阶层	总计
得重病/遇到重大意外事故	有	11.78（76）	9.40（81）	7.72（136）	8.97（293）
	无	88.22（569）	90.60（781）	92.28（1625）	91.03（2975）
Pearson chi2(2) = 9.80　P = 0.007					
失业/下岗/生意失败	有	10.54（68）	8.58（74）	5.74（101）	7.44（243）
	无	89.46（577）	91.42（788）	94.26（1659）	92.56（3024）
Pearson chi2(2) = 18.06　P = 0.000					
家庭经济困难	有	26.51（171）	15.89（137）	9.60（169）	14.60（477）
	无	73.49（474）	84.11（725）	90.40（1592）	85.40（2791）
Pearson chi2(2) = 109.93　P = 0.000					

注：百分比，括号内为样本数。

其次，农民工群体的贫困被排斥。根据国家卫计委对流动人口的监测，2014 年我国流动人口数量为 2.63 亿，其中绝大多数为农业转移人口，即农民工。"80 后"的新生代农民工在 2011 年就已占到农民工总体的 47%。广大农民工群体逐渐形成了老一代农民工和新生代农民工并存的局面。"中国政府加强了在农民工群体中推进社会保险，但他们仍然基本被排除在城市最低生活保障制度和住房救助制度之外，这将使得他们面临着严峻的贫困化风险。"①老一代农民工在逐步退出舞台的时候，面临的是"老无所依"的困境和陷入"老年贫困"的风险。新生代农民工作为"融不进城市、回不到乡村"的一代，尽管有在城市定居和工作的强烈愿望，但其自身条件妨碍他们成长为技术型工人。"这就使新生代农民工依然无法真正面对城市较高素质人群的竞争，不能进入高层次的阶层和群体当中，像其父辈一样，极易深陷'低技能——险行业——累岗位——低收入'的就业循环困境。"②新生代农民工群体只能在非正规的次级劳动力市场就业，游离于正式的社会保障之外，承受着较高的贫困化风险。

最后，新失业群体的贫困未受到关注。城市贫困也被称为"新贫困"，但新失业群体的"新"不同于新贫困的"新"。"新贫困"的特征是一种结构性贫困，与传统贫困强调分配不均相比，"新贫困"更关注由离开工作岗位的失业引发的贫困。新失业群体是"初中、高中甚至更低学历毕业或肄业后处于失业状态的、没有国有或集体企业工作经历的、拥有城镇户籍的年轻人"。③相对于老失业群体的国有企业、集体企业的下岗失业经历，新失业群体缺少这样的经历，他们是城镇的新生劳动力。新失业群体既无法享受国家对老失业群体再就业中的政策倾斜和优惠举措，也无法享受政府针对大学生群体所提供的创业政策支持。在缺少外在资源和保障的情况下，他们只能把求助的对象转向家庭。这部分人在成年后不仅无法为家庭提供支持，反而会加重家庭负担。"年轻人失业造成的'啃老'问题更造成了极大的社会经济压力，占用了社会公共福利，降低了老

---

① 张秀兰：《中国城市扶贫开发研究》，载国务院扶贫开发领导小组办公室编《中国扶贫开发年鉴（2014年）》，团结出版社2014年版，第568页。

② 李国强等：《新生代农民工代际传递问题研究》，《石家庄经济学院学报》2014年第2期。

③ 吕鹏：《年轻的底层：新失业群体的出现》，载孙立平主编《制度实践与目标群体：下岗失业社会保障制度实际动作的研究》，社会科学文献出版社2010年版，第202页。

年人的收入标准和社会整体福利水平。"① 当前我国面向新失业群体的治理政策处于真空状态，而这一群体面临的困境更多被视为个人问题而不是一种公共困扰。

（四）发展型需求回应性不高

在现有的贫困治理政策体系中，"城市低保制度是我国社会保障体系中专门针对城市贫困问题的一项最重要的制度，是整个社会救助体系的核心"。② 作为我国社会经济体制改革的"减震器"和"安全阀"，城市最低生活保障发挥着"兜底"功能，为保障城市贫困家庭的生活发挥了重要作用。随着城市贫困形势的发展和贫困群体需求的变化，城市社会救助也需要实现由生活救助向综合救助、由统一救助向分类救助、由维持型救助向发展型救助的转变。③ 这些转变有利于更好地发挥城市社会救助的综合作用，为城市贫困家庭和个人构建社会支持网。面对社会救助的碎片化趋势，以及社会经济发展对社会救助体系的转型要求，2014 年 2 月，国务院颁布了《社会救助暂行办法》，这标志着我国社会救助正在逐步走向科学化和规范化，也体现了社会救助体系走向整合的尝试和方向。"我国目前的社会救助是一种救济型和维生型救助，只能暂时解决救助对象当前的生活困境，对救助对象的未来发展不能发挥更大作用。"④ 然而，新型社会救助政策依然没有解决对发展型需求关注不足的缺陷，表现为在教育救助、医疗救助、就业救助方面发展缓慢。

首先，对教育需求的回应不足。教育需求是贫困家庭的发展型需求，对教育的救助是社会政策从消极到积极的体现。"通过投资教育，可以培养人力资本，增强贫困群体进入劳动力市场的竞争

---

① 张恩亮、高军：《新失业群体研究综述》，《学习与探索》2013 年第 12 期。
② 陈水生：《中国城市低保制度的发展困境与转型研究》，《社会科学》2014 年第 10 期。
③ 李迎生：《城市低保制度运行的现实困境与改革的路径选择》，《江海学刊》2007 年第 2 期。
④ 陈水生：《中国城市低保制度的发展困境与转型研究》，《社会科学》2014 年第 10 期。

力，从而防止贫困的代际传递的出现，也能较好地消除'福利依赖'。"① 各国政府都较为注重教育救助，通过投资人力资本达到贫困治理的目标。我国政府在 2004 年出台《关于进一步做好城乡特殊困难未成年人教育救助工作的通知》，10 年后出台的《社会救助暂行办法》则把"教育救助"作为专门一类，教育救助体系由此初步建立。从 2001 年提出"两为主"政策开始，政府也为解决农民工随迁子女的教育问题作出努力。这些政策基本都围绕贫困家庭子女的教育机会作出举措，尚未关注教育过程中的不平等问题。在优势家庭为维护自己的未来地位进行教育投入时，贫困家庭的孩子们在学业上处于落后状态。当前的教育救助无法抑制教育不公平趋势，更无法消除这种不平等的代际传递。我们的调查数据显示，绝对贫困阶层对受教育程度的不满意比例超过 40%，相对贫困阶层的不满意比例约为 37%，都高于非贫困阶层不满意的比例（约29%）。（见表 5 – 12）

表 5 – 12　　　　　　对受教育程度的满意程度

	非常不满意	比较不满意	一般	比较满意	非常满意
绝对贫困阶层	12.23 (79)	28.48 (184)	28.64 (185)	28.17 (182)	2.48 (16)
相对贫困阶层	8.70 (75)	28.77 (244)	29.93 (258)	29.93 (258)	2.67 (23)
非贫困阶层	6.30 (111)	22.69 (400)	30.12 (531)	37.83 (667)	3.06 (54)
总计	8.10 (265)	25.44 (832)	29.78 (974)	33.84 (1107)	2.84 (93)
检验	Pearson chi2(8) = 51.80　　P = 0.000				

注：百分比，括号内为样本数。

① 冀慧珍：《社会救助的政策建构和实践完善：发展型社会政策的视角》，《经济问题》2014 年第 3 期。

其次，对医疗需求的回应不足。医疗救助是现代医疗保障体系不可缺少的部分。"不论是突出市场导向还是强调政府责任的国家，都建立了医疗救助机制，为贫困人群提供医疗保障安全网，这是市场经济条件下政府不可回避的责任。"[1] 尽管贫困者的医疗支付能力不高，但他们的医疗需求却丝毫不逊于非贫困者。"同欧美主要发达国家一样，中国民众也存在明显的健康不平等，社会经济地位越高的人，其健康水平越高。"[2] 我们的调查数据显示，绝对贫困阶层认为自己的身体不健康的比例超过20%，相对贫困阶层认为不健康的比例为12%，非贫困阶层的比例仅为7%。不健康的身体状态使贫困阶层有更多的医疗需求，但在现有医疗保险和医疗救助制度的约束下，他们无法支付相应的医疗费用，因而更愿意选择"大病小治"。

表5-13　　　　　　　　　　对身体健康状况的判断

	很不健康	比较不健康	一般	比较健康	非常健康
绝对贫困阶层	5.27 （34）	15.66 （101）	24.34 （157）	37.98 （245）	16.74 （108）
相对贫困阶层	1.74 （15）	10.69 （92）	29.73 （256）	37.75 （325）	20.09 （173）
非贫困阶层	1.08 （19）	5.67 （100）	26.04 （459）	46.06 （812）	21.16 （373）
总计	2.08 （68）	8.96 （293）	26.67 （872）	42.28 （1382）	20.01 （654）
检验	Pearson chi2(8) = 119.14　　P = 0.000				

注：百分比，括号内为样本数。

---

① 锁凌燕、冯鹏程：《医疗救助制度的国际经验及对中国的启示》，《中国卫生政策研究》2014年第9期。

② 王甫勤：《社会经济地位、生活方式与健康不平等》，《社会》2012年第2期。

当被问及"上一次就医选择的什么医院"时，绝对贫困阶层回答说他们选择综合大医院的比例最低，选择小诊所的比例最高；相对贫困阶层选择社区医院的比例最高；非贫困阶层选择综合大医院的比例最高。在目前的基本医疗保险政策设计中，小诊所和社区医院属于自费的范围。

表 5 - 14　　　　　　　　　　**上次就医场所**

	综合大医院	专科医院	社区医院	小诊所	其他
绝对贫困阶层	44. 19 (285)	8. 99 (58)	16. 90 (109)	26. 98 (174)	2. 95 (19)
相对贫困阶层	50. 17 (432)	6. 74 (58)	17. 89 (154)	23. 11 (199)	2. 09 (118)
非贫困阶层	57. 97 (1022)	7. 37 (130)	15. 83 (279)	17. 53 (309)	1. 30 (23)
总计	53. 20 (1739)	7. 53 (246)	16. 58 (542)	20. 86 (682)	1. 84 (60)
检验	Pearson chi2(8) = 53.41　　P = 0.000				

注：百分比，括号内为样本数。

最后，对就业救助需求的回应不足。尽管社会救助政策对于就业救助做出了具体规定，但目前的社会救助制度设计对于促进就业是负激励机制。"由于我国低保制度的缺陷，使有劳动能力的受助者没有积极性和紧迫性提高能力，实现就业，造成低保长期以来只进不出的怪状。"[1] 在低保政策实施过程中，民政部门一般只关注最低生活保障标准的制定和瞄准机制，而不区分是否有劳动能力；人力资源和社会保障部门关注的是全部失业人员，而对最低生活保障对象的失业问题尚未给予特殊关注。对于最低生活保障对象而言，如果他们通过就

①　冀慧珍：《社会救助的政策建构和实践完善：发展型社会政策的视角》，《经济问题》2014 年第 3 期。

业获得收入，就可能失去最低生活保障资格，与此相关的叠加在上面的医疗救助、教育救助等他们也无法享受。在理性选择的模式下，最低生活保障对象就是有就业收入，也会通过瞒报来继续享受最低生活保障。在这种情况下，最低生活保障对象获得的并不是高收入的、稳定的正规就业岗位，而往往是在一些非正规部门从事低收入、不稳定的工作。"这不仅无助于鼓励低保对象退出低保的积极性，更会进一步促使他们长期从事非正规就业的倾向。"①

（五）资产建设积累政策缺失

以收入为主的社会福利政策和以资产为主的社会福利政策是社会政策发展的两种典型范式。在贫困治理中，"以收入为本的社会福利政策范式注重维持穷人最基本的生活权力，而以资产为本的社会福利政策范式更强调使穷人重新融入社会，在这种新的范式下，穷人可以提升个人资产实现彻底脱贫，并通过代际的转移来获得长远的幸福"。② 长期以来，我国的贫困治理政策无疑是以收入为主的社会福利政策，这可能是因为在一个时期内财富不均等程度较低，财富积累的过程尚未完成。随着改革开放以来社会生产力发展带来财富总量的增加，财富分配不断变化，财富不平等问题逐渐进入人们的视野。2014 年 7 月，北京大学中国社会科学调查中心发布了《中国民生发展报告 2014》。报告指出，中国财产不平等程度在迅速升高，1% 的家庭拥有全国超 1/3 的财产，而 25% 的家庭仅拥有约 1%。③ 由此，资产不平等问题在社会生活中引起了广泛的热议。关于资产建设政策在贫困治理中的运用，早有一些学者在提倡，但是尚未在政策和实践中付诸实施。城市居民资产拥有的不平等成为政策设计者必须面对的客观现实，贫困治理政策需要对资产

---

① 张秀兰：《中国城市扶贫开发研究》，载国务院扶贫开发领导小组办公室编《中国扶贫开发年鉴（2013 年）》，团结出版社 2013 年版，第 962 页。

② 冯希莹：《社会福利政策范式新走向：实施以资产为本的社会福利政策》，《社会学研究》2009 年第 2 期。

③ 谢宇等：《中国民生发展报告》，北京大学出版社 2014 年版，第 26 页。

不平等做出有效干预。

　　首先，城市居民资产占有不平等。在现代工业化社会中，资产的积累可以促进家庭或个体向上的社会流动，如为子女提供更多的资源和机会，保障个体与家庭地位的长期稳定等。"资产与贫困动态之间关系紧密，而缺乏主要资产的家庭极有可能陷入贫困陷阱，一旦进入贫困陷阱之中就处于长期贫困。"[1] 中国的资产分配，经历了一个由相对平等到不平等的过程，尤其是 2000 年以来资产不平等问题持续加剧。这一趋势主要来自城乡之间差距的急剧拉大，居民的金融资产对总财产分布不平等的推动作用增强。[2] 在调查中当被问及"在过去的一年，您的家庭属于以下哪种情况时"，绝对贫困阶层和相对贫困阶层选择"勉强维持生活"的超过半数，而非贫困阶层选择"有余款可储蓄"的超过半数，可见，贫困阶层与非贫困阶层的家庭资产积累状况差距较大。对家庭除住房以外资产的分析发现，绝对贫困阶层家庭中有存款的比例低于非贫困阶层家庭 17 个百分点，低于相对贫困阶层家庭 11 个百分点。对家庭资产数量的进一步分析表明，绝对贫困阶层家庭和相对贫困阶层家庭的资产都远远低于非贫困阶层家庭的资产。（见表 5 - 15—表 5 - 17）

表 5 - 15　　　　　　　　　　**对过去一年家庭状况的判断**

	有大额余款	有余款可储蓄	勉强维持生活	需动用储蓄	需要借款维持生计
绝对贫困阶层	0. 31 （2）	24. 57 （157）	57. 90 （370）	10. 17 （65）	7. 04 （45）
相对贫困阶层	0. 59 （5）	32. 32 （276）	57. 26 （589）	6. 79 （58）	3. 04 （26）

---

　　① 汪三贵、殷浩栋：《资产与长期贫困——基于面板数据的 2SLS 估计》，《贵州社会科学》2013 年第 9 期。

　　② 李实、魏众、丁赛：《中国居民财产分布不均等及其原因的经验分析》，《经济研究》2005 年第 6 期。

续表

	有大额余款	有余款可储蓄	勉强维持生活	需动用储蓄	需要借款维持生计
非贫困阶层	1.20（21）	54.83（960）	36.61（641）	5.31（93）	2.06（36）
总计	0.86（28）	41.94（1393）	46.24（1500）	6.66（216）	3.30（1.70）
检验	Pearson chi2（8）＝264.08　P＝0.000				

注：百分比，括号内为样本数。

表5－16　　　　　　　家庭存款的分布

	无存款	有存款
绝对贫困阶层	36.69（237）	63.31（409）
相对贫困阶层	25.41（219）	74.59（643）
非贫困阶层	19.64（346）	80.36（1416）
全体样本	24.53（802）	75.47（1416）

Pearson chi2（2）＝74.7290　P＝0.000

注：百分比，括号内为样本数。

表5－17　　　　　　　家庭资产的分布

	均值	标准差	频次
绝对贫困阶层	7.56	26.47	625
相对贫困阶层	9.99	70.93	846
非贫困阶层	25.67	193.11	1716
全体样本	17.95	147.02	3187

F＝5.18　P＝0.0057

注：百分比，括号内为样本数。

其次，资产不平等促进着贫困再生产。正如收入的不平等一样，资产在不同阶层间也是不平等分布的。"缺乏途径去获得和积累资产不可避免地使弱势群体陷于资产贫困。"① 就资产与收入而言，资产是某一时点的财富存量，通过一个不断积累的过程而完成；收入则是动态的资产流量，可能是不稳定的，而且资产可以产生收入。"资产不仅具有预备储蓄的功能，在经济困难时期（比如失业时）保障家庭经济安全和消费；它还可以作为促进个人经济长期发展和向上流动的重要工具。"② 因此，资产作为一个更长远和稳定的经济指标，可以使我们更深刻地把握社会经济不平等本身及其形成机制。那些家庭资产丰富的家庭，可以有更多的教育投入，而凭借资产获得的收入则有助于减轻他们的工作压力，可以有更多的精力开展学习活动和文化活动，如陪伴未成年子女，积累家庭文化资本等，而这些都有助于家庭优势地位的传递。贫困阶层家庭由于缺少这些资产，在子代地位竞争中同样处于劣势。

最后，现有贫困治理忽视资产积累。贫困治理如果注重资产积累将有助于促进贫困者摆脱贫困。"没有资产积累的可能性，家庭便不容易产生更好的未来计划，不能积累一些储备金支持他们走出贫困。由于没有一种积极的未来取向，因而也明显不幸的是，为什么这么多贫寒家庭的儿童在成年后仍发现自己处于贫困之中。"③ 贫困阶层的家庭资产积累依赖于贫困治理政策的干预。我国政府在社会保险政策设计中采用的"社会统筹＋个人账户"的模式，有利于资产积累，是一种类似资产建设的政策。如基本养老保险、基本医疗保险和住房公积金中的个人账户等，都有利于个体积累资产，而个体在生命周期的某个阶段可以使用这些资产。但是，资产建设依赖于个体的投资能力，个人缴费越多，进入个人账户的资产就越

---

① 黄进：《中国城市居民的资产贫困和幸福感》，载邓锁等主编《资产建设：亚洲的策略与创新》，北京大学出版社 2014 年版，第 280 页。

② 同上书，第 278 页。

③ ［美］迈克尔·谢若登：《资产与穷人：一项新的美国福利政策》，高鉴国译，商务印书馆 2005 年版，第 159 页。

多，而对于缺乏投资能力的个体而言，其无法积累资产。不仅如此，现有的政策还出现了"福利倒置"的反向补贴现象。住房公积金的个人账户受益者主要是城镇职工，对于灵活就业人员和未就业的居民，则无法缴纳住房公积金；基本养老保险和基本医疗保险也有类似问题，他们缴纳的社会保险金进入个人养老和医疗账户的资金微乎其微。最低生活保障政策不仅未鼓励救助对象的资产积累，还限制了他们的资产建设。在通过严格的资产审查获得低保资格后，如果救助对象收入增加或者财产增加，他们将有可能退出低保，丧失被救助的资格。

第六章　基于贫困再生产治理的
社会政策调整建议

　　贫困再生产在城市居民中是客观存在的，而现有贫困治理政策对于遏制贫困再生产并无特殊关注，因而治理效力不够。"为了缓解我国城市贫困家庭代际传递，也为了推进我国城市社会救助制度的转型，需要建立综合的政策体系。"① 贫困再生产对于个体发展和社会运行都有负面影响，消除这种再生产现象是维护社会公平正义的表现。因此，基于贫困再生产的结构机制和文化机制，在新阶段的贫困治理中应对社会政策进行调整。

一　政府层面：提升贫困治理能力的政策建议

　　我国全面深化改革的总目标是"推进国家治理体系和治理能力现代化"。在整个国家治理体系中，政府治理体系和治理能力是国家治理的集中体现。在全面建设小康社会的过程中，贫困地区和贫困群体全面实现小康无疑是一个重大挑战，尤其是切断贫困的代际传递问题更为重要。政府主导是中国贫困治理的基本经验。政府的贫困治理能力高低关系到贫困阶层再生产问题的治理程度。以贫困群体全面实现小康为目标，面向贫困阶层再生产的治理，要求政府总结以往的贫困治理经验，实现贫困治理能力的提升和现代化。

---

　　① 林闽钢：《缓解城市贫困家庭代际传递的政策体系》，《苏州大学学报》2013 年第 3 期。

（一）优化贫困治理体制

习近平在论述国家治理体系和治理能力的关系时指出，"国家治理体系和治理能力是一个有机整体，相辅相成，有了好的国家治理体系才能提高治理能力，提高国家治理能力才能充分发挥国家治理体系的效能"。[①] 治理能力依赖于治理体系的建构。要提升政府贫困治理能力，应首要关注贫困治理体系状况，考虑如何优化贫困治理结构。贫困治理结构是国际社会近年来基于贫困治理实践与贫困治理研究提出的一个概念。[②] 贫困治理结构的核心问题是处理好不同类型贫困治理组织的关系，即协调包括政府组织、市场组织、社会组织和贫困人口在内的多元主体之间的关系。贫困治理结构规定了政府、各种社会组织及贫困人口自身的责、权、利关系，形成了贫困治理目标和战略、组织机构、管理体系、政策和制度规范及行为模式等。[③] 长期以来形成的以政府为主导的治理结构在过去的贫困治理实践中发挥着重要功能。但是，近年来政府主导型治理结构的治理绩效呈现出边际效应递减的特征，难以适应全面建成小康社会中的贫困治理实践的需求。在新阶段的贫困治理中，政府要以贫困治理体系现代化为目标，优化现行贫困治理结构，引导市场力量和社会力量参与贫困治理，以弥补政府主导型体制的不足，形成贫困治理的长效机制。

---

① 习近平：《切实把思想统一到党的十八届三中全会精神上来》，《求是》2014 年第 1 期。

② 国际贫困治理的经验证明，建立有效贫困治理结构，对于提高反贫困效果有明显作用：它可以打破单一地依靠行政组织扶贫的格局，充分利用政府机制、社会机制和市场机制，吸纳一切可用资源投入反贫困，解决政府反贫困投入不足的问题；它可以通过严格的组织和制度约束，规范反贫困参与各方的责、权、利和行为，达到合理分工，优势互补；它可以通过贫困人口的参与，充分发挥他们自身参与反贫困的主动性和创造性，有利于从根本上消除贫困；它可以把自上而下和自下而上两种传导方式有机结合起来，形成反贫困的有效信息传递渠道、切合实际的决策机制和更严密的监督机制，大大提高反贫困的效率。参见中国（海南）改革发展研究院《反贫困研究》课题组编《中国反贫困治理结构》，中国经济出版社 1998 年版。

③ 张凤凉、蒲海燕：《反贫困治理结构中政府功能的缺陷及完善对策》，《理论探讨》2001 年第 3 期。

　　首先，构建多元组织体系。在以政府为主体的贫困治理战略中，我国贫困治理体系的运作主要依靠行政组织，并由此建立了一套庞大的从上至下的"科层式"的贫困治理组织体系。这样的组织体系尽管动员了广泛的社会力量参与，但社会组织往往被纳入行政序列，其行为变成了准政府行为，这在一定程度上弱化了政府在贫困治理中的带动力和影响力。那些没被纳入行政序列的草根社会组织，则因合法性不足而在贫困治理实践中处于尴尬境地。政府在贫困治理中的具体行动是重要的，但更重要的是政府的目标凝聚能力和资源整合能力。优化政府贫困治理结构要处理好政府与社会的关系，把发挥政府的主导作用和支持社会各方面的参与结合起来。"在构建社会救助制度层次体系的过程中，逐渐形成以政府主体为主导，社会主体为补充，发挥个人主体主动性的多元化社会救助制度。"① 贫困治理要以政府的行为带动、组织和影响多方面组织参与治理行动。构建贫困治理的多元组织体系，政府要采取以下措施：一是保障具有官方背景社会组织的独立运作，使其贫困治理行动由现在的准政府行为转变为民间行为；二是引导和扶持草根社会组织参与贫困治理，逐步改善草根社会组织参与贫困治理活动的社会环境；三是建立国际交流合作平台，鼓励国际组织参与国内的贫困治理，统筹运用国际国内两种贫困治理资源。

　　其次，完善现有社会救助体制。为应对农村贫困向城市贫困转移的趋势，要统筹城市和农村的贫困治理。从长期来看，现有的城乡分割的贫困治理体制必将被打破，取而代之是城乡一体的贫困治理新格局。"从中国社会救助制度的建设和发展历程来看，中国城乡社会救助实现一体发展有赖于体制大环境的改善。"② 到 2020 年我国将全面建成小康社会，现有标准下的贫困人口将全部实现脱贫，而绝对贫困现象也将逐渐让位于相对贫困现象，这将为形成城

---

① 李薇、丁建定：《主体整合：构建中国多元化社会救助制度》，《社会保障研究》2013 年第 2 期。

② 丁建文、刘飞：《我国城乡社会救助一体化发展的体制障碍》，《山西农业大学学报》（社会科学版）2014 年第 1 期。

乡一体的贫困治理体制奠定基础。政府部门主导社会救助在一个时期内将是我国贫困治理格局的必然选择。当前的社会救助体制采用"属地管理、分级负责"模式。各级人民政府是城乡社会救助工作的主体，但具体工作的落实却在基层。"目前中国城乡社会救助制度的工作框架，是依靠400万居委会和村委会的社区干部支撑起来的。"① 由此引发的问题是社会救助的非专业化和动力不足。民政部门作为社会救助的职能部门要切实担负主要责任，居委会只是承担协助责任。相关的改革建议包括：在街道（乡镇）层面设立专门的社会救助办事机构，在社区层面开展政府购买社会救助服务；鼓励和引导社会工作组织参与社会救助服务，承接政府的购买，弥补社会救助人力不足，逐步提高社会救助的专业化水平。

最后，建立社区联合治理机制。随着社会主义市场经济的发展，社会救助作为弥补市场失灵的、构建社会保护网的政策尤为重要。社会救助的发展正在从部门化到整体化，从补充性到制度化，从自上而下到参与式，这种发展趋势最终导向的是整体性救助。② 国务院2014年颁布实施的《社会救助暂行办法》，体现了政府对整合社会救助生存型功能和发展型功能的尝试。在当前的政府贫困治理中，政府的社会救助部门拥有救助资源，能够解决社会救助问题，但他们往往没有足够的能力去发现贫困问题；社区组织能够发现社会生活现实中的贫困问题，但受限于贫困治理资源，无法有效提供社会救助进而解决社会问题。因此，如何克服这种"能解决问题但看不见问题"与"看得见问题但不能解决问题"的矛盾现象，需要实现社会救助功能定位和贫困治理资源的有效整合，打通"条条"和"块块"之间的关系，实现贫困治理的无缝隙整合。"穷人的问题是综合性的，需要我们打破部门限制进行思考和谋划，同时又要兼顾各地区的现实和整体的配合能力。解决穷人的问题需要更

---

① 唐钧：《"十一五"以来社会救助发展的回顾及展望》，《社会科学》2012年第6期。

② 陈水生：《整体性救助：社会救助制度的功能整合研究》，《浙江社会科学》2007年第11期。

加分权化、更加友好、更有实际意义、对穷人更加负责的制度体系。"① 社区作为居民区域性的生活共同体，也是贫困治理对象聚集的场所。社区组织具有直面贫困群体需求的优势，因而应把贫困治理资源向基层倾向，投向基层、投向社区，建立以社区为导向的贫困治理平台。"以社区为基础甄别目标对象，传递贫困治理资源，发挥贫困治理资源的最大化效用。"② 相关的政策建议包括：在社区层面建立联合救助枢纽型平台，在平台上实现资源的整合、信息的整合、服务的整合。贫困治理的过程应是政府把社会救助资源传递到社区平台，贫困家庭把需求信息反映到社区平台，专业的社会工作组织把资源输送到贫困家庭的过程。

（二）健全精准扶贫机制

精准扶贫是我国在全面建成小康社会过程中，实施的贫困治理主要战略之一。习近平曾指出："要加大扶贫资金投入力度，重点向农牧区、边境地区、特困人群倾斜，建立精准扶贫工作机制，扶到点上、扶到根上，扶贫扶到家。"③ 城市贫困治理中出现的最低生活保障实施中的各种乱象，以及贫困的代际再生产现象都呼唤贫困的精准治理。精准扶贫的实质是将贫困治理资源更好地瞄准贫困目标人群、瞄准贫困群体的现实需求进行扶贫。

首先，健全贫困人口的瞄准机制。"精准扶贫最基本的定义是扶贫政策和措施要针对真正的贫困家庭和人口，通过对贫困人口有针对性的帮扶，从根本上消除导致贫困的各种因素和障碍，达到可持续脱贫的目标。"④ 精准扶贫首要的是如何准确地识别贫困人口，贫困治理的瞄准机制至关重要。目前，贫困治理资源并没有用于改

---

① ［美］迪帕·纳拉杨等：《呼唤变革》，姚莉译，中国人民大学出版社 2003 年版，第 348 页。

② 孙远太：《政府救助与慈善救助衔接机制构建研究——基于整体性治理视角》，《中国行政管理》2015 年第 8 期。

③《习近平在第二次中央新疆工作座谈会上发表重要讲话》，新华网（http://news.xinhuanet.com/photo/2014-05/29/c_126564529.htm），2014 年 5 月 29 日。

④ 汪三贵：《论中国的精准扶贫》，《贵州社会科学》2015 年第 5 期。

善贫困人口状态，而一些非贫困人口往往占有这些资源，导致了资源使用绩效的降低。建立精准扶贫的瞄准机制要求放弃单一的收入标准而采用多维贫困的标准来识别贫困人口，即从收入和消费的标准转变为收入、消费、资产、健康、教育等多个维度。在贫困人口识别环节，推行自下而上的参与式贫困群体识别方法，把识别的权力下放到社区，推动社区居民代表、申请者直接参与到贫困人口的识别过程中，确保贫困人口识别过程的公开、公正和透明。对于被识别出的贫困人口，应为其建档立卡，确定贫困状况，分析贫困原因，把城市贫困对象也定点到户、到人。

其次，完善贫困需求分类机制。贫困的精准治理要做到"扶持对象精准、项目安排精准、资金使用精准、措施到户精准、因村派人精准、脱贫成效精准，确保各项政策好处落到扶贫对象身上"。①在大规模的扶贫开发逐步解决区域性贫困的同时，贫困人口逐步集中于特定区域和特定类型，呈现出边缘化贫困的特征。目前贫困城市贫困人口基本上可以分为两类：传统贫困人口和新型贫困人口。其中，传统贫困人口基本上属于丧失劳动力的那部分群体，而新型贫困人口则是由于社会转型和经济转轨而引发的下岗失业人员，以及在城市受到社会排斥的农民工群体。这两类不同类型的贫困人口在生活中有不同的需求，在治理过程中应该根据需求实施分类施策。对于传统贫困人口而言，他们的生存型需求大于发展型需求；对于新型贫困人口而言，他们的发展型需求大于生存型需求。相关的政策建议包括：对丧失、缺乏劳动能力的贫困人口，应该侧重满足他们的生存型需求，采取救助型的治理方式，通过最低生活保障解决其基本生存问题；对具备劳动能力的贫困人口，应该侧重满足他们的发展型需求，采取发展型的治理方式，通过技能培训提高其就业能力，通过就业促进政策提高其就业机会，最终帮助他们摆脱有效贫困状态。

---

① 习近平：《携手消除贫困　促进共同发展——在2015减贫与发展高层论坛的主旨演讲》，人民网（http://politics.people.com.cn/n/2015/1017/c1024-27708352.html），2015年10月17日。

最后，建立贫困对象的退出机制。在贫困治理过程中，城市居民中由于最低生活保障的低水平并不存在事实上的"福利依赖"。"制度性因素如最低生活保障制度和失业保险制度并未制约失业者的就业选择，并未降低失业者的再就业积极性和对再就业的期望。"① 但是，社会生活中也确实存在着贫困阶层的固化现象，甚至存在贫困的代际传递问题。在全面建成小康社会的时代背景下，如何切断贫困的恶性循环，建立贫困对象的退出机制迫在眉睫。在贫困对象分类基础上，对于有劳动能力的贫困人口应建立相应的强制就业制度。应将强制就业制度的实施与最低生活保障结合起来，对于 3 次不接受介绍就业的对象取消其最低生活保障资格。对于通过个人能力提升和就业促进机制重新就业的对象，应设置一个包括时间和收入水平的双重标准的过渡期，避免最低生活保障的负激励效应。具体而言，最低生活保障对象如果连续 6 个月稳定就业，且收入水平高于最低生活保障标准 2 倍，应强制其退出最低生活保障；反之，如果在时间上或者收入水平上达不到标准，则应允许其继续享有最低生活保障。

（三）促进贫困治理参与

社会参与是实现良好的贫困治理的基本要素。良好的治理"其本质特征就是国家与社会处于最佳状态，是政府与公民对社会政治事务的协同治理，或称官民共治"。② 因此，目前的贫困治理实践越来越注意倾听"穷人的呼声"，并采取参与式治理模式。贫困的参与式治理是 20 世纪 80 年代以来逐渐发展起来的贫困治理方法，其核心是在贫困治理实践中外来的救助主体与当地贫困人口之间的相互作用。由贫困者参与形成的自下而上的贫困治理机制是整个贫困治理结构的重要组成部分。国际组织贫困治理的经验表明，让贫困者参与贫困治理行动，借助群体的力量获取和提高适应市场的能

---

① 慈勤英：《福利依赖：事实抑或建构》，武汉大学出版社 2013 年版，第 111 页。
② 俞可平：《国家治理现代化》，社会科学文献出版社 2014 年版，第 3 页。

力，是贫困治理取得成功的关键。反之，如果没有贫困者的积极参与，政府的贫困治理计划则难以有效推行。参与式治理是"参与式发展"理论被用于贫困治理实践而形成的一种模式。尽管国际机构和民间组织引入的参与式扶贫开始在我国贫困治理中得到推广，政府也组织了大规模的参与式社区规划，但总体而言，贫困人口在贫困治理的实施、管理和监督评估中的参与程度仍然比较低。

首先，健全需求搜集机制。贫困治理要通过需求方选择机制主动回应贫困群体的需求，"各种社会机构通过回应或抑制穷人的需要、关注点和发言权，对他们的生活产生重要的影响"。① 贫困的原因是多维度的，贫困人口的需求也是多样化的，因而得到贫困人口的需求信息是有效治理贫困的前提条件。参与式的贫困治理要实现从供给方主导向需求方选择的转型。需求方选择的基础就是搜集和分析治理对象的需求。借助社区层面的联合救助枢纽型平台，贫困治理主体可以倾听"穷人的呼声"，一方面定期搜集贫困群体的需求信息，另一方面以线上和线下相结合的方式开辟贫困群体利益表达渠道。贫困治理主体对搜集到的需求信息进行分类整理，并将其作为贫困治理决策的依据，在贫困治理过程中优先解决这些需求，贫困治理资源向这些需求倾斜，从整体上提高对贫困群体需求的回应性。

其次，健全决策参与机制。在普遍性贫困治理中形成的自上而下的贫困治理运作模式，能够大规模地动员资源，而以集中的方式解决贫困问题，能够提高贫困治理的效率。城市的贫困治理是以贫困群体为对象，而城市贫困群体相对于农村贫困群体，其分布更为分散，而不是集中于特定的社会空间。在城市贫困人口分布日趋分散、教育水平普遍提高、参与意识日益增强的情况下，治理决策过程中若没有贫困群体的参与，可能影响政策执行效果。"由于贫困者缺乏反映自身利益要求和参与决策渠道，缺乏相应的能力，所

---

① ［美］迪帕·纳拉杨等：《谁倾听我们的声音》，付岩梅等译，中国人民大学出版社 2001 年版，第 8 页。

以，有关扶贫工作的决策实际上是由非穷人制定的，这种决策在有效满足穷人需求方面缺乏必要的制度约束，只能依赖决策者的善良愿望。事实证明，这种善良的愿望在许多时候是靠不住的。"[1] 因此，在贫困治理决策中，要引导贫困者参与有关扶贫政策的制定，增强其在摆脱贫困行动中的主动性。贫困治理决策过程要把利益相关者的参与作为必要条件，积极倾听来自贫困群体的呼声，把他们的利益诉求反映在治理政策之中。

最后，健全执行参与机制。"政策执行是连接政策与政策目标之间的中间桥梁，政策执行模式选择直接影响着政策绩效。"[2] 贫困政策执行模式是与贫困治理模式相关联的。大致而言，我国的贫困政策执行模式正在经历由开发式扶贫下的自上而下执行模式向参与式扶贫下的自上而下与自下而上相结合的互动模式转型。贫困人口参与政策执行有助于降低贫困治理的交易成本，遏制贫困治理机构的机会主义行为，从而使贫困人口更容易在这一过程中受益。我国业已形成的政府主导下的贫困治理政策执行模式依赖于行政组织体系，其在强调执行有力的同时往往也会造成贫困治理资源的浪费。此外，贫困群体更多地参与也有助于提高他们的自我组织、自我发展能力。因此，在贫困治理政策执行中，要采取措施提高贫困人口的参与程度，动员他们参加各种项目，使其在参与过程中实现自我能力提升，从而改变被动的状态。

（四）推动政府购买服务

政府购买公共服务因其在超意识形态、消减政府规模、节省成本、提高服务效率、强化服务意识等方面的优越性，备受各国政府

---

① 洪大用：《中国扶贫政策的缺陷及其改进方向分析》，《江苏社会科学》2003 年第 2 期。

② 向德平、高飞：《政策执行模式对于扶贫绩效的影响——以 1980 年代以来中国扶贫模式的变化为例》，《华中师范大学学报》（人文社会科学版）2013 年第 6 期。

推崇，并由此成为公共部门改革的一种制度安排和政策工具。① 政府购买公共服务能够充分利用政府、市场和社会等机制的综合优势，是逐渐走向合作治理的内在逻辑。"公共领域中的合作治理不仅是一个时尚，还是一个大的发展趋势。"② 基于治理的资源依赖性，合作治理可以发挥不同主体的比较优势。为实现政府的有效治理，我国已经确立政府购买公共服务的发展目标，并致力于推动政府购买公共服务的实践发展，以形成高效合理的资源配置模式和供给体系。政府购买贫困治理服务正是合作治理的体现，其有助于推动贫困治理由现金救助向现金与服务救助相结合模式的转型升级。

首先，创新服务购买机制。在"行政吸纳社会"的大时代背景下，国内社会组织发育较为滞后，难以适应经济社会发展的要求。创新政府服务购买机制的关键是培育作为承接方的社会组织。"在选择社会组织培育的政策工具时，需要综合考虑政策目标、政府能力和社会组织能力等因素。"③ 在考虑应用政策工具培育社会组织时，最佳方式是尽可能采取多元化的政策工具，而不是一味地套用某类工具。依据现有制度规定，我国的政府购买服务机制包括公开招标、邀请招标、竞争性谈判、单一来源、询价等方式。除了委托、承包、采购等政府向社会组织购买服务的常用手段，政府有更为丰富的政策工具可以使用。在政府购买贫困治理服务中，政府可以把提升贫困对象的发展能力和培育社会组织结合起来，确立双重的政策目标，达到政府、社会组织和贫困对象三方共赢的效果。如引入凭单制，在服务购买过程中采用供给方补贴和需求方补贴并存的模式。政府还要根据社会组织能力采取不同的购买方式，比如对于自我治理能力较高的社会组织，采取特许的模式，给予其更大的

---

① 参见王丛虎《政府购买公共服务理论研究：一个合同式治理的逻辑》，经济科学出版社 2015 年版，第 1 页。

② 敬乂嘉：《合作治理——再造公共服务的逻辑》，天津人民出版社 2009 年版，第 32 页。

③ 王世强：《政府培育社会组织政策工具的分类与选择》，《学习与实践》2012 年第 12 期。

自主权；对于自我治理能力较弱的社会组织，采取"一事一标"的模式，加强监督和控制，防止委托代理风险。

其次，提高契约治理能力。不同于传统的政府贫困治理模式，在政府购买的治理模式中，购买主体和承接主体是一种契约关系，政府行为已从行政行为转变为民事行为。政府要适应这一转变，以契约为治理的主要工具，从科层管理转向契约治理。① 但是，与大规模出现的政府购买服务对契约治理要求提升相对的，是政府和社会组织还没有对契约治理机制做出有效回应，政府的契约治理能力不能满足现实发展的需求。"由于每一项认真考虑这个问题的研究都发现事实上缺乏有效的合同管理能力。因此，在当前环境下，良好的政府需要进行能力建设。"② 政府工作人员要学会实现从垂直管理向水平管理的转变，提高对契约重要性的认识。相关的政策的建议包括：对政府社会救助部门的工作人员开展政府购买服务专项培训，对社会组织开展承接政府购买服务的专项培训；对政府社会救助部门的工作人员和社会组织人员开展合同法的专项培训；政府社会救助部门应学会运用契约来监督和控制承接主体履行责任。

最后，健全风险控制机制。政府购买公共服务是一把"双刃剑"。"我们在看到其积极一面的同时，更应该看到其所存在的消极一面，尤其要看到向社会或市场购买公共服务所存在的各种风险，如缺乏竞争、机会主义、供应商垄断等。"③ 政府购买贫困治理服务可以分为四种基本模式：独立性竞争模式；依赖性竞争模式；独立性非竞争模式；依赖性非竞争模式。上述每一种模式都面临着共性的和差异化的风险。对于独立性竞争模式而言，要应对独立性竞争模式的信息不对称问题，要把社会组织建立良好的内部治

---

① 孙远太：《政府救助与慈善救助衔接机制构建研究——基于整体性治理视角》，《中国行政管理》2015 年第 8 期。

② ［美］菲利普·库珀：《合同制治理：公共管理者面临的机遇与挑战》，竺乾威译，复旦大学出版社 2007 年版，第 183 页。

③ 王丛虎：《政府购买公共服务理论研究：一个合同式治理的逻辑》，经济科学出版社 2015 年版，第 1 页。

理结构作为投标的条件，并注重提高政府购买服务的信息化水平；对于依赖性竞争模式而言，要防范有限竞争问题，推动政府与社会组织由依赖关系向合作关系转变，为此要通过积极培育社会组织来克服；对于独立性非竞争模式而言，要消除合谋现象，依靠购买过程中的透明化运作，建立利益冲突的防范和协调机制，维护公共利益和服务对象的利益；对于依赖性非竞争模式而言，要解决内部购买问题，建立健全政府购买慈善服务的公开招标机制，推动政府购买行为的外部化。

二　社会层面：促进阶层流动的公共政策变革

贫困阶层再生产是社会阶层固化的社会后果之一。"一个社会要想发展与进步，则应具有开放性的社会分层结构，阶层之间的社会流动应该良好且有序，社会成员能够在自己的努力下实现向上流动。而社会阶层固化，不仅会为个体社会成员带来负面情绪，也会对整个社会运行造成极大的危害。"① 社会生活中流行的"官二代"、"富二代"、"农二代"、"穷二代"等"二代词汇"，反映了社会阶层日益固化的趋势。这种现象不仅会阻碍个体的发展，也会对社会良性运行与协调发展造成不利影响。要消除社会阶层固化，促进社会和谐流动就必须要在公共政策层面做出变革。

（一）消除社会排斥

社会排斥是西方学者分析贫困问题时提出的一个概念。"社会排斥理论将人们的注意力从静态的贫困引向动态的贫困，从对贫困状态和结果的观察引向对贫困产生的动态社会过程的剖析；将洞察

---

① 周长城、张敏敏：《论阶层固化的成因与危害》，《人民论坛》2014 年 4 月（中）。

贫困的视野从社会成员收入不足拓展到社会生活参与等各方面的不足。"① 我国城市贫困的产生也与社会排斥相关，尤其是与工作相关的新贫困问题相关。从社会阶层的层面透视城市贫困问题可发现，社会下层的居民由于能力和资源的限制，会受到社会阶层高的居民排斥，这种排斥可以发生在生活和工作的各个领域。构建和谐社会的目标就是致力于消除社会生活中的社会排斥，促进社会关系的和谐。在此理念指导下，以维护公平正义为目标导向的社会建设通过改革一些不合理的制度设计，消除了社会排斥的一些障碍。但是，在阶层分化过程中，有形的和无形的社会排斥依然存在，阻碍着代际阶层流动。这些社会排斥因素固然与被排斥者的能力有关，但更为重要的是一些不合理的制度设计在制造着社会排斥现象。因此，消除社会排斥就要确保户籍制度改革成果落地，以补偿教育推动教育公民和消除基于非能力的就业排斥。

首先，确保户籍制度改革成果落地。户籍不仅仅是一个标签，而且附着着权利和福利。城乡二元户籍制度的实质是国民待遇的差别化，与此相适应的一系列制度安排，排斥着非户籍人口使其无法在城市享有平等的市民待遇。2014 年国务院出台了《关于进一步推进户籍制度改革的意见》，户籍制度改革迄今也已经有了实质性进展，以户籍为社会排斥机制即将成为历史。户籍制度改革就是要"剥离附加在户籍制度上的一切差别化、歧视性、排斥性和身份性的附属物，使户籍制度回归作为单纯对人口进行登记管理的必要手段的功能"。② 户籍制度改革必然是一个利益再调整再分配的过程。户籍制度改革从制定路线图到政策落地的改革过程不会一蹴而就。在具体的推动实施过程中，中小城市应率先打破城乡二元户籍制度，将辖区人口统一登记为居民户口，同时制定农业转移人口进城落户的具体政策和激励办法。对于一些暂时不具备改革条件的省会

---

① 杨冬民：《社会排斥与我国的城市贫困——一个理论框架的分析》，《思想战线》2010 年第 3 期。

② 张海东：《户籍制度改革促进社会质量提升》，《中国社会科学报》2014 年 9 月 12 日第 3 版。

城市，应完善居住证制度，弱化户籍制度的福利功能，建立以居住证为纽带的福利获得机制。

其次，以补偿教育推动教育公平。教育公平问题是一个社会热点问题，这无疑与教育在代际优势传递中的作用相关。理论与实践均已证明，教育在促进社会平等的同时，也会制造新的社会不平等。政府已为推动教育公平问题做出了不懈努力，但在这个过程中一些新的问题又会显现。教育公平的一个核心问题是教育资源的配置问题。当下，政府正致力于消除区域之间、城乡之间和校际之间的宏观教育资源差异，但阶层之间或者家庭之间的微观家庭教育资源差异依然是制造教育不公平的因素。那些阶层地位高的家庭凭借家庭资源优势，让子女参加培训班、请家教老师，甚至运用金钱参与"择校"，这些都是以雄厚的资本为基础的，但贫困阶层家庭只能望而兴叹。因此，推动教育公平就要注重教育公平发展，引入补偿教育的理念，为贫困家庭的子女提供补偿教育，为他们提供特殊补贴，由此对家庭教育资源不平等现象进行政策干预。此外，补偿教育要超越户籍限制，不仅面向城市贫困阶层，还要面向广大农民工群体的随迁子女，让他们的子女不仅能在城市入学，而且能上好学。

最后，消除基于非能力的就业排斥。社会主义市场经济体制建立后，市场逐步成为人力资源配置的基础性手段。市场配置资源无疑是一种高效的模式，但市场在资源配置中发挥基础性作用是有条件的。因为外在的制度环境和相关条件尚未具备，所以在市场配置资源过程中，一些基于户籍、地区、行业、性别等的排斥现象依然存在。这不仅损害人力资源配置的效率，也有违社会公平正义。就业排斥的原因是基于某种标签的就业歧视。尽管一个完全自我调节的市场是不存在的，人力资源也不会完全像商品般流动，政府也的确需要为就业能力较弱的困难者提供社会保护，但也仅此而已。统筹人力资源市场消除劳动力市场中的排斥现象，就要打破城乡、地区、行业分割和消除身份、性别歧视，让能力成为评判就业选择的主要标志。与此同时，政府还为所有就业困难者提供公益性岗位，以购买岗位的形式解决这部分群体的就业问题。对于就业过程中的各种显性和隐性排斥现象，政府应施以权利救济，保障劳动者的公平就业权，维护其合法权益。

（二）推动社会融合

社会融合与社会排斥是一个问题的两个方面，社会融合概念起源于学者对社会排斥的研究。在本部分中社会融合主要是面向流动人口，尤其是进城农民工的市民化问题。"由于农民工的规模之大，对中国社会发展影响之深，使其成为弱势群体社会融合研究中的焦点之一。"[1] 庞大的农民工群体如果不能有效地融入城市生活，而是游离于城市生活之外，不仅会造成他们阶层的固化和底层身份的代际传递，也会影响城市社会的稳定性。因此，推动社会融合的公共政策变革建议是以包容性增长促进发展成果共享、以基本公共服务均等化促进待遇市民化、以社区活动参与缩小心理距离。

一是完善包容性增长政策。以经济建设为中心的发展战略固然会带来经济的高速增长，但也由于忽视社会建设而引发了一系列社会问题，出现"扭曲的发展"和"有增长无发展"等现象。寻求经济和社会的协调发展需要完善包容性增长政策。包容性增长[2]也被称为"机会平等的增长"和"有利于穷人的增长"。"包容性增长通过关注创造高生产率的工作并使所有人可以平等获得这些工作来增强减贫的效果，同时通过社会保障网解决极端贫困问题。"[3]

---

① 悦中山等：《当代西方社会融合研究的概念、理论及应用》，《公共管理学报》2009年第2期。

② "包容性增长"概念的提出始于2007年10月亚洲开发银行组织的"新亚太地区的包容性增长与贫困减除"国际研讨会。中国是包容性增长的积极倡导者，更是包容性增长的积极实践者。2009年11月15日，胡锦涛在亚太经济合作组织上发表题为《合力应对挑战，推动持续发展》的讲话，首次使用了"包容性"这一概念，强调"统筹兼顾，倡导包容性发展"。2010年9月16日，在第五届亚太经合组织人力资源开发部长级会议上，胡锦涛又发表《深化交流合作，实现包容性发展》的致辞，系统阐述了中国对包容性发展的认识和实现包容性发展的主要途径。

③ 庄巨忠：《亚洲的贫困、收入差距与包容性增长》，中国财政经济出版社2010年版，第13页。

创造高速增长创造经济机会、确保平等获得机会的社会包容、预防极端贫困的社会保障网是包容性增长的三大政策支柱。由此可见，在社会政策包容化的过程中，政府应努力关注城市不同群体的权益，重视农民工群体及弱势群体的权利保障问题。基于包容性增长政策，政府贫困治理要投资于教育、医疗和其他社会服务以扩展人的能力，尤其要关注处于不利地位的群体；政府还应致力于消除各种市场和制度失灵以及社会排斥以创造公平竞争环境。

二是实现基本公共服务向常住人口全覆盖。在各类群体中，以农民工为核心的流动人口阶层再生产最为明显。当下，在老一代农民工之后，出现了新生代农民工，甚至"第三代农民工"也即将登上舞台。国家目前正在推行新型城镇化战略，这种战略不同于以往之处就在于强调人的城镇化。人的城镇化就是要把流动人口由"工作人"转变为"生活人"，满足他们的基本公共服务需求。防止流动人口的代际传承和阶层固化，"要坚定不移地推进城乡一体化，调整各种政策，特别是出台直接关系到农民工利益的具体措施，帮助农民工阶层特别是新生代农民工积极融入城镇生活、融入当地环境"。① 实现基本公共服务向城市常住人口全覆盖，就要在取消户籍的基础上建立统一的居民证制度，以居民户口为基础向辖区内的所有人提供基本公共服务，新老市民在劳动就业、基本公共教育、基本医疗卫生服务、计划生育服务、公共文化服务、住房保障服务、社会救助服务等方面享有同等待遇。

三是通过开展社区活动缩小新老市民的社会距离。社会融合的价值取向是包容、公平和共享，其外在的追求是居民的身份、权利和待遇的无差异化，内在的要求则是建立居民的心理认同。当前，城市本地人与外地之间的利益矛盾、新老市民之间的文化冲突等影响和谐稳定的问题是客观存在的。隔离会产生距离，相互沟通与交往则会产生信任。"对于当前提高城市本地居民与流动人口彼此接

---

① 李怀玉：《新生代农民工贫困代际传承问题研究》，社会科学文献出版社2014年版，第200页。

纳意愿，促进流动人口更好更快地融入城市社会，一个关键因素是提高城市本地居民与流动人口的社会交往。"① 流动人口长期以来的居住模式使得他们以地缘为核心聚集而居，这更加剧了流动人口与城市居民之间的社会距离。② 随着新一轮城市化过程中的旧城改造，新的居住社区不断建立起来，为新老市民的融合而居创造着条件。推动流动人口的社会融合，要以社区为依托，开展丰富多彩的社区活动，并注重流动人口的活动参与，拓展新老市民接触的公共空间。

（三）健全社会保障

尽管贫困阶层对社会保障的参与并不高于非贫困阶层，这一群体却更需要社会保障。"一些贫困家庭在兜底和保基本的社会保障制度支持下，能够维持基本的生存需要，逐步恢复一定的家庭功能，具备一定摆脱贫困的能力。"③ 政府大规模建立社会保障体系的初衷是适应社会主义市场经济的发展，应对经济改革中的社会风险。然而，社会保障体系在建立的过程中缺少顶层设计，通常是依托原有的单位制度通过试点先行、渐次推进逐步完善起来的，这种制度设计的路径依赖特征会导致社会保障的碎片化特征。贫困阶层由于可行性能力的不足和具体条件的限制，在社会保障的参与方面处于弱势地位。

首先，建立适度普惠型的社会保障体系。随着社会主义市场经济体制的初步建立，市场竞争日趋激烈，社会中一部分群体因为先天的或者后天的原因而被边缘化，成为了社会弱势群体。政府应通过积极建立和完善社会保障制度，确保这部分人能够分享社会发展

---

① 邢朝国、陆亮：《交往的力量——北京市民与新生代农民工的主观社会距离》，《人口与经济》2015 年第 4 期。

② 如在北京曾出现"浙江村"、"河南村"、"安徽村"等现象，这说明他们在城市的社会关系没有超越以血缘、地缘网络为基础的初级社会关系。

③ 祝建华：《城市贫困家庭贫困代际传递的影响因素及政策干预》，《团结》2014 年第 3 期。

成果。完善社会保障制度，不仅是适应建立社会主义市场经济体制的要求，更是巩固党的执政基础的需要。随着社会保障体系的逐步建立与完善，我国正在迈向全民保障型国家。适应贫困阶层再生产的治理要求，对社会保障制度的改革建议包括：一是完善社会保障顶层设计，实现社会保障体系内部社会救助、社会保险、社会福利的功能整合，优化三者的功能定位；二是逐步扩大社会保障的覆盖范围，消除社会保障的分割现象，逐步建立城乡统一、区域统一、行业统一的社会保障体系；三是特别重视农民工群体社会保障体系的建立与完善，逐步把农民工群体纳入城市社会保障体系。"需要真正扫除影响流动人口特别是农民工及其家属享受与当地市民平等的社会保障及基本公共服务权益的政策障碍。"①

其次，构建城乡一体的社会救助制度。最低生活保障制度虽可在收入方面满足居民的需要，但他们还有其他方面的需要也要得到满足。我国新出台的社会救助政策正在逐渐走向综合性救助，其内容既包括生存型救助，也涵盖发展型救助。在注重传统生活救助的同时，社会救助还包括医疗救助、教育救助、住房救助和就业救助等方面。"随着临时救助制度等多项制度内容的丰富和推进，从市场经济改革之初的'选择性'制度向'普遍性'救助体系过渡已经成为必然趋势。"② 根据社会经济发展的要求，我国社会救助制度改革和发展的目标，应该是以国家财政拨款为主，同时还应积极倡导和利用社会捐助，促进实现社会救助和慈善事业的有效衔接，以缓解城乡贫困现象。城乡社会救助制度的改革方向应包括：一是进一步制定《社会救助暂行办法》的具体实施意见，确保主要措施在各地落实；二是消除社会救助中的户籍排斥现象，逐步把城市农民工群体纳入社会救助的范围中；三是整合城乡社会救助体系，实现城乡之间社会救助制度的衔接与一体发展。③

---

① 郑功成：《中国社会保障改革：机遇、挑战与取向》，《国家行政学院学报》2012 年第 6 期。

② 韩克庆：《中国社会救助制度的改革与发展》，《教学与研究》2015 年第 2 期。

③ 孙远太：《政府贫困治理能力及其提升路径》，《开发研究》2015 年第 3 期。

最后，完善最低生活保障制度。近年来，随着经济体制改革的不断深入，城乡居民的最低生活保障体系已经基本建立，这一制度对保障城乡低收入群体的生活发挥着不可替代的作用，为城乡贫困群体构建了一张"安全网"。与此同时，城乡居民最低生活保障不仅标准很低，覆盖范围也有限，目前我国依然有大量的贫困群体没有被纳入城乡最低生活保障之中。最低生活保障制度的建立是为了应对下岗失业高潮，带有很大的选择性色彩。鉴于应对下岗失业现象的阶段性目标已初步实现，如何改革与完善最低生活保障制度应尽快提上日程。鉴于最低生活保障制度的"兜底"功能，把贫困人口和贫困家庭全部纳入低保范围已成为一种现实选择。居民最低生活保障制度的改革方向应包括：一是逐步统一城乡之间、区域之间的最低生活保障标准，把最低生活保障金以居民生活金的名义向符合条件的居民发放；二是适应户籍制度的改革，逐步把符合条件的农民工家庭纳入最低生活保障覆盖范围；三是提升最低生活保障标准的筹资层次，短期内增加省级财政的投入，最终所需资金由中央财政承担。[①]

三 家庭层面：面向资本积累的 家庭政策安排

家庭是社会成员生活的最基本单元。在人类历史的大部分时间中，家庭都承担着福利和保障功能。即使是西方福利国家，也极为强调家庭的福利责任。在福利多元主义分析范式中，家庭是重要的一元。社会对家庭的重视经历了从消极到积极的转向，在强调家庭福利责任的同时，政府应通过实施家庭政策帮助家庭实现这种责任。在贫困阶层再生产中，家庭政策的意义在于家庭对人力资本投资的价值。"就人力资本的形成而言，家庭的作用不仅表现在家庭环境对儿童及青少年学业和教育效果的影响，还表现在对其所有成

---

① 孙远太：《政府贫困治理能力及其提升路径》，《开发研究》2015 年第 3 期。

员的诸多方面的影响。"① 良好的家庭政策的实施有助于提高家庭的发展能力，尤其是对于贫困阶层家庭而言，其迫切需要这种能力来抵抗贫困风险。"因此不少国家的家庭政策一直致力于开展'反贫困文化'项目，以避免贫困家庭对贫困的习以为常以及由此发展并传递给孩子一种适应贫困的亚文化。"② 随着市场经济的发展和社会转型，我国的家庭在结构和规模上已出现变化，家庭的传统功能也在弱化。在消除贫困阶层再生产中，家庭的作用至关重要，为此要以家庭政策推动家庭功能重建，实现家庭资本的积累。

（一）家庭经济资本积累

贫困阶层不仅缺乏维持生活的收入，更为重要的是其长期收入低下导致资产积累的匮乏。相对于收入，资产积累更能够为居民的稳定生活和未来发展提供基础。资本要素在国民财富分配中的比重远远高于劳动要素，而贫困群体所能获取的只有劳动这个单一要素。这就要求贫困治理应注重增加贫困群体的财产性收入。"在贫困治理中，保护穷人资产与协助穷人管理资产投资未来应成为一项重要的社会政策。"③ 当下，以资产为基础的积极社会政策正在逐步替代以收入为基础的消极福利政策。因此，一方面应引入资产建设的理念，注重贫困家庭和贫困者的资产积累；另一方面应为贫困者建立个人资产账户，激励贫困者进行资产的自我积累，为其自身的生存和发展提供经济基础。

首先，发展包容性金融。金融服务的获得有助于贫困家庭改善其生存状态，由此更好地维持生计和开展经营活动。但是，由于缺少可抵押资产和信用，这些家庭往往难以获得金融账户，其金融的可及性较低。近年来，一种致力于提高金融可及性的包容性金融政

---

① 张秀兰、徐月宾：《建构中国的发展型家庭政策》，《中国社会科学》2003 年第 6 期。

② 胡湛、彭希哲：《家庭变迁背景下的中国家庭政策》，《人口研究》2012 年第 2 期。

③ 刘振杰：《资产社会政策视域下的农村贫困治理》，《学术界》2012 年第 9 期。

策已发展起来。包容性金融也称普惠型金融，其核心是向所有阶层提供金融服务，尤其是那些传统金融所忽视的弱势群体。包容性金融的概念是 2005 年由联合国提出的，它强调通过完善金融基础设施，以可负担的成本将金融服务扩展到欠发达地区和社会低收入人群，从而不断提高金融服务的可获得性。① 在贫困家庭中开展包容性金融服务，要做好以下几点：一是做好包容性金融宣传，提高贫困家庭的金融知识水平和对包容性金融的认知度；二是开展面向贫困家庭的小额信贷服务，让贫困家庭能够快捷、便利地获得金融支持；三是政府为贫困家庭的金融服务提供补贴，降低贫困家庭经营活动的融资成本。

其次，为贫困者建立个人发展账户。个人发展账户是根据资产建设理论设置的贫困者资产积累账户。个人发展账户与最低生活保障金的区别在于，前者注重发展能力的培育，而后者则着眼于维持基本生活。个人发展账户主要瞄准相对贫困群体，这部分群体有一定的发展能力，但缺少发展的必要资产。政府可以引导他们调整消费行为，注重资产的积累，定期向个人发展账户存款。以贫困者的自我注资为前提条件，政府应通过转移支付的形式向个人发展账户注资。政府对非正规就业者的社会保险缴费补贴也可以全部或部分注入个人发展账户。"建立个人资产账户除了需要政府财政上的支持外，非政府组织、民间基金组织和个人的辅助也是必不可少的。"② 政府还可以动员企业和社会组织为贫困家庭的儿童建立个人发展账户，通过贫困家庭、企业和社会组织共同为个人账户注资，并规定贫困家庭的儿童在成年后才可以动用账户资金，避免他们走向成年时重新陷入贫困。

最后，改革社会保障个人账户。在社会保障体系中，基本养老保险、基本医疗保险和住房公积金为人们应对养老、医疗和住房三大问题提供了保障。目前基本养老和基本医疗采用的是"社会统筹

---

① 周小川：《践行党的群众路线推进包容性金融发展》，《求是》2013 年第 18 期。
② 刘振杰：《资产社会政策视域下的农村贫困治理》，《学术界》2012 年第 9 期。

+个人账户"的发展模式,住房公积金也有个人账户,但不同保障之间的个人账户是不关联的。个体在生命周期的不同时间会遇到不同的事件,基于个人账户的刚性,无法统筹使用个人账户。社会保障短期改革目标是扩大生活保障个人账户的使用范围,不断增加个人账户资产的受益。长期改革目标则是整合基本养老保险、基本医疗保险和住房公积金的个人账户,建立统一的社会保障个人账户。"具体地说综合考虑各个社会保障项目,建立它们之间的联结。特别是通过资产社会政策,对个人资产进行综合协调,以适应人们生命周期不同时期的需要,适应不同个人在医疗、劳动能力、生命等各方面的实际风险差异。"[1] 特别需要指出的是,作为最类似资产社会政策的住房公积金制度,目前是限制灵活就业人员的参与的。[2] 住房公积金作为一种资产积累政策,承担着城市居民"住有所居"的梦想。住房公积金是一种长期储蓄,既能增加个人的收入,又能提升住房消费能力。因此,应在试点改革的基础上,逐步将灵活就业人员纳入住房公积金制度,以让这一群体参与资产积累。

(二) 家庭文化资本积累

文化资本是文化再生产的工具,也是实现社会再生产的手段。文化资本概念的提出,就是被用来"揭示出身于不同社会阶级的孩子取得不同的学术成就的原因"。[3] 这种再生产方式相对于直接再生产或基于经济资本的再生产更具有隐蔽性。在经典的文化资本理论中,文化资本为上层家庭所专属,而下层家庭的子代们只能依靠学校获得文化资本,因此自然处于不平等之中。后来的研究者把文

---

① 杨团、孙炳耀:《资产社会政策与中国社会保障体系重构》,《江苏社会科学》2005 年第 2 期。

② 2015 年 8 月以来,在刺激住房消费的背景下,国内一些城市已放开住房公积金缴费政策,允许已办理工商登记的城镇个体工商户,自由职业者、进城务工农民等灵活就业人员申请办理缴存住房公积金。2015 年 11 月住房公积金改革方案征求意见稿已对此有所回应。

③ 〔法〕皮埃尔·布尔迪厄:《文化资本与社会炼金术》,包亚明译,上海人民出版社 1997 年版,第 193 页。

化资本从狭义扩展到了广义，并指出广义的文化资本使下层家庭能够实现代际向上流动。我国的经验研究也支持文化流动假设，"社会地位较低的家庭通过文化资本积累，可以实现子女向上流动"。① 前面的经验分析也表明，下层家庭可以借助家庭文化资本的……避免子代陷入贫困地位。因此，引入家庭文化资本投资的概念，帮助贫困家庭提高文化资本，消除贫困亚文化，有助于城市贫困阶层再生产的治理。

首先，塑造家庭教育理念。我国社会有重视教育的传统，教育自古被视为改变命运的途径。但随着近年来社会阶层固化的趋势，一种"读书无用论"的观点在社会中流行，尤其是在农村地区，一些农村家庭的子女过早地让孩子放弃了上学机会。这种观点在城市的一些底层家庭也开始有了影响，底层家庭的孩子们由此过早地退出教育过程，成为城市新失业群体。家庭教育理念是家庭价值观的组成部分，然而当下在底层家庭流行的亚文化不利于子女的社会流动。"教育理念支配着教育方式方法，决定着教育方向，是家庭教育成败的决定性因素。"② 要重塑家庭教育理念可以采取以下方式：一是办好家长学校，让家长更多地参与和了解子女的学习过程；二是开展合理的舆论引导，宣传知识改变命运的榜样人物，传递正能量；三是强化对接受义务教育的约束，并做好义务教育后的教育分流。

其次，拓展家庭学习资源。社会阶层对教育的影响，不限于家庭对于子女教育重视与否，"不仅表现在教育价值观差异导致的儿童教育抱负和职业抱负的差异，更是由家长对子女的教育能力，家长拥有的社会阶层文化资源决定的"。③ 底层家庭重视子女教育，却缺乏相应的家庭学习资源。无形的家庭学习资源通常会受父代受

---

① 仇立平、肖日葵：《文化资本与社会地位获得——基于上海市的实证研究》，《中国社会科学》2011 年第 6 期。

② 赵忠心：《教育理念决定家庭教育成败》，《人民日报》2013 年 9 月 1 日第 5 版。

③ 吴重涵：《家校合作的家庭视角——〈家庭优势：社会阶层与家长参与〉中译本序》，《教育学术月刊》2015 年第 4 期。

教育程度的影响，父代受教育程度高的家庭有利于形成良好的文化氛围；无形的家庭学习资源也受父代职业地位和经济地位的影响，因为这些学习资源往往是由经济资本转换而来的。鉴于家庭学习资源在子女教育获得乃至地位获得中的价值，可以通过以下渠道拓展家庭学习资源：一是学校的学习资源向家庭困难的学生倾斜，允许他们借阅学校的图书资料，并优先在课外使用其他学习资源；二是在社区建立青少年学习中心，购置一些基本的学习资源，优先供社区内家庭困难的学生使用；三是分类实施最低生活保障标准，向子女处于学龄阶段的家庭发放特殊教育补贴，供其购置家庭学习资源。

最后，支持家庭文化活动。家庭文化活动与社会阶层的惯习有关，文化资本丰富的家庭，会参与更多的文化活动。"家学渊博的子女，因其早期接触到的是去展览馆、听音乐会、读世界名著，必定比来自文化资本匮乏的家庭的子女更容易在学校获得成功。"① 那些文化资本匮乏的家庭，一方面缺少参与文化活动的偏好，另一方面也因为生计而忙碌缺少参与的时间。这种匮乏的状态传递到子女身上，会影响子女对主流文化的熟悉性，其从家庭养成的文化反而会受到学校的排斥。支持贫困家庭的子女参与文化活动需要政策创新：一是在建设普惠的基本公共文化服务体系过程中，让更多的家庭能够参与公共文化活动；二是城市的图书馆、文化馆、科技馆等场所应免费向贫困家庭开放，并为其参观提供便利；三是在家中缺少时间的情况下，可以由学校或社区组织贫困家庭的子女参加一些文化活动。

（三）家庭社会资本积累

社会资本概念一经提出，就成为社会科学中常用的、有效的分析工具。社会资本会因其不均衡分布制造不平等，基于社会资本的

---

① 赵兵、刘永杰：《布迪厄的文化资本与教育公平》，《社会科学战线》2010年第3期。

贫困分析范式也得到承认，投资社会资本也被视为贫困治理的途径。"特定行为者占有的社会资本的大小，取决于他可以有效加以运用的网络规模的大小，或者与他有联系的每个人依靠自身的权利所占有的资本的大小。"① 贫困家庭处于社会的底层，他们的社会交往网络是有限的，他们与不同社会地位的交往少于非贫困阶层，决定他们的家庭社会资本是有限的。"家庭中的社会资本是家庭中孩子接受教育的资源之一，正如财务资本和人力资本也是家庭中孩子接受教育的资源。"② 家庭社会资本可以分为家庭外部社会资本和家庭内部社会资本，这两种类型的社会资本都对教育过程有作用。要通过投资社会资本治理贫困阶层再生产，就要增加家庭外部社会资本和家庭内部社会资本。

首先，增加家庭外部社会资本。社会阶层的地位差异造成城市居民社会关系网络的差异性，并会进一步体现到子女的教育过程。"中上阶层家庭的家长在工作中通常会建立更加广泛、更加高级的社交网络，并且通常具有不断建立孩子教育有效社交网络的能力。"③ 这些家庭的家长们会重视家校合作关系，关注子女在学校的信息，并且会与同样是中上阶层的同事谈论子女教育问题。贫困家庭的家长则把子女教育视为学校的事情，他们缺少维护家校关系的动力和能力，更放任子女在学校的表现。缺少了家长的有效参与，这些家庭的子女们只能更依赖自己的勤奋和努力而取得学业成功，他们比中上阶层家庭的子女走了一条更为独立、更为艰辛的道路。个体的成长离不开包括家校关系在内的社会支持，增加家庭外部社会资本可以通过以下渠道：一是克服家校关系建设形式化的弊端，吸引家长参与学校教育过程，培育家长与学校的良好合作与信

---

① ［法］皮埃尔·布迪厄：《资本的形式》，武锡申译，载薛晓源、曹荣湘主编《全球化与文化资本》，社会科学文献出版社 2005 年版，第 15 页。

② James S. Coleman, "Social Capital in the Creation of Human Capital", *American Journal of Sociology*, Vol. 94, Supplement, 1988.

③ 吴重涵：《家校合作的家庭视角——〈家庭优势：社会阶层与家长参与〉中译本序》，《教育学术月刊》2015 年第 4 期。

任关系；二是为家庭困难的家长参与学校活动提供支持，改变家长单向度地被动参与的现象，变单项沟通为双向沟通；三是以家长学校或家长委员会为载体，促进家长之间的交流与沟通。

其次，增加家庭内部社会资本。家庭社会资本不仅包括家庭外部的社会关系，还包括家庭内部的社会关系，后者往往通过家庭内部的亲子互动表现出来。家庭的结构性缺陷和家庭亲子关系的疏离化都会导致家庭内部社会资本的降低。"家庭中使孩子获得成年人人力资本的社会资本依赖于家庭中成年人的经常在家和成年人对孩子的关注程度。"① 当代家庭结构的核心化以及父母双方的工作参与，造成子女的隔代培养现象，代际间的亲子互动有降低的趋势。贫困家庭为生计而奔波，往往会疏于对子女的教育。改善家庭内部关系，增加家庭内部社会资本供给，可以采取以下方式：一是改变家庭对亲子关系互动的认识，引导他们重视家庭内部互动，承担起家庭照顾的责任；二是开展社区照顾活动，把父母双方缺少时间的孩子集中起来，由专门人员辅导功课或开展活动，以社区社会资本弥补家庭社会资本；三是引入专业社会工作组织为贫困家庭处理家庭内部关系提供专业支持。

四　个体层面：提升个人发展能力的政策选择

贫困阶层致贫的一个重要原因就是他们由于各种限制，无法共享社会发展成果。我国的贫困治理要逐步转向共享型贫困治理模式，为贫困阶层创造更多的发展机会，促进他们与其他群体共享改革发展成果。党的十八大报告指出，"始终把实现好、维护好最广大人民根本利益作为党和国家一切工作的出发点和落脚点，尊重人民首创精神，保障人民各项权益，不断在实现发展成果由人民共

---

① James S. Coleman, "Social Capital in the Creation of Human Capital", *American Journal of Sociology*, Vol. 94, Supplement, 1988.

享、促进人的全面发展上取得新成效"。① 近年来，政府开始关注社会成员的普遍性福利，为每一位成员提供同样的发展机会，并注重提高社会成员的发展能力以使他们参与到社会发展中。在这个过程中，尤为重要的是如何为陷入贫困的群体提供共享改革发展成果的机会，而促进个人发展能力提升无疑是一种重要的路径。

（一）健全发展型社会政策

在发展主义背景下，"社会政策的目标已经有所拓展，缓解贫困、社会保障、社会包容以及促进人权等均被囊括在内"。② 发展型社会政策的核心理念是"社会政策是一种社会投资，是对人力资本和社会资本的投资"。发展型社会政策还坚持政府、非政府组织、个人都是社会政策的主体，都应该在社会政策中发挥自己的作用的理念。发展型社会政策启示我们在贫困治理过程中，以社会投资的观点来看待贫困治理，从消极救助走向积极干预。我国面向就业群体的政策带有预防性特点，但贫困群体往往难以享有这种政策。面向贫困群体的治理政策，则往往是一种事后的补救型的治理政策。这种事后的消极干预措施就事论事，对贫困群体起不到战略性的预防作用，也难以促进其能力提升。因此，贫困再生产的治理要坚持以发展型社会政策为指导，坚持从"救贫"、"扶贫"向"防贫"、"反贫"的转变。

首先，坚持社会投资战略。基于对福利国家弊端的认识，不少学者都提出福利国家的改革方案。吉登斯提出以社会投资型国家代替福利国家，社会投资国家主要原则为"在任何可能的情况下要投资于人力资本，而不是直接给予利益"。③ 在吉登斯的社会投资战

---

① 胡锦涛：《坚定不移沿着中国特色社会主义道路前进　为全面建成小康社会而奋斗——在中国共产党第十八次全国代表大会上的报告》，新华网（http://www.xi.xin-huanet.com/2012-11/19/0-113722546.htm），2012年11月8日。

② [英] 安东尼·哈尔、詹姆斯·梅志里：《发展型社会政策》，罗敏译，社会科学文献出版社2006年版，第1页。

③ [英] 安东尼·吉登斯：《左派瘫痪之后》，杨雪冬译，《马克思主义与现实》1999年第1期。

略中，针对老年人，要废除固定退休年龄，充分利用老年人的人力资本；针对失业人员，要变"授人以鱼"为"授人以渔"，让他们积极参加培训，并提供重新就业的机会。我国的社会建设战略与社会投资有类似之处，社会建设已被纳入"五位一体"的中国特色社会主义建设总格局。加强社会建设的重点就是保障和改善民生，将教育和医疗的发展都纳入其中，这对于提升人力资本水平，促进经济发展有积极意义。在贫困阶层再生产治理中，坚持社会投资战略就要：一是更加重视维护社会公平正义，注重弱势群体的福利改善；二是从消极福利走向积极福利，使参加培训为贫困群体享受福利的基本条件；三是通过更优质的教育资源和医疗资源供给，提升人力资本整体水平。

其次，把贫困者带回中心。福利多元主义自20世纪70年代以来，日益成为指导社会政策发展的价值取向。福利多元主义的基本主张是，政府不再是社会福利的唯一提供者，社会福利也可以由其他组织承担；政府角色转变为福利服务的促进者、规范者和购买者。① 福利多元主义的本质是对社会福利事务的合作供给，主张政府、市场、社会和家庭等主体的责任共担。一些学者也开始用福利多元主义来分析中国的福利发展问题。贫困阶层再生产是一个复杂的社会问题，其治理单靠政府的力量难以完成。因此，贫困阶层再生产的治理需要构建包括政府、社区、社团、非政府组织、贫困者等在内的多元化主体参与的社会救助主体系统，从而形成复合型的贫困治理体系。对于多元贫困治理体系不同主体的角色定位，前面对贫困治理格局的分析已提及，这里主要强调贫困者个体在贫困治理中的责任。强调贫困者的个体不同于把贫困归因于个体，而是认为贫困者的自我发展是摆脱贫困的最根本路径，由此把贫困者带回贫困治理的中心。对于贫困者而言，其应在贫困治理中要树立"自助"的理念，摆脱"等、靠、要"的思想，回归到主体的地位，

---

① 彭华民、黄叶青：《福利多元主义：福利提供从国家到多元部门的转型》，《南开学报》2006年第6期。

通过自我赋权、自我赋能，提高自我发展能力，不仅为自己这一代，也为子代摆脱贫困创造基础，从而切断贫困在代际间的传递。

最后，实施整体性干预。发展型社会政策是一种政策理念，其嵌入在具体的政治、经济和社会环境中不同的措施。"在正确借鉴发展型社会政策的思想精髓的基础上，结合我国具体的社会政策问题和社会政策环境，可以得到适合我国的社会政策理念——整体型社会政策。"[1] 要将整体型社会政策运用于贫困阶层再生产的治理之中，需要采取一种整体性干预举措。基于贫困治理对社会个体的功能，贫困治理可分为生存型和发展型贫困治理。[2] 前者是一种"输血式治理"，在实践中体现为对最低生活的保障，即以现金和实物救助为主的以维持最低生活的方式。后者则属于"造血式治理"，即面向贫困群体的需求满足其差异性需求的社会支持性服务。发展型贫困治理"以发展的观念推行社会救助，注重弱势者的能力提升、资产建设与资本积累，以增强其克服困难的能力。"[3] 社会救助实施整体性干预，就是在保障被救助者基本生活的前提下，综合开展现金实物和社会服务在内的多种方式的救助，如心理救助、权利救助和关系救助。整体性干预通过以"助人自助"为核心的心理救助，帮助受助者提升战胜困难、走出困境的信心。整体性干预通过以增权为核心的权利救助，提升人的内在能力、改善其外在环境。整体性干预通过以融入为核心的人际关系救助，达到促进受助者人际关系恢复、提升社会支持水平的目的。

（二）加强可行能力的保障

经济社会发展无疑会为社会成员带来更多的发展机会，而能否

① 唐兴霖、周幼平：《整体型社会政策——对发展型社会政策的理性认识》，《学海》2011 年第 5 期。
② 孙远太：《政府救助与慈善救助衔接机制构建研究——基于整体性治理视角》，《中国行政管理》2015 年第 8 期。
③ 周沛：《社会福利视野下的发展型社会救助体系及社会福利行政》，《南京大学学报》（哲学人文科学）2012 年第 6 期。

利用发展机会取决于贫困群体的发展能力，即可行能力。城市新贫困本质上是权利贫困或者权利剥夺，是一种可行能力无法实现的状态。"贫困可以用可行能力的被剥夺来合理地识别，这种方法集中注意具有自身固有的重要性的剥夺。"① 政府推动生产力发展可以为社会成员提供更多的就业机会和更多的生活选择，从总体上提高社会成员的福利水平。然而，由于先天的或后天的差异，每位社会成员在经济发展和社会进步中的受益程度是有区别的，政府要为社会成员提供平等的发展机会，尤为重要的是要关注贫困群体发展能力的培养和发展机会的获取。

首先，开展技能培训。贫困者的发展能力主要靠其适应社会的能力来体现，这又与个人的人力资本水平相关。"为改变一般的人的本性，使他获得一定劳动部门的技能和技巧，成为发达的和专门的劳动力，就要有一定的教育和训练。"② 劳动力再生产依赖于教育的作用，教育既有助于维持劳动力再生产，对于个体的机会获得也有促进作用。"从较为实际的意义上说，教育对于个人之所以重要，是因为教育为他们增加收入和提高生活水平提供了机会。"③ 贫困在某种意义上是个人发展所必需的机会与能力的被剥夺，即人力资本的贫困。大量新生代农民工和城市底层家庭的子女在底层继续聚集，就因为他们缺少技能训练而无法成为技术工人，以至于无法进入初级劳动力市场。政府应该成为贫困者获取技能的主要推动者，其可以通过以下方面提升贫困群体的人力资本：一是推行终身职业技能培训制度，为劳动者提供可持续的技能更新机会；二是在贫困群体中开展免费职业技能培训，提高他们在市场上的就业能力；三是为失业人员提供强制性职业技能培训，避免他们因长期失业而致贫。

---

① ［印度］阿玛蒂亚·森：《以自由看待发展》，任赜、于真译，中国人民大学出版社 2002 年版，第 86 页。

② 《资本论》第 1 卷，人民出版社 2004 年版，第 200 页。

③ ［瑞典］冈纳·缪尔达尔：《亚洲的戏剧——南亚国家贫困问题研究》，方福前译，首都经济贸易大学出版社 2001 年版，第 285 页。

其次，推动组织化建设。在对内城区贫困的分析中，威尔逊认为社会的断裂造成了贫困者处于一种社会孤立的地位。贫困在很大程度上也体现为"关系贫困"，即社会关系网络的缺乏。贫困群体的垂直型社会关系和水平型社会联系都有限，这也是造成他们社会地位更加边缘化的原因。贫困群体在城市社会中常常处于边缘化地位，没有能力也没有意识去建立和维持自己的组织。① 组织的缺乏使得他们在市场经济中以"原子化"个体身份存在，因此在市场上就业的能力更加弱化。政府通过提升贫困群体的组织化程度，可以扩大贫困群体的社会关系网络，增进贫困群体内部以及贫困群体对外部其他群体的信任，提升贫困群体的规范意识，使得这些原子化个体增强抵御市场风险的能力。相关的政策建议包括：面向社区建立社会组织孵化机制，激励社区内的贫困群体以寻求自我发展为目标的自组织化；鼓励贫困群体在创新创业的时代背景下，成立互助型的社会企业，在企业发展的同时为弱势群体创造更多的机会；在社区层面推动贫困群体的组织化，吸引贫困群体参与社区建设，合理引导贫困群体参与社区发展。

最后，强化权益保障。底层的生活状态使贫困阶层处于与外界"断裂"的地位，他们在权益受到损害时没有能力和渠道去表达，贫困好像在城市生活中变得不可视化。"由于制度环境的制约，贫困人群普遍缺乏参与制定规则和制度的渠道，缺乏替他们代言、为他们的权利鼓与呼的民意代表。"② 在贫困治理过程中，要改变非贫困者为贫困代言和决策的悖论。贫困治理政策要以贫困阶层为本位，以他们的体验去审视政策。贫困阶层需要把他们的呼声传递给政策制定者，在利益受损时他们需要一定的渠道去申诉，而这都需要建立贫困阶层的权益保护机制。把贫困阶层组织起来是维权的一种方式，但更重要的是政府的相关部门要切实担负起责任来，成为

① 郑志龙：《社会资本与政府反贫困治理策略》，《中国人民大学学报》2007 年第 6 期。

② 何慧超：《中国城市贫困与治理：基于可行能力的视角》，《学习与实践》2008 年第 2 期。

贫困阶层权利的维护者。强化贫困阶层的权益保障主要包括：一是继续开展法律知识宣传活动，让贫困阶层掌握运用法律维护自身权利的能力；二是建立贫困阶层利益表达的渠道，基层的社区组织定期搜集倾听民情民意；三是继续开展法律援助活动，为贫困阶层伸张正义提供法律支持。

（三）重塑个体的社会认同

自刘易斯提出贫困文化的概念后，学术界对于贫困的解释形成结构路径和文化路径的对垒局面。尽管有些学者不认可通过文化解释把贫困归因于贫困者，但并不否认这一路径的特定解释力，否则结构的解释也无法令人信服。其实，结构解释和文化解释是一种不可分割的关系，二者对贫困解释，以及对贫困再生产的解释都是必不可少的。"任何结构取向的制度解释里一定会包括文化因素；而文化取向的贫困文化解释又或多或少有制度的约束因素。"① 针对同一社会现象，不同的解释路径改变的只是解释模式，不能改变事物的发展过程本身。贫困治理的实践证明，如果不消除贫困得以发生的文化因素，物质层面的贫困治理往往是无效的，难以消除贫困陷阱，更难以防止贫困的再生产。因此，在贫困阶层再生产治理中，如何消除贫困阶层的亚文化，帮助其树立"蓬勃向上"的文化价值观，对于保障治理效果是不可或缺的。"从文化与融合的角度看，它提醒人们在制定城市反贫困对策时，不仅要注重物质方面的反贫困行动，而且还要注意帮助贫困人口摆脱贫困群体认同感，防止贫困文化的产生。"② 因此，消除贫困阶层的亚文化，就要重塑个体社会认同，以主流文化抵制和祛除非主流的贫困文化。

首先，合理引导贫困阶层的价值观。贫困文化的核心是其价值观，贫困价值观形成后便有自我维系的特征。"在贫困群体没有文化自觉意识的情况下，只能通过社会关注、支持、示范来引导贫困

---

① 周怡：《贫困研究：结构解释与文化解释的对垒》，《社会学研究》2002 年第 3 期。

② 何汇江：《城市贫困人口的群体认同与社会融合》，《中州学刊》2003 年第 3 期。

人群的文化自我改造。"① 贫困阶层对其社会地位内化后，所形成的价值观一般带有消极特征。贫困阶层所处的社会结构位置不仅限制了他们的行动能力，也限制了他们的自我期望。对于贫困阶层价值观的引导和重塑也是增强其个人发展能力的一种途径。合理引导贫困阶层的价值观，相关的政策建议包括：一是向贫困阶层宣扬社会主义核心价值观，倡导"爱国、敬业、诚信、友善"的主流价值，培育其公共精神；二是结合贫困阶层的现实需求，注重党和政府政策的宣讲，增强这一群体的政策知晓度，提高他们对主流价值观的内在认同；三是形成全社会关心关爱贫困者的氛围，消除社会上对贫困者的各种歧视现象，消除贫困阶层的社会孤立感，促进其融入主流的社会生活。

其次，提高贫困阶层的生活信心。贫困像一个污名化的标签，让贫困阶层对生活感到失去意义，对改变命运失去信心。贫困阶层在现实中尽管有改变生活状态的愿望，却缺乏足够的勇气和行动。"扶贫先扶志，要让穷人看到希望，而不是绝望。"② 遏制贫困再生产需要把贫困阶层带回分析的中心，让他们回归主体地位，让他们明白任何外在的干预措施都要依靠自身的改变而发挥作用。贫困阶层要从一个自在的群体到自为的群体，为摆脱贫困恶性循环的命运而努力。增强贫困阶层的生活信心的途径包括：一是帮助贫困者分析自身的优势，并协助他们把优势转变为劳动力市场上的竞争能力；二是在贫困阶层中树立其身边摆脱贫困的典型事例，以榜样的力量激发他们奋斗的内在动力；三是引导贫困阶层正视生活中的困难，并帮助其分析困难的解决之道，提升其自我解决问题的能力。

最后，丰富贫困阶层的文化生活。文化生活是一种融合剂与催化剂。在共同的文化生活中，贫困阶层与非贫困阶层能通过互动增进彼此的了解和信任。贫困阶层通过参与文化生活，也能够更为熟悉主流文化价值，消除社会生活中不同阶层潜在的"文化鸿沟"。

---

① 阳剑兰：《贫困文化及对其价值的引导》，《求索》2010 年第 6 期。
② 郑飞北：《另一个美国（译序）》，[美] 迈克尔·哈灵顿：《另一个美国》，郑飞北译，中国青年出版社 2012 年版，第 2 页。

让贫困阶层在物质上不富裕的同时，不用为精神文化方面的贫乏而焦虑。在社会建设中，"积极引导不同群体之间的相互同化，推进各利益群体同主流社会的文化融合，杜绝排斥和歧视"。[①] 丰富贫困阶层的文化生活的途径包括：一是在社区开展贫困阶层喜闻乐见、丰富多彩的文体活动，活跃他们的业余文化生活，满足其基本情感需求；二是城市的公共文化资源或文化场所要积极向贫困阶层免费开放，保障他们平等使用公益性文化设施的权利，通过图书馆、文化馆、文化站、博物馆、体育馆等场所满足他们的文化需求；三是社区在开展文化活动或文化服务时，要鼓励农民工群体的参与，促进这部分群体从情感和生活上融入社区、融入城市。

---

① 周怡：《制度与文化并重：新时期利益格局调整的路径》，《学术月刊》2012 年第 4 期。

附录 访谈提纲

1. 请介绍一下您的家庭情况（成员、职业、收入、健康情况、困难）。

2. 您上月的收入和支出大概是多少？主要收入来源有哪些？支出有哪些？您的家庭最大的花销是哪些？（记录具体数字）

3. 您或者您的家庭是否享受低保？您是哪一年开始领取低保的？当时是怎么申请的？请具体谈谈。（农民工：询问来本地时间，参加社会保险的情况。）

4. 您觉得低保对您个人和家庭的生活有什么影响？请详细说明。（农民工：询问参加社会保险的影响。）

5. 您觉得周围的邻居是如何看待低保户的？请举例。（农民工：询问如何看待农民工。）

6. 请谈谈您14岁以前父母的情况（户籍、受教育程度、职业、收入）。当时您家庭与周围人相比处于什么条件？

7. 在您14岁以前父母对您的教育期望是什么？在您上学的过程中，父母有哪些投入？您读的是重点还是非重点学校？您在学校成绩如何？当时您父母与老师的互动情况如何？

8. 您小时候父母有没有辅导您的功课？父母有没有带您去参观博物馆、科技馆、文化馆之类的场所？有没有参加过一些文化活动？各发生在什么阶段？

9. 您小时候父母希望您从事什么工作？父母如何帮助您实现这种希望的？在您就业过程中父母提供了什么帮助？

10. 在您上学或者就业过程中，有没有从政府或者亲戚那里获得帮助？请详细说明。

11. 您目前的工作是什么？何时开始的？当时是如何找到这份工作的？您曾经换过几次工作？请详细说明。（如果一直未就业，或者当前未就业，询问具体原因）

12. 您认为在当前的社会一个人的成功或者改变命运主要靠什么因素？

13. 您目前的生活处于什么地位？您希望过什么样的生活？通过您的努力能否改变自己的生活状况？

14. 请谈谈您配偶的情况？目前从事什么工作？配偶小时候家庭情况如何？两人是如何认识走到一起的？

15. 请谈谈您子女的情况？您有几个孩子？目前是上学还是就业？

16. 您希望子女上学到什么程度？您子女在各个阶段读的是重点还是非重点学校？您子女在学校的学习情况如何？上学期间有没有受到不公平待遇？

17. 您家对子女的教育投入如何？相比于周围的家庭，您家的投入处于什么情况？（如果没有子女的话，说明谈的是一种希望）

18. 您希望子女将来从事什么样的工作？您打算如何实现这种希望？（如果已经就业，则询问当初的希望）

19. 您希望子女过什么样的生活？怎样实现？您认为读书能否改变子女的命运？

20. 您子女自己想上学到什么程度？未来想找什么样的工作？未来想过什么样的生活？（如果已经就业，则询问当初的希望）

21. 您孩子上学或就业过程中有没有从政府或亲戚那里获得帮助？何种帮助？

22. （如果子女已经就业）您的子女是如何找到目前这份工作的？您或者您的亲戚有没有起到作用？您和您的子女对这份工作满意吗？

23. 您如何评价您和配偶养育子女的方式？与周围的家庭相比，您家的养育属于什么情况？（农民工增加与城市家庭对比）

24.（农民工附加题）您的子女在上学过程中有什么困难？是在城市上学还是农村？您希望您的子女在城市生活吗？

25.您对于您或者您的家庭的未来还有什么希望？

参考文献

1. ［印度］阿玛蒂亚·森：《贫困与饥荒》，王宇、王文玉译，商务印书馆 2004 年版。

2. ［印度］阿玛蒂亚·森：《以自由看待发展》，任赜、于真译，中国人民大学出版社 2002 年版。

3. ［英］安东尼·哈尔、詹姆斯·梅志里：《发展型社会政策》，罗敏译，社会科学文献出版社 2006 年版。

4. ［英］安东尼·吉登斯：《左派瘫痪之后》，杨雪冬译，《马克思主义与现实》1999 年第 1 期。

5. ［美］安妮特·拉鲁：《不平等的童年》，张旭译，北京大学出版社 2010 年版。

6. 毕瑨、高灵芝：《城市贫困代际传递的影响因素分析——基于社会流动理论的视角》，《甘肃社会科学》2009 年第 2 期。

7. ［美］彼特·布劳：《不平等和异质性》，王春光、谢圣赞译，中国社会科学出版社 1991 年版。

8. 边燕杰、芦强：《阶层再生产与代际资源传递》，《人民论坛》2014 年 1 月（中）。

9. 边燕杰、李路路、李煜、郝大海：《结构壁垒、体制转型与地位资源含量》，《中国社会科学》2006 年第 5 期。

10. 蔡昉：《中国人口与劳动问题报告——转轨中的城市贫困问题》，社会科学文献出版社 2003 年版。

11. 陈建勋：《从纳克斯的"贫困恶性循环论"所想到的》，《上海经济研究》1988 年第 2 期。

12. 陈水生：《整体性救助：社会救助制度的功能整合研究》，《浙江社会科学》2007 年第 11 期。

13. 陈水生：《中国城市低保制度的发展困境与转型研究》，《社会科学》2014 年第 10 期。

14. 慈勤英：《福利依赖：事实抑或建构》，武汉大学出版社 2013 年版。

15. ［美］戴维·格伦斯基：《社会不平等的过去、现在和将来》，王俊译，载［美］戴维·格伦斯基主编《社会分层》，华夏出版社 2005 年版。

16. ［美］戴维·斯沃茨：《文化与权力——布尔迪厄的社会学》，陶东风译，上海译文出版社 2006 年版。

17. 邓文英：《"累积性因果循环理论"与促进区域协调发展》，《技术与市场》2005 年第 12 期。

18. ［美］迪帕·纳拉杨等：《谁倾听我们的声音》，付岩梅等译，中国人民大学出版社 2001 年版。

19. ［美］迪帕·纳拉杨等：《呼唤变革》，姚莉译，中国人民大学出版社 2003 年版。

20. 丁建文、刘飞：《我国城乡社会救助一体化发展的体制障碍》，《山西农业大学学报》（社会科学版）2014 年第 1 期。

21. 樊怀玉：《贫困论：贫困与反贫困的理论与实践》，民族出版社 2002 年版。

22. 方长春：《家庭背景与教育分流——教育分流过程中的非学业因素分析》，《社会》2005 年第 4 期。

23. 方长春：《趋于隐蔽的再生产——从职业地位获得看阶层结构的生成机制》，《开放时代》2009 年第 7 期。

24. ［美］菲利普·库珀：《合同制治理：公共管理者面临的机遇与挑战》，竺乾威译，复旦大学出版社 2007 年版。

25. 冯希莹：《社会福利政策范式新走向：实施以资产为本的社会福利政策》，《社会学研究》2009 年第 2 期。

26. 甘满堂：《城市农民工与转型期中国社会的三元结构》，《福州大学学报》（哲学社会科学版）2001 年第 4 期。

27. 高云虹：《中国城市贫困问题的制度成因》，《经济问题探索》
2009 年第 6 期。

28. ［瑞典］冈纳·缪尔达尔：《亚洲的戏剧——南亚国家贫困问
题研究》，方福前译，首都经济贸易大学出版社 2001 年版。

29. ［美］格尔哈特·伦斯基：《权力与特权》，关信平等译，浙江
人民出版社 1988 年版。

30. 葛笑如：《包容性增长视角下农民工贫困问题再审视》，《大连
理工大学学报》（社会科学版）2012 年第 4 期。

31. 辜胜阻：《新型城镇化应推公共服务均等化》，《第一财经日报》
2013 年 3 月 15 日。

32. 关信平：《中国城市贫困问题研究》，湖南人民出版社 1999
年版。

33. 国家统计局宏观经济分析课题组：《低收入群体保护：一个值
得关注的现实问题》，《统计研究》2002 年第 12 期。

34. 郭根：《防止城乡阶层结构固化》，《中国社会报》2012 年 6 月
20 日。

35. 郭佩霞、邓晓丽：《中国贫困治理历程、特征与路径创新——
基于制度变迁视角》，《贵州社会科学》2014 年第 3 期。

36. 韩克庆：《中国社会救助制度的改革与发展》，《教学与研究》
2015 年第 2 期。

37. 郝大海：《流动的不平等：城市居民地位获得研究》，中国人民
大学出版社 2010 年版。

38. 何慧超：《中国城市贫困与治理：基于可行能力的视角》，《学
习与实践》2008 年第 2 期。

39. 何汇江：《城市贫困人口的群体认同与社会融合》，《中州学刊》
2003 年第 3 期。

40. 何汇江、曹亚星：《城市低收入群体二代贫困现象研究综述》，
《当代经济》2015 年第 22 期。

41. 贺巧知、慈勤英：《城镇贫困：结构成因与文化发展》，《城市

问题》2003 年第 3 期。

42. 洪大用：《中国扶贫政策的缺陷及其改进方向分析》，《江苏社会科学》2003 年第 2 期。

43. 洪大用：《转型时期中国社会救助》，辽宁教育出版社 2004 年版。

44. 胡锦涛：《高举中国特色社会主义伟大旗帜　为夺取全面建设小康社会新胜利而奋斗——在中国共产党第十七次全国代表大会上的报告》，人民网（http：/cpc. people. com. cn/GB/64162/64168/106155/106156/6430009. html)，2002 年 10 月 22 日。

45. 胡锦涛：《坚定不移沿着中国特色社会主义道路前进　为全面建成小康社会而奋斗——在中国共产党第十八次全国代表大会上的报告》，新华网（http：//www. xj. xinhuanet. com/2012 - 11/19/c_ 113722546. htm)，2012 年 11 月 19 日。

46. 胡联等：《贫困的形成机理：一个分析框架的探讨》，《经济问题探索》2012 年第 2 期。

47. 胡浩、韩洁：《聚焦教育及健康，我国着力阻断贫困代际传递》，人民网（http：//politics. people. com. cn/n/2015/1027/c70731 - 27746292. html)，2015 年 10 月 27 日。

48. 胡耀邦：《全面开创社会主义现代化建设的新局面——在中国共产党第十二次全国代表大会上的报告》，人民网（http：//cpc. people. com. cn/GB/64162/64168/64565/65448/4526430. html ），1982 年 9 月 12 日。

49. 胡永和：《中国新城镇贫困问题研究》，中国经济出版社 2011 年版。

50. 胡永健：《最低工资制度能否减少工作贫困现象？——基于住户调查数据的研究》，载《科学发展·协同创新·共筑梦想——天津市社会科学界第十届学术年会优秀论文集（中）》，2014 年 10 月。

51. 胡湛、彭希哲：《家庭变迁背景下的中国家庭政策》，《人口研究》2012 年第 2 期。

52. 黄进：《中国城市居民的资产贫困和幸福感》，载邓锁等主编《资产建设：亚洲的策略与创新》，北京大学出版社 2014 年版。

53. 黄世贤：《从收入分配角度看中国的贫困问题》，《中央社会主义学院学报》2005 年第 10 期。

54. ［美］J. 柯林斯、F. 汤普森：《家庭、学校和文化资本》，载［澳大利亚］L. J. 萨哈主编《教育社会学》，刘慧珍译，西南师范大学出版社 2011 年版。

55. 冀慧珍：《可持续生计理念下的社会救助政策改革》，《中国行政管理》2012 年第 1 期。

56. 贾玉娇：《从制度性底层到结构性底层——由威尔逊〈真正的穷人〉思考中国底层群体管理问题》，《社会》2009 年第 6 期。

57. 江泽民：《加快改革开放和现代化建设步伐 夺取有中国特色社会主义事业的更大胜利——在中国共产党第十四次全国代表大会上的报告》，人民网（http：//cpc. people. com. cn/GB/64162/64168/64567/65446/4526308. html），1992 年 10 月 12 日。

58. 江泽民：《高举邓小平理论伟大旗帜，把建设有中国特色社会主义事业全面推向二十一世纪——在中国共产党第十五次全国代表大会上的报告》，人民网（http：//cpc. people. com. cn/GB/64162/64168/64568/65445/4526285. html），1997 年 9 月 12 日。

59. 江泽民：《全面建设小康社会，开创中国特色社会主义事业新局面——在中国共产党第十六次全国代表大会上的报告》，人民网（http：//cpc. people. com. cn/GB/64162/64168/64569/65444/4429125. html），2002 年 11 月 8 日。

60. 金太军、张劲松：《城市变迁中弱势群体权益的公共政策保障》，《城市管理》2006 年第 5 期。

61. 敬义嘉：《合作治理——再造公共服务的逻辑》，天津人民出版社 2009 年版。.

62. ［美］莱特·米尔斯：《社会学的想象力》，陈强、张永强译，生活·读书·新知三联书店 2005 年版。

63. 李德娟：《欠发达经济中的低水平均衡陷阱理论》，《中国劳动经济学》2006 年第 3 期。

64. 李春玲《社会政治变迁与教育机会不平等——家庭背景及制度
因素对教育获得的影响（1940—2001）》，《中国社会科学》2003
年第 3 期。

65. 李国强等：《新生代农民工代际传递问题研究》，《石家庄经济
学院学报》2014 年第 2 期。

66. 李怀玉：《新生代农民工贫困代际传承问题研究》，社会科学文
献出版社 2014 年版。

67. 李路路、孙志祥：《透视不平等：国外社会阶层理论》，社会科
学文献出版社 2002 年版。

68. 李路路：《制度转型与分层结构的变迁——阶层相对关系模式
的"双重再生产"》，《中国社会科学》2002 年第 6 期。

69. 李路路：《制度转型与阶层化机制的变迁——从"间接再生产"
到"间接与直接再生产"并存》，《社会学研究》2003 年第 5 期。

70. 李路路：《再生产的延续：制度转型与城市社会分层结构》，中
国人民大学出版社 2003 年版。

71. 李路路、朱斌：《当代中国的代际流动模式及其变迁》，《中国
社会科学》2015 年第 5 期。

72. 李实：《我国城市贫困的现状及其原因》，《中国经济时报》
2003 年 3 月 27 日。

73. 李实、[日] 佐藤宏：《经济转型的代价——中国城市失业、贫
困、收入差距的经验分析》，中国财政经济出版社 2004 年版。

74. 李实、魏众、丁赛：《中国居民财产分布不均等及其原因的经
验分析》，《经济研究》2005 年第 6 期。

75. 李薇、丁建定：《主体整合：构建中国多元化社会救助制度》，
《社会保障研究》2013 年第 2 期。

76. 李晓明：《贫困代际理论传递述评》，《广西青年干部学院学报》
2006 年第 2 期。

77. 李迎生：《城市低保制度运行的现实困境与改革的路径选择》，
《江海学刊》2007 年第 2 期。

78. 李煜：《制度变迁与教育不平等的产生机制——中国城市子女的教育获得（1966—2003）》，《中国社会科学》2006 年第 4 期。

79. 李煜：《代际流动模式：理论理想型与中国现实》，《社会》2009 年第 6 期。

80. 林闽钢：《缓解城市贫困家庭代际传递的政策体系》，《苏州大学学报》2013 年第 3 期。

81. 林闽钢、陶鹏：《中国贫困治理三十年回顾与前瞻》，《甘肃行政学院学报》2008 年第 6 期。

82. 刘精明：《国家、社会阶层与教育——教育获得的社学研究》，中国人民大学出版社 2005 年版。

83. 刘林平、沈宫阁：《"贫二代"现象及其发生机制实证分析》，《人民论坛》2014 年 1 月（中）。

84. 刘振杰：《资产社会政策视域下的农村贫困治理》，《学术界》2012 年第 9 期。

85. 陆学艺主编：《当代中国社会阶层研究报告》，社会科学文献出版社 2002 年版。

86. 陆学艺、杨桂宏：《破解城乡二元体制的当前对策》，《人民论坛》2013 年 7 月（下）。

87. 陆益龙：《户籍制度：控制与社会差别》，商务印书馆 2003 年版。

88. 吕鹏：《年轻的底层：新失业群体的出现》，载孙立平主编《制度实践与目标群体：下岗失业社会保障制度实际动作的研究》，社会科学文献出版社 2010 年版。

89. 《马克思恩格斯全集》第 46 卷（上），人民出版社 1979 年版。

90. 《马克思恩格斯选集》第 1 卷，人民出版社 1995 年版。

91. 《资本论》第 1 卷，人民出版社 2004 年版。

92. ［德］马克斯·韦伯：《经济与社会》，林荣远译，商务印书馆 1997 年版。

93. ［美］迈克尔·谢若登：《资产与穷人：一项新的美国福利政策》，高鉴国译，商务印书馆 2005 年版。

94. ［美］米歇尔·皮奥：《双重劳动力市场：理论及其含义》，王水雄译，载［美］戴维·格伦斯基主编《社会分层》，华夏出版社 2005 年版。

95. 民政部政策研究中心：《中国城乡困难家庭社会政策支持系统建设数据分析报告（2013）》，中国社会出版社 2014 年版。

96. 潘家华：《中国城市发展报告——聚焦民生（2011）》，社会科学文献出版社 2011 年版。

97. 潘泽泉、岳敏：《城市贫困的社会建构与再生产：中国城市发展 30 年》，《学习论坛》2009 年第 10 期。

98. 彭华民、黄叶青：《福利多元主义：福利提供从国家到多元部门的转型》，《南开学报》2006 年第 6 期。

99. 彭华民：《制度主义视角下的中国反贫困政策研究》，《社会建设》2014 年第 1 期。

100. ［法］皮埃尔·布迪厄、［美］华康德：《实践与反思：反思社会学导引》，李康、李猛译，中央编译出版社 1998 年版。

101. ［法］P. 布尔迪约、J. C. 帕斯隆：《再生产：一种教育系统理论的要点》，邢克超译，商务印书馆 2002 年版。

102. ［法］P. 布尔迪厄：《国家精英——名牌大学与群体精神》，杨亚平译，商务印书馆 2004 年版。

103. ［法］皮埃尔·布尔迪厄：《文化资本与社会炼金术》，包亚明译，上海人民出版社 1997 年版。

104. ［法］皮埃尔·布迪厄：《资本的形式》，武锡申译，载薛晓源、曹荣湘主编《全球化与文化资本》，社会科学文献出版社 2005 年版。

105. 仇立平：《职业地位：社会分层的指示器》，《社会学研究》2001 年第 3 期。

106. 仇立平、肖日葵：《文化资本与社会地位获得》，《中国社会科学》2011 年第 6 期。

107. 全国总工会低保调研课题组：《关于城市居民最低生活保障制度运行状况的调研报告》，2002 年 8 月。

108. 任丽新：《农民工社会保障：现状、困境与影响因素分析》，《社会科学》2009 年第 7 期。

109. 世界银行：《1990 年世界发展报告》，中国财政经济出版社 1991 年版。

110. 孙立平：《断裂：20 世纪 90 年代以来中国社会的分层结构》，载李友梅《当代中国社会分层：理论与实践》，社会科学文献出版社 2006 年版。

111. 孙立平：《中国社会结构的变迁及其分析模式的转换》，《南京社会科学》2009 年第 5 期。

112. 孙远太：《家庭背景、文化资本与教育获得——上海城镇居民调查》，《青年研究》2010 年第 2 期。

113. 孙远太：《文化资本与不平等的代际传递——上海居民初中以上教育获得》，《甘肃行政学院学报》2010 年第 2 期。

114. 孙远太：《文化资本与家庭地位、教育分层——以上海居民为例》，《教育学术月刊》2012 年第 7 期。

115. 孙远太：《文化资本与教育不平等》，知识产权出版社 2013 年版。

116. 孙远太：《政府贫困治理能力及其提升路径》，《开发研究》2015 年第 3 期。

117. 孙远太：《政府救助与慈善救助衔接机制构建研究——基于整体性治理视角》，《中国行政管理》2015 年第 8 期。

118. 锁凌燕、冯鹏程：《医疗救助制度的国际经验及对中国的启示》，《中国卫生政策研究》2014 年第 9 期。

119. 唐钧：《中国城市贫困与反贫困报告》，华夏出版社 2003 年版。

120. 唐钧：《"十一五"以来社会救助发展的回顾及展望》，《社会科学》2012 年第 6 期。

121. 唐兴霖、周幼平：《整体型社会政策——对发展型社会政策的理性认识》，《学海》2011 年第 5 期。

122. 王保真、李琦：《医疗救助在医疗保障体系中的地位和作用》，

《中国卫生经济》2006 年第 1 期。

123. 王朝明：《转型期我国居民收入差距与利益协调——基于社会分层的视角》，《社会科学研究》2007 年第 1 期。

124. 王丛虎：《政府购买公共服务理论研究：一个合同式治理的逻辑》，经济科学出版社 2015 年版。

125. 王世强：《政府培育社会组织政策工具的分类与选择》，《学习与实践》2012 年第 12 期。

126. 王威海、顾源：《中国城乡居民的中学教育分流与职业地位获得》，《社会学研究》2012 年第 4 期。

127. 王甫勤：《社会经济地位、生活方式与健康不平等》，《社会》2012 年第 2 期。

128. 汪三贵、殷浩栋：《资产与长期贫困——基于面板数据的 2SLS 估计》，《贵州社会科学》2013 年第 9 期。

129. ［美］威廉·朱利叶斯·威尔逊：《真正的穷人——内城区、底层阶级和公共政策》，成伯清等译，上海人民出版社 2008 年版。

130. 文雯：《城市低保与家庭减贫——基于 CHIP 数据的实证分析》，《人口与经济》2015 年第 2 期。

131. 吴晓林、姜耀辉：《国内社会救助：问题归因、政策设计与研究展望》，《中州学刊》2013 年第 10 期。

132. 吴重涵：《家校合作的家庭视角——〈家庭优势：社会阶层与家长参与〉中译本序》，《教育学术月刊》2015 年第 4 期。

133. 习近平：《切实把思想统一到党的十八届三中全会精神上来》，《求是》2014 年第 1 期。

134. 向德平、高飞：《政策执行模式对于扶贫绩效的影响——以 1980 年代以来中国扶贫模式的变化为例》，《华中师范大学学报》（人文社会科学版）2013 年第 6 期。

135. 肖文涛：《我国社会转型期的城市贫困问题研究》，《社会学研究》1997 年第 5 期。

136. 谢宇：《社会学方法与定量研究》，社会科学文献出版社 2010

年版。

137. 谢宇等：《中国民生发展报告》，北京大学出版社 2014 年版。

138. 邢朝国、陆亮：《交往的力量——北京市民与新生代农民工的主观社会距离》，《人口与经济》2015 年第 4 期。

139. 许光：《福利转型：城市贫困的治理实践与范式创新》，浙江大学出版社 2014 年版。

140. 徐丽敏：《国外福利依赖研究综述》，《国外社会科学》2008 年第 6 期。

141. 徐琴：《城市体制外贫困社群的生产与再生产》，《江海学刊》2006 年第 5 期。

142. 杨冬民：《社会排斥与我国的城市贫困——一个理论框架的分析》，《思想战线》2010 年第 3 期。

143. 杨江华、程诚、边燕杰：《教育获得及其对职业生涯的影响（1956—2009）》，《青年研究》2014 年第 5 期。

144. 杨宜勇：《完善社会保障体系是一项战略任务》，《经济与管理研究》2002 年第 6 期。

145. 姚建平：《中国城镇工作贫困者：概念、成因及对策》，《理论与现代化》2009 年第 5 期。

146. 姚建平：《中国转型期城市贫困与社会政策》，复旦大学出版社 2011 年版。

147. 阳剑兰：《贫困文化及对其价值的引导》，《求索》2010 年第 6 期。

148. 杨团、孙炳耀：《资产社会政策与中国社会保障体系重构》，《江苏社会科学》2005 年第 2 期。

149. 叶普万：《中国城市贫困问题研究论纲》，中国社会科学出版社 2006 年版。

150. 俞可平：《国家治理现代化》，社会科学文献出版社 2014 年版。

151. 袁媛、吴缚龙、许学强：《转型期中国城市贫困和剥夺的空间模式》，《地理学报》2009 年第 6 期。

152. 悦中山等：《当代西方社会融合研究的概念、理论及应用》，《公共管理学报》2009 年第 2 期。

153. 张兵：《贫困代际传递理论发展轨迹及其趋向》，《理论学刊》2008 年第 4 期。

154. 张恩亮、高军：《新失业群体研究综述》，《学习与探索》2013 年第 12 期。

155. 张凤凉、蒲海燕：《反贫困治理结构中政府功能的缺陷及完善对策》，《理论探讨》2001 年第 3 期。

156. 张海东：《户籍制度改革促进社会质量提升》，《中国社会科学报》2014 年 9 月 16 日第 3 版。

157. 张磊：《中国扶贫开发政策演变（1949—2005 年）》，中国财政经济出版社 2007 年版。

158. 张小军、裴晓梅：《城市贫困的制度思维》，《江苏社会科学》2005 年第 6 期。

159. 张秀兰、徐月宾：《建构中国的发展型家庭政策》，《中国社会科学》2003 年第 6 期。

160. 张秀兰：《中国城市扶贫开发研究》，载国务院扶贫开发领导小组办公室编《中国扶贫开发年鉴（2013 年）》，团结出版社 2013 年版。

161. 张秀兰：《城市扶贫开发》，载国务院扶贫开发领导小组办公室编《中国扶贫开发年鉴（2014 年）》，团结出版社 2014 年版。

162. 张秀兰：《城市贫困问题研究》，载国务院扶贫开发领导小组办公室编《中国扶贫开发年鉴（2015）》，团结出版社 2015 年版。

163. 张秀生、陈慧女：《论中国区域经济发展差距的现状、成因、影响与对策》，《经济评论》2008 年第 2 期。

164. 张艳萍：《我国城市贫困演变趋势分析》，《经济问题》2007 年第 5 期。

165. 章元、高汉：《城市二元劳动力市场对农民工的户籍与地域歧视》，《中国人口科学》2011 年第 5 期。

166. 张月云、谢宇：《家庭背景、课外辅导与儿童的学业成绩》，北京大学中国家庭追踪调查研究报告（WP14—0044），2014 年 10 月 16 日。

167. 赵兵、刘永杰：《布迪厄的文化资本与教育公平》，《社会科学战线》2010 年第 3 期。

168. 赵紫阳：《沿着有中国特色的社会主义道路前进——在中国共产党第十三次全国代表大会上的报告》，人民网（http：//cpc. people. com. cn/GB/64162/64168/64566/65447/4526368. html），1987 年 10 月 25 日。

169. 赵忠心：《教育理念决定家庭教育成败》，《人民日报》2013 年 9 月 1 日第 5 版。

170. 郑飞北：《另一个美国（译序)》，载［美］迈克尔·哈灵顿：《另一个美国》，郑飞北译，中国青年出版社 2012 年版。

171. 郑功成：《中国社会保障改革与发展战略——救助与福利卷》，人民出版社 2011 年版。

172. 郑功成：《中国社会保障改革与发展战略——总论卷》，人民出版社 2011 年版。

173. 郑功成：《中国社会保障改革：机遇、挑战与取向》，《国家行政学院学报》2012 年第 6 期。

174. 郑志龙：《社会资本与政府反贫困治理策略》，《中国人民大学学报》2007 年第 6 期。

175. 中共中央：《中共中央关于全面深化改革若干重大问题的决定》，人民网（http：//cpc. people. com. cn/n/2013/1115/c64094 – 23559163. html），2013 年 11 月 15 日。

176. 中共中央：《中共中央关于建立社会主义市场经济体制若干问题的决定》，中国网（http：//www. china. com. cn/chinese/archive/131747. htm），1993 年 11 月 14 日。

177. 中共中央：《中国共产党第十一届中央委员会第三次全体会议公报》，人民网（http：//cpc. people. com. cn/GB/64162/64168/64563/65371/4441902. html），1987 年 12 月 22 日。

178. 中共中央：《中共中央关于经济体制改革的决定》，人民网（ht-tp：//cpc. people. com. cn/GB/64162/64168/64565/65378/4429522. html），1984 年 10 月 20 日。

179. 中共中央：《中共中央关于全面深化改革若干重大问题的决定》，人民网（http：//cpc. people. com. cn/n/2013/1115/c64094 - 23559163. html），2013 年 11 月 15 日。

180. 中华人民共和国民政部：《2014 中国民政统计年鉴》，中国统计出版社 2014 年版。

181. 《中国的城市贫困与最低生活保障》课题组：《中国的城市贫困与最低生活保障》，中华人民共和国民政部，2002 年 12 月。

182. 中国（海南）改革发展研究院《反贫困研究》课题组编：《中国反贫困治理结构》，中国经济出版社 1998 年版。

183. 周长城、张敏敏：《论阶层固化的成因与危害》，《人民论坛》2014 年 4 月（中）。

184. 周沛：《社会福利视野下的发展型社会救助体系及社会福利行政》，《南京大学学报》（哲学人文科学）2012 年第 6 期。

185. 周雪光、图玛、摩恩：《国家社会主义制度下社会阶层的动态分析——1949 年至 1993 年的城市状况》，载边燕杰主编《市场转型与社会分层——美国社会学者分析中国》，生活·读书·新知三联书店 2002 年版。

186. 周小川：《践行党的群众路线推进包容性金融发展》，《求是》2013 年第 18 期。

187. 周怡：《贫困研究：文化路径和结构路径的对垒》，《社会学研究》2002 年第 2 期。

188. 周怡：《社会情景理论：贫困现象的另一种解释》，《社会科学》2007 年第 10 期。

189. 周怡：《布劳—邓肯模型之后：改造抑或挑战》，《社会学研究》2009 年第 6 期。

190. 周怡：《制度与文化并重：新时期利益格局调整的路径》，《学术月刊》2012 年第 4 期。

191. 祝建华、刘云：《社会福利研究中的社会排斥理论》，《社会福利》2008 年第 7 期。

192. 祝建华：《缓解城市低保家庭贫困代际传递的政策研究》，《2011 年浙江省社会学学术年会论文》，2011 年 11 月。

193. 祝建华：《缓解贫困代际传递的低保家庭子女补贴制度设计》，《江汉学术》2013 年第 3 期。

194. 祝建华：《城市贫困家庭贫困代际传递的影响因素及政策干预》，《团结》2014 年第 3 期。

195. 朱国华：《权力的文化逻辑——布迪厄的社会学诗学》，复旦大学博士后研究工作报告，2003 年 5 月。

196. 朱国华：《文化再生产与社会再生产：图绘布迪厄教育社会学》，《华东师范大学学报》（哲学社会科学版）2005 年第 5 期。

197. 朱庆芳：《城镇贫困群体的特点及原因》，《中国党政干部论坛》2002 年第 4 期。

198. 庄巨忠：《亚洲的贫困、收入差距与包容性增长》，中国财政经济出版社 2010 年版。

199. Paul DiMaggio & John Mohr., "Cultural Capital, Educational Attainment, and Marital selection", *American Journal of Sociology*, Vol. 90, No. 6, 1988.

200. James S. Coleman, "Social Capital in the Creation of Human Capital", *American Journal of Sociology*, Vol. 94, No. Supplement, 1988.

201. Karen Moore, *Frameworks for understanding the intergenerational transmission of poverty and well – being in developing countries*, CPRC Working Paper 8, Manchester: Chronic Poverty Research Centre, 2001.

202. Kate Bird, *The intergenerational transmission of poverty*: *An overview*, CPRC Working Paper 99, Manchester: Chronic Poverty Research Centre, 2007.

203. Kate Bird, *Stopping the intergenerational transmission of poverty*: *Research highlights and policy recommendations*, CPRC Working Paper

214, Manchester: Chronic Poverty Research Centre, 2011.

204. Lamont Michele & Lareau Annette, "Cultural Capital: Allusions, Gaps and Glissandos in Recent Theoretical Developments", *Sociological Theory*, Vol. 6, No. 2, 1988.

205. Oscar Lewis, "The Culture of Poverty", *American*, Vol. 215, No. 4, 1966.

206. Wratten Ellen, "Conceptualising Urban Poverty", *Environment and Urbanization*, Vol. 7, No. 1, 1995.